本书得到教育部人文社会科学重点研究基地重大项目："企业国际竞争力与自主品牌战略"（13JJD630012）的资助

知识产权与经济增长统计指标设定与赋值问题研究

汤湘希　陈金勇　等著

中国财经出版传媒集团

经济科学出版社
Economic Science Press

图书在版编目（CIP）数据

知识产权与经济增长统计指标设定与赋值问题研究/
汤湘希等著 . —北京：经济科学出版社，2016.10
ISBN 978 - 7 - 5141 - 7363 - 5

Ⅰ.①知… Ⅱ.①汤… Ⅲ.①知识产权—关系—经济
增长—研究 Ⅳ.①D913.04 ②F061.2

中国版本图书馆 CIP 数据核字（2016）第 253360 号

责任编辑：白留杰 程辛宁
责任校对：徐领柱
责任印制：李 鹏

知识产权与经济增长统计指标设定与赋值问题研究

汤湘希 陈金勇 等著

经济科学出版社出版、发行 新华书店经销

社址：北京市海淀区阜成路甲 28 号 邮编：100142

教材分社电话：010 - 88191354 发行部电话：010 - 88191522

网址：www. esp. com. cn

电子邮箱：bailiujie518@ 126. com

天猫网店：经济科学出版社旗舰店

网址：http://jjkxcbs. tmall. com

北京密兴印刷有限公司印装

710×1000 16 开 15.5 印张 260000 字

2016 年 12 月第 1 版 2016 年 12 月第 1 次印刷

ISBN 978 - 7 - 5141 - 7363 - 5 定价：46.00 元

（图书出现印装问题，本社负责调换。电话：010 - 88191502）

（版权所有 侵权必究 举报电话：010 - 88191586

电子邮箱：dbts@ esp. com. cn）

前　言

2015年7月20日，教育部人文社科重点研究基地——知识产权研究中心赵家仪教授告知本人，希望组建一个研究小组，对自主创新、知识产权与经济发展的关系进行研究，探讨在创新驱动发展战略的引领下，如何适应新常态、引领新常态，并构建一系列的统计指标来衡量自主创新、知识产权对经济发展的推动作用。希望结合"十三五"规划中的"五大发展理念"中的"创新"发展提供必要的理论支持和经验借鉴。

接受此项研究任务后，本人即着手组建研究团队，利用2015年的暑假，首先进行文献收集整理等理论准备和实地调研。2015年9月5日形成了"知识产权与经济增长、产业政策的互动关系研究"的研究纲要（讨论稿），2015年10月4日至10日，在讨论稿的基础上，研究团队召开了两次小型研讨会对研究纲要进一步细化，对统计指标的设置与选取等进行了充分的讨论。

2016年1月4日下午，项目组在中南财经政法大学知识产权学院4楼会议室召开项目进展报告会，项目负责人汇报了研究进展及其需要进一步讨论的问题。本项目的顾问、著名知识产权学家吴汉东教授、著名知识产权学者赵家仪教授等在听取介绍后，建议从如下方面进一步强化：

一是应有更具实际意义的实务研究。通过文献整理，指标设计，为经济发展提供一个衡量的指标体系。

二是进一步强化知识产权和经济发展、产业创新的关系研究。在这方面，欧盟和美国的研究值得我们借鉴。例如，美国在2012年公开发表——《知识产权与美国经济：产业聚焦》，这份报告由美国经济和统计管理局、专利商标局共同发布。报告明确指出，美国有75个知识产权密集型产业，分别涉及专利、版权或商标保护，并根据进一步的研究指出：在美国的经济提升和创造就业机会方面，知识产权密集型产业发挥着重大影响，在此基础上，进一步鼓励创业创新。

从美国全部313个产业中确定了75个知识产权密集型产业，即24%的产业为知识产权密集型产业；2010 年知识产权密集行业直接或间接创造的就业机会约占美国经济工作机会总数的 27.7%；2010 年知识产权密集型产业商品出口额为 7750 亿美元，占美国当年商品总出口额的 60.7%。此外，还有欧盟的相关数据。

三是如何界定知识产权密集型产业，这些企业或者行业对国家经济、对GDP 的贡献如何测度？

四是如何评价企业的创新能力？这方面的问题可关注汤森路透发布的"2014 年全球百强创新机构榜单"，从 2014 年的榜单中可以看到，共有 46 家上榜机构来自亚洲，其中，日本 39 家，韩国 4 家，中国大陆 1 家，中国台湾地区 2 家。亚洲的上榜创新机构数量首次跃居世界前列，中国大陆的华为技术有限公司首次荣登此榜单。北美地区上榜机构数量从 2013 年的 46 家下降为36 家，排名落到第二，欧洲共有 18 家机构上榜，排在前面的欧洲国家依次是法国（7 家）、瑞士（5 家）和德国（4 家）。

五是能否从知识产权视角出发，创建指标体系，希望该指标体系能纳入"十三五"规划中，并通过统计指标向外发布。

汇报会后，项目组根据专家的意见和建议，对项目的研究目的、研究内容、研究重点、指标设置等问题进行了进一步深化，形成了较为完整的研究报告。

本书的初稿主要由汤湘希、陈金勇、华雯、游宇、张玉娟执笔，最后由汤湘希修改定稿。本书各章节执笔人情况如下：导论，由汤湘希完成；第一章，由李经路、汤湘希完成；第二章，由汤湘希完成；第三章，由汤湘希、张玉娟完成；第四章，由汤湘希、张玉娟、游宇完成；第五章，由汤湘希、华雯完成；第六章，由华雯完成；第七章，由陈金勇、金成隆、汤湘希完成；第八章，由陈金勇、袁蒙菡完成；第九章，由汤湘希、游宇、张玉娟完成；第十章，由汤湘希完成；结语，由汤湘希、游宇、张玉娟完成。有关资料的收集、整理、文字的校订等得到了田正佳、袁蒙菡等博士生和硕士生的支持。在此，要特别感谢教育部人文社科重点研究基地——知识产权研究中心吴汉东教授和赵家仪教授的大力相助，同时，还要感谢课题组其他成员的辛苦工作。本书还参阅了李经路博士、闫明杰博士、田野硕士、孙艺铭硕士等的研究成果。在此一并表示感谢！当然，本书的不足之处由本人负责。本书研究成果也是教育部人文社科重点研究基地重大项目"企业国际竞争力与自主品牌战略（13JJD630012）"及国家社科基金重大项目"宏观税负、税负结构与结构性减税研究（ZD12＆044）"的阶段性成果。

　　虽然本项目的研究我们花了很大力气，研究报告也多次进行了修改，但无论是研究结论抑或研究方法，还可能存在诸多不足，在此，敬请各位专家、教授批评指正，以便我们今后作做一步的修改与完善。

汤湘希

2016 年 6 月 30 日

目　　录

导　　论

一、研究背景：创新驱动发展的必然要求

（一）创新：经济新常态下发展模式的主要驱动力

2015 年 10 月 29 日，中国共产党十八届五中全会提出把发展的重中之重引领到创新中去，形成以创新发展为主线，科技、制度、文化及理论创新全面发展的新格局。创新驱动发展，把创新贯穿到企业、产业和国家各个层面，形成以创新为基础，塑造依靠创新驱动，注重内生增长的成长性发展。完善资源配置，切实贯彻"大众创业、万众创新"的精神，积极推进新常态下经济蓬勃发展。同时，"十三五"规划更是提出了五大发展理念：创新、协调、绿色、开放、共享，将创新放在第一位。习近平同志明确指出：创新发展注重的是解决发展动力问题。我国目前整体创新能力较弱，科学技术对经济对社会增长的贡献作用较小，科学技术发展对国家发展的贡献能力不强，这正是我国经济发展的"阿喀琉斯之踵"①。在当前以科技和信息为主导的激烈的竞争环境中，创新已成为引领发展的重中之重，创新作为发展的强劲动力，是我们在全球竞争中脱颖而出的关键所在。② 前已述及，经济新常态，在当下创新已上升为国家发展战略的前提下，如何对知识产权为核心的创新能力、创新成果以及创新对经济贡献的统计就日益显得必要和紧迫。

1. 经济新常态以及传统经济发展模式的主要问题。2014 年 5 月，习近

---

① 阿喀琉斯之踵（Achilles' Heel），是指致命的弱点，要害。古希腊神话中的阿喀琉斯是海神之子，荷马史诗中的英雄，传说他的母亲曾把他浸在冥河里使其能刀枪不入。但因冥河水流湍急，母亲捏着他的脚后跟不敢松手，所以脚踵是最脆弱的地方，一个致命之处。阿喀琉斯长大后，作战英勇无比，但终于给人发现了弱点，在特洛伊战争中，阿喀琉斯杀死了特洛伊王子赫克托耳，因而惹怒了赫克托耳的保护神阿波罗，于是太阳神用箭射中了阿喀琉斯的脚后跟，葬送了这位勇士的命。

② 习近平：《以新的发展理念引领发展》，《中国共产党第十八届中央委员会第五次全体会议公报》，《中共中央关于制定国民经济和社会发展第十三个五年规划的建议》，《中共中央办公厅通讯》（学习贯彻党的十八届五中全会精神专刊），2015 年第 11 期。

平总书记在河南考察的行程中首次指出："中国发展仍处于重要战略机遇期，我们要增强信心，从当前中国经济发展的阶段性特征出发，适应新常态，保持战略上的平常心态"。所谓经济的"常态"是一个经济体运行的"经常性状态"或"稳定性状态"的简称。"经济新常态"，突出一个"新"字。人类社会的经济发展受到诸多因素的影响，这些因素不仅在维度上难以穷尽，而且在内涵或形式上也无法完全控制或重复，即人类社会经济发展的历史不可能地简单重复。从这个意义上说，有别于"上个时期或阶段"的经济运行状态，一旦趋于稳定，并可以维持一段时间，那就是经济运行的"新常态"。从整体上而言，我国过去的经济发展模式主要面临如下五大亟待解决的问题：

（1）资源消耗大，资源约束日紧。2013 年，中国 GDP 占世界的比重为 12.3%，但能源消费总量占 20%，粗钢占 44%，水泥占 57%。淡水、耕地、森林、煤炭、石油、铁矿石等重要资源的人均占有量均大大低于世界平均水平。中国人均可再生淡水资源拥有量仅为世界平均水平的 33%；人均石油可开采储量、人均天然气可开采储量均不到世界平均水平的 10%。原油、铁矿石等主要能源、矿产资源的对外依存度持续上升，石油的对外依存度已逼近 60%。

（2）环境污染严重。我国目前有大概 3 亿生活在农村的人口没有安全的饮用水饮用，将近 6000 万左右生活在城镇的人口饮用的水源水质被污染，这些不合格的水源水质严重影响了饮用者的健康。受到土壤、重金属、有机物污染的水源还在每年增加。2013 年的一份调查显示：我国现有的耕地也在遭受着诸如此类的污染。京津冀、长三角、珠三角地区及部分大中城市大气污染严重，雾霾等极端天气增多，已成百姓的切肤之痛。

（3）生态系统退化。关于生态系统退化的调研数据可谓触目惊心，退化的草原数量达到 80% 以上；水土流失更严重，水土流失占国土资源总面积的 37%，濒危动物已有 250 多种，濒危植物更是达到 350 多种，由于生态系统受到来自各方面的损害，因此其自我平衡能力和抵御灾害能力也逐渐减弱。

（4）温室气体排放总量大、增速快。中国每年向大气中排放的二氧化碳超过 60 亿吨，位居世界之首。据李俊峰（2014）介绍，1992 年，全球温室气体排放总量大体是 200 亿吨左右，2013 年年底接近 400 亿吨，1992 年全球大气浓度为 280 多个 PPM，2013 年接近 400 个 PPM。[①]

（5）社会保障体系建设滞后。虽然社会保障体系的覆盖面已经普及城乡，但保障水平偏低且不平衡，保障体系分割严重，距"兜住底、易流动"等要求还有较大差距。

2. 经济新常态的主要特征。经济新常态下经济发展的特点是：创新驱动经济增长、经济结构更加优化、产业发展更加平衡。其基本特征体现在如下几个方面：

（1）参照其他国家发展的、模仿式的且以浪费资源为前提的发展阶段告一段落，逐渐被多样化、个性化发展模式所替代。

（2）在经济新常态下，基于基础设施、新技术、新产品、新模式下的投资机会越来越多。

（3）基于人口红利的中国低成本竞争优势也在积极发生着变化。

（4）新型和小型企业的作用在经济新常态下积极凸显，单件的小批量生产越来越受到追捧。

（5）依靠资源密集型的发展逐渐减弱，在人口老龄化这一发展趋势下，新常态经济增长的更多地依靠科技进步和人力素质。

（6）产品品质竞争和产品差异化竞争逐步发展为主要的竞争内容。

（7）根据"五大发展"理念，绿色环保低碳的发展方式成为主流。

（8）新常态下，经济发展的风险要具有可控性，但是以杠杆和泡沫为主的风险将不会立刻消失。

（9）积极探索产能过剩解决之道的同时，积极探索新的产业发展模式及方向。

3. 经济新常态发展模式下：速度、结构与动力。

（1）速度——从高速增长转为中高速增长。多年来，我国经济增长速度保持在7%~8%的高速增长，相比较而言，平均每年的经济增长速度有所放缓。与过去30年的年均增长率9.9%相比较而言，新常态下的增长率，平均每年增长率可能下降2至3个百分点。但这一增长率仍在全球经济增长率中处于领先。根据国际货币基金组织（International Monetary Fund，IMF）在2014

[①] 国家发改委国家气候战略中心主任李俊峰2014年6月30日在2014"生态文明·美丽家园"：关注气候中国峰会上的发言。参见新华网，http：//news.xinhuanet.com/energy/2014 – 06/30/c_1111369759.htm/2014 – 6 – 30。

年的最新预测，世界经济将以每年 3.9% 的速度增长，发达国家达到 2.3%，新兴经济体达到 5%。

（2）动力——从要素驱动、投资驱动转向服务驱动、创新驱动。新常态下，经济的发展模式已经由浪费资源、破坏环境的粗放型发展模式转变为以靠科学技术、人力资源、环境保护为主的集约型的经济发展模式，更进一步强调了在经济发展中创新驱动的重要性，注重经济发展的可持续性、科学性、包容性。创新驱动发展，产业调整升级，生产效率提高，注重产品品质和差异化。

（3）结构——经济结构不断优化升级。经济结构转型升级，打破原先以农业和制造业为主要内容的生产结构，服务业的重要性逐渐凸显，服务业在经济结构中所占的比重也一路攀升、成为经济发展的主力军。有关数据表明：2012 年，消费对经济增长贡献率自 2006 年以来首次超过投资，服务业的比重在 2013 统计的数据中首次超过制造业，2014 年的数据表明，服务业的比重继续攀升。经济结构调整成效显著，消费需求被成功带动起来，内外需同时调整。2014 年的消费对经济增长贡献率达到 50% 以上，和 2013 年同期相比，提高了 3%，这些数据表明，消费在拉动经济增长方面功不可没。

（二）创新发展：创新型国家建设的必然选择

实施创新驱动发展战略，是我们党在关键时期、攻坚阶段作出的重大抉择。把发展的重中之重引领到创新中去，形成以创新发展为主线，科技、制度、文化及理论创新全面发展的新格局。我国创新指数以 2005 年为基数 100，2014 年该指数上升为 158.2，2014 年较 2013 年同期增长 3.7%。不论从创新测度的投入、产出、效率、创新环境角度，都比 2013 年同期较高，增长率从 2.8% ~ 5.2% 不等。这一测度结果表明我国的创新综合实力正在逐步提升，创新环境越来越有利，创新结果也有显著成效。

（三）国际经验：创新发展是强国之路的战略选择

1. 美国。美国对知识产权发展战略的调整始于 20 世纪 80 年代，包含两个方面：一是知识产权法律的更改；二是产业结构的优化升级。既涉及了知识产权的边界划分和利益分配，还涵盖了知识产权管理的法律法规完善。在国际上，美国则以保护本国知识产权权利人在全球利益最大化为前提，推动签署《与贸易有关的知识产权协议》（Agreement on Trade-Related Aspects of Intellectual Property Rights，Trips）。该项战略自 1995 年实施 20 多年来，取得了巨大的成就。着眼于制度创新，为 20 世纪 90 年代开始的"新经济"奠定了良好的制度环境。而依托信息技术产业高速发展的"新经济"，创造了连续 110 多个月经济高速增长的神话，直到互联网泡沫的破灭，终止了美国历史上经济增长的最长周期。也有研究以中美统计局发布的 1978～2011 年度统计数据为基础，实证分析了科技投入与经济增长之间的因果关系。结果表明：

（1）科技投入与经济增长之间存在着十分明显的因果关系，科技投入是引起经济增长的重要原因。

（2）在 2000～2010 年期间，美国科技投入每增加 1% 对美国经济增长的贡献率约为 1.003%。

（3）美国经济的长期增长取决于以知识、信息、研究开发或创新所引致的规模收益递增、技术进步、人力资本增长等核心内生变量。技术进步的内生化，促进了劳动力要素合理流动、提高了劳动生产率。[①] 不仅如此，美国还以专利权、商标权、版权等知识产权为基本因子构建了知识产权密集型企业，这类企业在就业、附加值、平均周薪、教育程度、外贸等方面具有明显的优势。[②]

2. 欧盟。欧盟认为，知识产权的发展不仅维护了自身的利益，还涉及社会经济文化各个领域中体制、结构的发展、生产、重组、创新等内容，在这一层面上，同知识产权相关的法律、制度、机构人员都是至关重要的。正是基于这一考虑，欧盟一直将知识产权视为国家战略层面的内容，正是由于欧盟对知识产权的深刻认识，欧盟知识产权战略在国际上都具有不可小觑的地位。

在经济实力方面，欧盟远超美国，位居世界第一，伴随着欧盟的进一步扩大，其经济能力进一步提升。欧盟经济的发展壮大，依赖于同知识产权相关战略的实施，该战略的实施是为了拓展市场和获取利益，以维持自身可持续发展。据资料显示，目前欧盟的 27 个成员国[③]拥有 5 亿人口，且据统计资料显示 2010 年的欧盟国内生产总值和人均生产总值均远远超过美国。欧盟之所以取得如此令人骄傲的成绩，有两方面的原因，一是新加入欧盟的国家处于经济发展周期的起飞阶段，拥有大量的市场，二是欧盟较为宽松的国际合作交流政

---

① 宋耀，章玉贵. 中美科技投入对于经济增长贡献的比较研究 ［J］. 中国市场，2013（15）.

② 美国经济和统计管理局及美国专利商标局. 知识产权与美国经济：产业聚焦 ［EB/OL］. 国家知识产权战略网，http：//www. nipso. cn/onews. asp? id = 16309/2016 - 01 - 06.

③ 2016 年 6 月 23 日，英国举行了脱离欧盟的公投，脱欧已成定局。

策，这些较为宽松的政策背景源于欧盟对知识产权的重视，以及完善的知识产权的法律法规体系。

从国际视角来看，欧盟和美国在知识产权国际规则方面具有一致性，但出于维护各自利益的需要，欧盟和美国之间的分歧不可避免。例如，在计算机软件方面，美国在计算机软件方面具有绝对优势，故而建议其他国家也将与计算机软件的部分内容纳入到专利法保护的范围之内，但是欧盟却主张专利法保护的范围必须具有技术属性，反对美国的做法。欧盟正是利用了自身在全球经济发展中的地位，一方面，保护自己在国际贸易中不受损害，另一方面，阻止低端的技术进入市场，瓜分原本属于欧盟的利益，以形成对欧盟最有利的经济和技术壁垒。

为此，欧盟在如下两个方面的动向值得关注：

第一，在战略方面要进行调整，力求创新。

如今的社会，创新已将成为了一个国家或地区发展的重要保证，也是顺应历史发展的必然，国外对于创新也十分的重视。尤其是欧盟国家，专门成立了庞大的创新基金，对于知识产权，还设定了专门的法律体系，用于加大对知识产权的保护。而且为了鼓励创新，将专利申请费用降低至20%。

在欧盟的27个成员国中，每个国家都有属于自己的语言，而且欧盟特别重视语言的平等，所以造成了大量的不同版本的语言体系。因此，对于欧盟颁布的法规以及文件来说，必须要将其进行大量的翻译，成为成员国可以识别的本国语言。所以，在进行专利的申请时，势必会带来大量的翻译成本，导致专利申请的成本急剧增加。

然而，新的专利申请体系的提出，极大的降低了专利的申请门槛，而且翻译的成本也极大地减小。在新的规定下，成员国的申请人可以根据自己的实际需要按照自己的语言进行专利的申请，对于申请期间的翻译费用，欧盟也会进行大量的补偿。并且成立了专门的语言翻译部门，极大地便利了申请人。

对于专利而言，最重要的是其保护问题，如果没有有效的专利保护机制，建立统一的专利申请机制没有任何的意义。因此，欧盟建立了专门的专利法院机构，用于解决不同成员国之间存在的专利纠纷。

欧盟也非常注重与国际的接轨，采用《慕尼黑协定》来对欧盟专利局的相关条例进行约束，将每个成员国的专利进行统一的管理，并且专利也会得到成员国的高度认可。所以，在进行与专利有关的相关活动时，也必须以欧盟的名义进行。对于专利申请人具体的专利权归属则有自己的国家做出规定。充分保证了申请人的权利，与专利有关的所有活动都必须得到申请人的批准才可以进行。

在欧盟的专利法规定中，赋予其最高 20 年的有效期限。在进行专利的保护上也有严格的规定，受到保护的专利必须是最新的发明，并且具有一定的商业价值，可以进行工业化的生产等。欧盟可以根据实际的情况以及市场的发展，对专利的使用做出限制，以维持正常的市场秩序，保证公平竞争。当然申请人每年还必须向欧盟缴纳一定的管理费用。在与专利有关的纠纷上，一旦申请人受到损害，欧盟会严格地按照欧盟相关的法律的规定，对侵权行为进行严厉的打击，尤其是新的专利制度下，其保护的力度更加的强大。

另外，欧盟对知识产权涉及的内容也并非只有专利一方面，包含很多的其他领域，例如，著作权，地理标识等，欧盟对这些与知识产权有关的领域也做出了详细和具体的规定。针对数字化图书馆建设，一方面，加大对现有作者著作的保护，另一方面，积极调用作者信息不明确的相关作品，将其并入数字图书馆中，不仅增加了图书馆的储藏量，也极大地方便了读者的阅读。

与此同时，欧盟也不断地加大改革的力度，不断地完善知识产权体系，在充分保护作者权益的前提下，将更多的创新成果惠及人们的生活中。

第二，意义重大。根据大量的数据调查，欧盟目前的创意产业已经高达 140 万家，同时也带动了大量的就业岗位。将知识产权深入到企业的日常生产经营中，极大地促进了社会的发展进步。

欧盟的知识产权新战略在整个行业具有重大的意义，也得到了广大学者的高度认可，归纳起来，其最主要的特点是将申请手续简化，并且集中进行知识产权的保护，将专利制度进行一体化建设。随着欧盟的不断发展，欧盟势必会对知识产权制度进行更大的完善，加大对违反知识产权贸易行为的打击力度，保证国际贸易的正常进行。

对于欧盟国以外的国家而言，随着贸易的国际化，在与欧盟进行相关的贸易活动时，必须要清楚了解欧盟相关的知识产权政策，了解其具体的规定，做到防患于未然。如果对于具体的专利无法进行审核，可以在合同中明确双方的责任划分，以免在将来出现问题时对自己造成不应发生的损失。

近年来，欧盟十分的重视对知识产权的保护，极大地提高了欧盟的整体创新水平与市场竞争能力，有利于欧洲市场的稳定发展，同时也获取了丰厚的经济利益。随着时代的发展，欧盟不断地进行体制的创新与升级，满足时代的需求，这些做法在未来势必会对其他的国家带来指导性的引领。

可见，欧盟的知识产权体系的建立是一个成功的范例，根据相关的报告显示，从知识产权体系建立以来到 2013 年 9 月，欧盟近一半的产业属于知识产权行业，创造了大量的财富，极大地促进了经济发展；而且在就业上，带动了大量的知识相关岗位的出现，而且这些岗位的平均工资也明显的高于其他行业的工资水平。从另一角度而言，欧盟在后期的发展中，也可以借助创新知识来不断的推动经济的进一步发展，而且也非常便于制定更加合理的政策，促进不断的良性循环。①

由此可见，知识产权保护、知识产权密集型企业（产业）、知识产权对经济的贡献是实施知识产权战略的主要目的。

3. 日本。随着国家间和企业间的竞争日趋激烈，知识产权已成为国际竞争的制高点。日本政府与企业界都意识到，自进入 21 世纪后，日本由于知识产权相关制度滞后，以及运用不当导致创新动力不足和科学技术停滞不前，其产业竞争力也逐渐下降。在这种背景下，日本启动了比美国落后 20 年的知识产权战略，由首相亲自主持成立知识产权战略会议，制定"知识产权战略大纲"，将"知识产权立国"列为国家战略。颁布了《知识产权基本法》，为"知识产权立国"提供法律保障，还编制"知识产权推进计划"，有力地推动从"技术立国"到"知识产权立国"的战略转移。

2002 年对于日本是具有重大战略意义的一年，因为这一年中对知识产权的管理上升为国家战略层面的管理。具体的过程如下：2002 年 2 月，日本首先强调要把知识产权保护作为国家层面的目标，从知识产权的研究到创造等各个阶段，都必须进行严格的保护和充分的利用。7 月，日本颁布《知识产权战略大纲》，11 月，通过《知识产权基本法》，整个 2002 年也称为知识产权立国元年。

2003 年 2 月，日本政府决定在内阁设立知识产权战略本部，由首相亲任部长。2003 年 7 月，日本知识产权战略本部发布了《知识产权推进计划（2003）》提出了 270 项需要落实的具体措施。2004 年 5 月制定了《知识产权推进计划（2004）》，提出了需要落实的 400 项具体措施。

由"技术立国"到"科学技术创新立国"——日本科技发展战略的转变

---

① 欧盟报告. 知识产权密集型行业对欧洲经济和就业贡献大［EB/OL］. 新民网，http://tech. xinmin. cn/2013/10/02/22124225. html/2016 – 0106.

及其启示①一文介绍了日本实施知识产权战略、推动创新的具体过程。2007 年 6 月，世界知识产权组织杂志发表一篇名为《国家重点：知识产权革命——日本如何制定一个国家的知识产权战略》（*Country Focus：IP Revolution——How Japan Formulated a National IP Strategy*）的报道，原文以作者 Hisamitsu Arai 的口吻，叙述了"日本成为领先知识产权国"国家战略的实现过程。该文的主要观点如下：

现如今，国家竞争在很大程度上依赖于无形资产的竞争，而知识产权是无形资产的重要组成部分，日本对其目前知识产权管理所获得的成效并不满意，与日本所面临的因美国知识产权战略带来的知识产权领域的竞争有关，也与日本产业向外转移、知识产权转让增多有关，因此日本进一步完善了知识产权法律法规及强国战略。以期待通过创新促进其经济新生，通过使用新的知识产权系统增强对创新成果的保护。

（1）陈旧的系统（1996 年）。1996 年，原文作者 Hisamitsu Arai 是成为日本专利局（JPO）专员，当时日本的知识产权系统十分陈旧和落后，知识产权相关法律法规急需依照日本新的改革创新政策来进行修改，尤其是日本经历了所谓"失去的 10 年"的经济长期低迷后，正在努力恢复经济状况。

专利系统必须先提高对用户的响应速度，尤其对研究者和中小型企业管理者。经过对研究机构和工厂雇员的调查显示，日本专利局专利应用软件的响应速度非常迟钝。因此，Hisamitsu Arai 受命于日本专利局，着手根据用户需求，采用先进的技术提高日本专利局系统的响应速度。

另外一个措施是提高对专利侵权行为的赔偿数额，因为原先的措施相对侵权活动而言，几乎微不足道。如果日本想成为知识产权的民族，那么，对于蓄意侵权行为就必须严格惩处。日本民众应该被鼓励创造新的技术，而不是盗取现有成果。本着这种思想，Hisamitsu Arai 建议专利法的一个主要修改条款，包括修改专利侵权损害的评估标准。

（2）里程碑事件（2001 年）。2001 年，Hisamitsu Arai 离开政府公职，但是，同年发生的两个知识产权案例令其采取行动，触发了政府争论并最终导致日本国家知识产权战略的发起。

① 周程. "技术立国"到"科学技术创新立国"——日本科技发展战略的转变及其启示［J］. 自然辩证法研究，2001（12）.

第一个案例是在美国一所大学医学研究中心的日本研究者被告从老年痴呆症①研究中心不法获取了遗传材料，他的合同规定，任何研究成果都归属于该中心，但事实证明，该研究者并未真正搞清楚合同约定的范围。

第二个案例是关于发明家 Nakamura 博士对其前任雇主 Nichia 化学公司的专利诉讼，他主张为其蓝光发光二极管发明获取适当的报酬，因为这项发明具有卓越的市场前景。Nakamura 博士的请求额为公司因此项发明获利的 1/2（12亿美元），经东京地方法院判决，该公司应该支付给 Nakamura 博士约 1.8亿美元。

然而，业界对 Nakamura 博士贡献的计算方式提出异议。在日本专利法中，专利权属于研究者，即便该项发明是在其雇用期间做出的。然而，公司可以通过与雇员或研究员签订合同，将专利权有偿受让。Nakamura 博士的案例开始成为建立"适当"报酬机制的一个判例案件。

在上诉期间，当事人在法庭外（私下）和解，Nakamura 博士以 800 万美元将专利权转让给了 Nichia 公司。律师团帮助 Nakamura 博士做出一项声明：首先，Nichia 公司将原先提议的 200 美元购买费增加到了 800 万美元，获得了重大胜利，尽管仍远低于此项发明的实际价值；其次，案件阐明了雇员和雇主之间关于雇员发明的关系；再其次，日本应该加快制定正确的发明评估方法；最后，为新的评估和报酬法则提供了一个非常必要的先例。

在"知识产权：引导日本 2010 年进入领先"的召号下，日本政府在 2002年 1 月发布了一百项建议以及所谓的十年行动计划，建议覆盖了七大范围——大学、培训、私人企业、政府、外交、立法和司法。

（3）转折点（2002 年）。时任日本首相在 2002 年 2 月的国家议会上表示，日本已经拥有一些世界上最好的专利和其他知识产权，今后将会把知识产权战略保护和利用作为国家级目标，切实提高日本工业的国际竞争力。

日本《知识产权基本法》颁布于 2002 年 11 月，该基本法的主旨在于集中并有计划地促进知识产权的创造、保护和推广利用，划清了国家、当地政府、大学、经营性企业等的责任。该基本法还确定了知识产权战略司令部由首相挂帅，成员包括所有内阁部长和十名专家。Hisamitsu Arai 作为司令部总秘书，直接向首相汇报。

2003 年 7 月，日本知识产权战略司令部批准了第一批行动计划，包括 270

---

① 老年痴呆症，现医学上称为阿尔茨海默病。

条针对立法和制度改革的建议。其中，包括加速专利审查的根本性措施，创建知识产权高级法院，加强抵制伪造和侵权行为的措施。

为了便于日本增强国际竞争力，更好地融入包括发展中国家在内的国际社会，日本知识产权促进计划最初包括五项优先领域：一是知识产权创造；二是知识产权保护；三是知识产权商业开发；四是促进创造性研发，特别是电影作品和以类似摄制电影的方法创作的作品；五是人力资源开发。

特别考虑了对大学和研发机构的鼓励措施，通过政府基金资助、法律和政策变革、奖励等手段，促使研究机构在研究结果商业化过程中扮演重要角色。例如，成立了 100 个技术许可办公室，帮助大学和研发机构应用知识产权战略，确定知识产权所有者，促进技术许可。

在知识产权保护领域，日本政府招聘了约 500 名专利审查员，减少专利审查的沉积现象。这项措施的最终目的是，到 2013 年，将专利审查期从 26 个月降低到 11 个月。2005 年 4 月，知识产权高级法院确定，将通过技术专家的帮助加快案件的判决速度，从而增强知识产权保护。

知识产权商业开发领域的改革始于 2004 年，为了使得具有知识产权的中小微型企业依托其知识产权获得更多利益，使得知识产权拥有者可以凭借知识产权募集资金，2004 年 12 月日本修改了商业信托法。

2004 年 3 月，引入新的内容产业促进法，加强日本电影产业、动漫产业和软件游戏产业三者之中创造者和公司之间的协同。

在人力资源开发领域。在 70 多所大学中开设了知识产权法律课程，并开设了知识产权研究生专业。知识产权教育的中期目标是，专业人员的数量应该在十年内由当前的 60000 人增加到 120000 人。

在每一届知识产权战略司令部会议中，司令部都会总结过去一段时期知识产权策略的实施情况，对未来一段时期知识产权计划的制定进行预测。迄今为止，会议已经在知识产权基本法的基础上，通过了 40 多部法律。日本最大的工业社团 Keidanren，也在其会长 Mitarai（佳能 CEO、知识产权战略司令部成员）的大力支持下，成立了社团知识产权委员会。

所有这些行动，帮助"日本成为领先知识产权国"这一目标创建了强壮的机制。

2003～2006 年期间，日本打好了牢固的知识产权根基，收获的季节即将到来。2007 年为完善知识产权相关内容，还采取了一些积极的行动。例如，创新项目、在大学中增设技术许可部门、积极响应全球知识产权强国战略、建立健全专利审查制度、鼓励高等院校及科研院所和制造型企业的大力合作、提高知识产权人的素质等，基于此，未来日本将继续向和谐的、平衡的创新型社会环境发展①。

从日本的经验可知，从技术立国到科学技术立国，不是简单的文字游戏，而是一项国家战略的转变，即必须推动创新、实现创新。只有发明创造才是真正的创新。因此，在知识产权统计中，发明创造应是重要的指标。

4. 韩国。在知识产权的重要作用上，我们可以以韩国作为典型的代表，韩国正是因为高度的重视知识产权，加大创新，不断地带动经济的快速发展，从一个贫穷落后的国家发展壮大成为一个发达国家。在专利的申请上韩国逐年递增，截至 2005 年，专利数量高达 20 万件，其专利的增长速度与其国内经济的发展速度非常匹配。再次表明，知识产权与经济的发展存在必然的关联。

韩国的产业结构经历了多次的升级改进。从最传统的纺织领域等低端的经济发展模式逐渐过渡到钢铁、化学等工业化的发展模式，极大地促进了经济的发展，随着科技化的不断普及，其在计算机等领域的发展也越来越迅速，也取得了很好的成就。最近几年，韩国对高新生物技术领域的研究也十分关注，投入了大量的资金支持，并且在未来很可能成为最新的产业特色。与中国一样，韩国也是一个非常注重学习的民族，例如，中国的古代医学，韩国人进行了大量的深入研究，而且迅速的将其进行工业化的生产，申请专利保护，将其形成自己的国家特色，这就说明知识产权的发展需要抓住时机，注重机遇。

依据庞大的知识产权资源，韩国也不断地扩大自己的战略规模，将更多的专利与国际接轨，获得国际的认可，而且每年的申请规模都非常的巨大，远远的超越了我国。在我国，韩国申请的专利数量占据了所有外国专利的较大比例，位居第三。正是因为如此，复杂多样的专利申请，造成了较大的认证难，而且在实际的贸易中，双方存在的问题也越来越多。从长远来看，我国不仅要防范发达国家的知识产权压力，更加要做好对附近国家的知识产权防范，保证国内的经济稳定。科技的创新让韩国取得了经济上的重大发展，正是科技的不断创新，才不断地促进了韩国产业结构的升级与调整，实现了重大的战略发

---

① 殷媛媛. 国家聚焦：知识产权革命——日本如何实施国家知识产权战略 (2007) [EB/OL]. 上海情报服务平台, http://www.istis.sh.cn/list/list.asp?id=4401/2016-01-06.

展。根据有关的数据显示，韩国从 1963 年开始，在 6 年的时间里，经济实现
了数次的翻倍，研究人员的数量也突飞猛进。第三产业占据的比例不断的上
升，保持了良好的发展趋势，进一步地证明了创新的重要作用。

从韩国的经验可知，知识产权与经济实力的增长之间存在着紧密关联，科
技进步对经济增长的贡献突出。

（四）历史承载：创新驱动发展的现实选择

前已述及，传统的经济发展模式已经难以为继，欲可持续发展，实现中国
的两个"百年梦想"和中华民族伟大复兴的"中国梦"，必须走创新驱动发展
之路。有数据表明：前几年，我们出口一台 DVD，32 美元，专利费 18 美元、
制造成本 13 美元，中国企业赚 1 美元；出口一台 MP3，售价 79 美元、专利费
45 美元、制造成本 32.5 美元、中国企业赚 1.5 美元。苹果、三星智能手机瓜
分手机市场 95% 利润。2014 年苹果公司利润为 370 亿美元，尽管比上年减少
了 11%，但在世界 500 强中依然可以排第五。2012 年中国手机出口总量超过
10 亿部，中国手机出口量占全球市场近八成，却换不来 1% 的利润？我国手机
巨头——中兴通讯 2012 年亏损 17 亿元。当然，在 2013 年后，中兴通讯业绩
有显著提高，2014 年集团实现归属于上市公司股东的净利润为 26.3 亿元。另
外，有报道：中国至少 15% 企业商标在境外被抢注①；老字号迅速衰落：从
16000 家缩减至 1129 家②，南京每年无形资产流失 1000 多亿元。中国的上市
公司中至少有 20000 亿元的无形资产没有进入经营程序而流失于账外等，不一
而足。

再看科技对经济的贡献，中国科技创新贡献率只及德国、美国的一半③。
数据更清晰地反映了国家之间的差距，以科学技术项目开发的新颖性为主的发
展中国家对 GDP 的贡献达到了 70%，美国和德国等发达国家对 GDP 的贡献几
乎占到了 80%，但是，中国的科技创新项目对 GDP 的贡献却只有 40%。美
国、日本、韩国、德国、瑞士和瑞典等二十多个国家都在科学技术项目中有着
突出的贡献，这些国家已经率先进入创新型国家的队列。我国也表明了要向创

---

① 新浪财经（http：//finance. sina. com. cn/leadership/mroll/20120426/104311930336. shtml/2012
年 4 月 26 日/2016 - 01 - 06）。

② 新浪财经（http：//finance. sina. com. cn/leadership/mroll/20120426/104311930336. shtml/2015
年 8 月 14 日/2016 - 01 - 06）。

③ 2011 南湖知识产权论坛透露数字令人汗颜［N］. 法制日报，2011 - 04 - 26.

新型国家迈进。

1. 美国产品的单位增值为我国的 10 倍。21 世纪初我国的制造业就达到了世界第一位，占全世界制造业的 19.8%，超出了美国 500 亿美元。因为劳动力水平低、廉价以及没有新颖性，我国并没有得到制造业强国的认可。我国每一位劳动力的付出在制造业上是 1790 美元，日本却比我国高出 6.5 倍，美国比我国高出 10.2 倍。

在新颖性方面，各国差距比较明显。我国的专利申请在 2005 年位居世界第二位。但我国作为世界加工厂，却有大部分产品依赖进口，比如大型客机、光纤制造设备、高端医疗设备将近 80% 依赖进口，而轿车制造设备、数控机床也 70% 依赖进口。

2. 在产品研发方面的投入我国仅仅是韩国的 1/2。创新型国家的实际综合技能分三个板块：一是国家的科研创新能力；二是国家的文化理念；三是国家的产品国际化。这几个板块的研发支出结合了国家的知识产权等综合技能的高品质和含金量。

21 世纪初，我国的研发支出达到了 GDP 的 1.7%，稍稍超出了全球 1.6% 的均值水准。但是创新型国家的研发支出比例一般为 GDP 的 2%，韩国更是达到 3.1%，差不多高于我国的 2 倍。根据科技部统计，2014 年，我国全社会研发投入（R&D）达到 13400 亿元，其中，企业支出占 76% 以上；R&D 占 GDP 比重可达 2.1%，达到世界平均水平，全时研发人员总量达到 380 万/人年，位居世界第一。当然，根据经济合作与发展组织（OECD）的最新研究，根据中国研发支出的发展趋势，在 2019 年，中国的研发支出或将超美国[①]。相关数据表述明，我国的科技成果的转化率只有 25% 左右，与经济发达国家相比差距仍然巨大。

3. 日本版权业在 GDP 值上超过我国三成。相关数据表明，文化产品在世界的占比：美国、欧洲、亚太地区的比例分别为 43%、34%、19%，其中属于亚太地区的日本是 10% 的比例，韩国是 3.5% 的比例。由此可见，我国文化市场在世界的占比非常小。

有相关资料透露，世界版权业迅猛上升，每日版权创造的价值高达 220 亿美

---

① 龚蕾译：中国研发支出或将超美国？《英国卫报》，2014 年 11 月 13 日。我国的研发投入呈逐年递增的态势，其研发投入强度（R&D 支出/GDP）已经达到世界平均水平，但由于其科技成果转化率较低，加之相关的体制、机制构建还存在一些亟待解决的问题。因此，其整体创新能力仍然显得不足。

元，而且一直以 5% 的速度上升。创新型国家对于文化产业的支持度很高，在提升效率上英国是 12%，美国是 14%，我国文化创新提升效率只占 5% ~6%。

版权业对 GDP 的贡献：美国是 25%，日本是 20%，欧洲是 15%，我国却仅仅为 6.7%。

4. 同时前 50 强品牌中，未见我国品牌的身影。我们暂且不管世界品牌实验室和品牌咨询公司采用何种方式评估品牌的价值，但毋庸置疑的事实是，已是商标大国的中国还远远不是品牌强国，没有一个品牌能进入前 10 位或前 50 位。2015 年 12 月 15 日，全球品牌实验室公布了 2015 年世界 500 强企业排行榜中谷歌重返榜首，苹果和亚马逊位居第 2 位和第 3 位。榜单前 10 位中，第 4 位到第 10 位分别为通用电气、三星、沃尔玛、耐克、梅赛德斯·奔驰、Facebook 和雀巢。2016 年新上榜的品牌有 20 个。其中，表现突出的是互联网及软件行业，有 3 个新品牌入选，即：全球及时用车软件优步（Uber）、美国最大点评网站 Yelp 以及软件服务提供商 Salesforce。新兴行业的迅猛发展与传统老牌行业的衰退有着鲜明的对比。老牌电子、计算机、手机制造行业继续下滑，戴尔（Dell）、摩托罗拉（Motorola）、阿尔卡特 – 朗讯（Alcatel-Lucent）、奥林巴斯（Olympus）直接跌出了榜单。2016 年入选品牌涉及 27 个国家。其中，美国占据 228 席，继续保持品牌大国地位；英国以 44 席位居第 2 位，中国内地入选 31 个品牌，位居第 5 位。其中入围百强的品牌有工商银行、国家电网、CCTV、联想、海尔、中国移动和腾讯。

当然，2015 年 10 月 6 日，品牌咨询公司 Interbrand 也公布了 2015 年的"全球最佳品牌榜"百强名单，该排行榜主要从品牌业绩表现、影响力及品牌保障公司持续收入的能力三个方面进行衡量。Interbrand 始创于 1974 年，自 2000 年发布全球 100 大品牌榜至今，采用"经济附加值"法，评估各个品牌对企业经济利润的贡献，品牌的竞争优势风险。候选品牌的经营范围必须覆盖至少全球三大洲，必须广泛涉足新兴的发展中国家和地区，必须有足够的公开财务信息，必须长期盈利，30% 以上的收入必须来源于本国以外的地区。此次榜单中科技巨头苹果继续蝉联榜首位置，谷歌（Google）紧随其后位列第 2 位，两者的排名情况与 2014 年相同。苹果（Apple）自 2013 年击败可口可乐后，连续第三年蝉联该榜单冠军，紧随其后的依然是谷歌和可口可乐。值得注意的是，电商巨头亚马逊（Amazon）品牌价值快速上升（ +29%），取代德国豪车品牌梅赛德斯·奔驰（Mercedes-Benz）首度跻身前十。微软则从 2014 年的第 5 名升到了第 4 名的位置，而索尼则排在第 58 位。丰田排名小幅攀升，三星依旧位列第 7 位，IBM、通用电气和麦当劳都略微下滑。排行榜第 23 位的 Facebook 是 2015 年品牌价值增长最快的品牌。

2014 年首次入榜的中国品牌华为（Huawei）品牌的价值大幅上升（+15%），攀升至总榜第 88 位（2014 年 97 位）；此外，联想（Lenovo）成为第二个闯入 Interbrand 全球百强品牌榜的中国品牌。

依照联合国经济发展组织发布的相关数据，在国际上具有一定知名度的商品品牌有 8.5 万个，约有 90% 都是发达的工业化国家和创新型国家占有。品牌代表着国家的外在形象。也不用质疑日本前首相中曾根康弘在出访欧洲国家时骄傲地表示，索尼和松下代表了他的"脸面"。因此，在进行知识产权统计时，其品牌强度或者知名品牌应是一项重要指标。

5. 汗颜之外：一组"还好"的数字。我国的发明专利在 2010 年就有将近 39.1 万件的申请量，跻身全球第 2 位，被授予权限的有 13.5 万件。我国经 PCT 路径提交的国际专利申请大约有 12500 件，位居全球第 4 位，相比较 2009 年提高了 56.2%。

（五）知识产权：创新、创造的价值显示

知识产权是指智力创造成果：发明、文学和艺术作品，以及商业中使用的符号、名称、图像和外观设计。知识产权可以分为工业产权与版权两类，工业产权包括发明（专利）、商标、工业品外观设计和地理标志，版权则包括文学和艺术作品。知识产权被概括为一切来自知识活动领域的权利，始于 17 世纪中叶法国学者卡普佐夫的著作，后由比利时法学家皮尔第所发展；到 1967 年《成立世界知识产权组织公约》签订后，知识产权的概念得到世界上大多数国家的认可①。

1. 知识产权的起源。知识产权到底源于何时、何地，目前尚未定论。其中的一种说法是起源于意大利的威尼斯。中世纪（约公元 476 年~1453 年）在威尼斯，产业可以准许买卖专利样本，可登记购买，并在经过授权后可以单独买卖。之后工艺美术品也准许购买，可看做是代替原创者的人格权利。工艺美术作品因原创而具有相应的价值，比如法国对于珍藏的艺术品都会推算作者

---

① 知识产权（Intellectual Property），也有学者认为，其翻译欠妥，按照其英文的本来含义，最好译为智慧财产权。因为，知识不一定等于智慧。真正具有价值创造能力的，不一定是知识而是智慧。当然，本书不对概念上的细节做过多的追究。

的身价以表明作品的重要性。我国在 13 世纪前期，南宋已有比较成熟的著作权和版权保护法规，那就是两浙转运司于嘉熙二年（1238 年）为祝穆《方舆胜览》所发布的《榜文》，以及淳祐八年（1248 年）在国子监发给段昌武开雕《丛桂毛诗集解》的《执照》。不管知识产权产生于何时、何地，但就已有的资料来看，是一个源远流长的基本概念，它强调了专有性和保护性。

2. 知识产权主要类别。工业产权包含发明专利、商标和产品外观设计，还包括原产地的地理标识，这些权利受法律法规 20 年的保护期，其中工业设计的保护期限是不少于 10 年，商标在保护期限结束后可以延续保护期。

著作权涵盖范围比较广，包括了文学类的小说，以及诗词、歌剧和音乐电影作品，还有艺术类的绘图摄影和设计方面的作品。与著作权有关的权利有表演权、录音录像制作权、广播权等。著作权的保护期限至少是得等到作者逝世后的 50 年。

商业秘密属于知识产权中最具特殊性的一项权利，企业可以经协商结果达成一致保守商业秘密的义务，避免知晓商业秘密的相关人员向外界透露。知晓商业秘密的相关人员必须要在获取机密前签署同意保密协议。商业秘密没有保护期限的限制，公司可以将有价值意义的信息作为商业秘密。比如人人皆知的可口可乐品牌，它的配方就是一个商业秘密，一个多世纪以来人们都不能获取它的所有成分。

（1）狭义的知识产权分类。一类属于"文学产权"，包括著作权和邻接权；另一类则是"工业产权"（Industrial Property），主要包括专利权和商标权。

（2）广义的知识产权分类。著作权、邻接权、商标权、商号权、商业秘密权、地理标记权、专利权、集成电路布图设计权、植物新品种权、反不正当竞争权。

（3）世界知识产权组织（WIPO，1967）的界定。一切知识产权的存在都源于社会生活中人们对知识活动所享有的权利，包括文学艺术作品以及其他相关权利。人类对于科学的探究，总是在生活中得以真正体现，如知识产权中一些公司字号和品牌或者工科领域的一些发明等。

（4）世界贸易组织（WTO）的界定。《与贸易有关的知识产权协议》（TRIPs，1994）认为，知识产权包括如下权利：版权与邻接权，商标权，地理标志权，工业品外观设计权，专利权，集成电路布图设计权，未披露过的信息的保护。

3. 知识产权的主要特点。

（1）专有性。是指法律赋予权利人对于产权享有一定的权利，在此之外的每个人不得使用或占有。在这一点上充分说明了国家的"强制许可"、"合理使用"或"征用"等法律规则是不可以被其他人所占有或使用的，每个权利人的专利权应该得到应有的法律保护。

（2）地域性。是指针对地域这一问题的法律保护，主要体现在双边国家的互惠互利协定以及签订的有关国际公约，受到一个国家保护的专利权在这些范围内也同样享受保护权利。

（3）时间性。指一些权利的法律保护并不是无限期的，每一个国家规定的法律保护有效期并不一样，但一些享受国际协定保护的发明申请，具有统一规定的保护期限。

4. 知识产权的价值创造。John Turner（2002）明确指出：现代商业市场价值的50%~80%来自于其知识产权①。

随着经济的新常态与转型发展，企业价值的增长在很大程度上取决于无形资产、抑或知识产权的增长。在工业经济时代，企业价值主要由占主导地位的有形资产和金融资产决定。今天，人类已经步入知识经济时代，全球经济已从以工业为基础的经济转入以知识为基础的经济，此时企业的价值不仅由有形资产、金融资产决定，更多地取决于企业的无形资产或者知识产权。无形资产还具有规模报酬递增性的特点，并且随着时间的推移，由于知识的可累积性和无形资产的可升级性（Lev，2001），无形资产的价值可能会随之增加，而不是发生减损。

知识产权作为重要的无形资产，正日渐成为衡量企业生存能力和未来业绩的尺度，以及价值创造的源泉。根据列弗（Lev，2001）的研究，标准普尔500（S&P 500）企业的市场价值相当于其账面价值的六倍多。中村（Nakamaura，2001）研究发现，日本对企业对知识产权等无形资产的投资总额超过1万亿美元。欧盟企业无形资产价值占企业市场价值的比例2003年为70.3%，2005年为71.4%，2007年为74.3%，2009年为70%，日本的这一比例在2003年、2005年、2007年与2009年分别为65.7%，61.6%，69.1%和

---

① 澳大利亚（Flinders）技术产权公司执行总裁在"第二次世界知识产权组织创造力与发明国际论坛"的演讲，知识产权创造商业价值 [J]. 中国新技术新产品，2002（10）.

35.8%，同一时间段中国的比例分别为 53.5%、32.2%、79.5% 和 73.5%。① 从总体发展态势看，企业的无形资产价值占企业市场价值的比重呈上升态势，这足以说明知识产权对当今经济发展的重要性。很多企业的主要市场价值都体现于知识产权，如沃特·迪士尼公司、微软公司和宝洁公司，它们约 80% 的价值创造都与知识产权等无形资产相关。知识产权已经成为企业竞争优势的关键驱动因素，企业逐渐从以有形资产投资为主转向以知识产权等无形资产投资领域。

知识产权等无形资产的价值信息对资本市场优化资源配置的作用日益增强，对知识产权等无形资产的价值确定显得尤为重要。但是，许多企业却不能清楚地确定无形资产的价值动因及价值创造机理。根据信号传递理论，如果企业不能向投资者等利益相关创造者传递相关和可靠的信息，则市场就不能做出正确的反应。

知识产权的价值创造，简言之就是指知识产权人为使其智力成果创造最大的经济效益和社会效益的经营活动。诸如专利的利用、技术的转移、产权的交易、版权的授权等。实现知识产权从"权利"向"价值"的转化，进而为企业带来现实价值的关键过程。

二、研究意义：发展知识产权事业，促进经济社会发展

我国在对外开放的浪潮中初步建立了知识产权体系②。国家专利局，即现在的国家知识产权局，成立于 1980 年初，自那时起我国知识产权事业便打开了新篇章。从改革开放至今，在国家领导的重视下，知识产权制度逐步得到完善，知识产权事业也获得了优异成果，从而极大地推动了我国社会的进步。

（一）我国知识产权事业有力地促进了经济社会发展

我国在知识产权方面的发展，推进了我国的法治与市场文化环境建设，在国际环境中也得到了良好发展，为我国社会主义市场经济的建设提供了良好的基础。

改革开放以来，我国经过了多年的探索和研究，最终制定了一套符合我国基本国情的知识产权法律法规体系。在知识产权事业发展过程中，我国对知识产权的社会意识有了不断地提升，在创造力和新颖性方面，也达到了一定的水

---

① Ocean Tomo 公司网站。
② 田力普. 发展知识产权事业，促进经济社会发展［J］. 求是，2011（1）.

平。在 21 世纪，我国决定把知识产权的发展提升到战略高度，制定且施行了相关的知识产权战略部署，国务院在 2008 年 6 月 5 日公布了《国家知识产权战略纲要》。

完善的知识产权法规，极大地保证了知识产权的申请，提高了我国整体的创新能力，科技化步伐显著提升。与此同时，对于不同的知识产权类型，我国还制定了专门的法律法规，更加具有针对性。数据统计的结果显示，我国制定的与知识产权有关的法规多达 19 部，初步形成了比较完善的知识产权法律体系。为知识产权的贯彻落实提供了强有力的保障，充分的调动了大家的创新热情，也在很大的程度上推动了市场的进步，提高了企业的竞争意识与创新意识。根据相关的报告，从我国实施知识产权以来，到 2010 年底，我国申请专利的数量就超过了 580 万，获得授权的专利数量接近 60%。此外，我国也非常重视在国外市场申请专利的规模，扩大申请市场。随着我国社会经济的不断发展扩大，我国专利在国际上也占据了重大的影响。我们也十分注重对专利的保护，积极地回应侵权行为，保护自己的利益，中国的许多公司在专利方面也取得了很大的成就，得到了国际社会的高度认可，尤其是捷康公司，克服了大量的困难，最终成功地将专利事业进驻美国市场，打开了专利申请的另一个新篇章。

随着国家对知识产权保护力度的加大，市场的秩序更加规范，极大地推动了我国技术的进步与经济的发展。中国作为一个法治国家，行政与司法的交互配合模式极大地保证了知识产权的安全，充分地保障了申请人的利益，保证了投资者的权益，可以为国内技术的发展提供强有力的支持。在法律法规面前，经过监督机关的不懈努力，大量的虚假专利案件被侦破，并且依法判处其所应承担的法律责任。正是这种情况下，才使得创新的技术能够得到实际的运用，才能推动中国技术的进步与经济的快速发展。专利行业在多年的发展中也取得了丰厚的经济回报，获得了大量的利润。另外，我们也十分注重对国外技术的交流，加大对外国知识产权的利用，吸引更多的国外人员在中国申请专利，并且将其成果在中国实施，最终促进国内经济的发展。在这种情况下，国内的外资机构越来越多，中国成了国际上重要的专利申请成员国，在外资申请专利时也获取了大量的经济利益，在专利申请上我国迅速地成为发展中国家的第一名。

在长期知识产权思想的洗礼下，人们的意识也在逐渐地提高，形成了良好的社会氛围。在现代高新传播技术的使用下，知识产权相关的报告层出不穷，而且相关的研究也很多，逐渐形成了一种文化现象，极大地提高了群众的专利思想意识。如今的社会成员，思想上有了很大的改变，原本支持盗版的行为逐渐减小，大部分群体对政府的满意。在多年的努力下，我国的盗版情况有了很大的改善，下降的趋势十分明显。这也表明全社会成员的版权意识在不断地提高，形成了极强的核心价值体系，崇尚科学，尊重创新成果。知识产权保护工作的顺利进行极大地推动我国的文化建设，为实现我国创新型国家的建设提供强有力的支持。

在国际上，我国的知识产权事业也得到了充分的肯定，这在很大程度上促进了我国国际贸易的快速发展壮大。对于国际上的重要知识产权公约，我国也十分的重视与其合作，发展了许多的国际合作伙伴，并且建立了长久的发展与合作。作为世界上最大的发展中国家，中国政府也十分注重对兄弟国家的支持与援助。因此，在国际上树立了极佳的大国风范，为后期我国实现贸易的扩大提供了很好的条件。当然，我们还要积极地抵触来自发达国家的压力，合理的解决相关的纠纷，避免问题的恶化。正是我们严格的工作态度与办事效率，在知识产权领域得到了国际社会的高度认可。

（二）深入贯彻实施知识产权战略，促进经济发展方式转变

如今，人们已经充分的认识到知识产权在经济、社会以及文化上的积极推动作用。采取抓住机遇、稳扎稳打的前进模式，加大新型产业的开发与发展，丰富我国的知识产权规模，快速的推动其发展，使企业成为提高国家竞争力的主要指标。

政府对知识产权的工作给予了极大的重视，并将其作为一项重大的战略实施。国家的历代领导人在其执政期间，都特别提到了创新对于一个民族的重要性。世界的发展最终还是依靠高科技的发展，科技是一个国家综合实力的象征，只有具备足够强大的技术支持，才能创造更多的成果，将其用来促进国家的发展。加大与国际先进技术的交流与合作，充分的调用一切有利的资源，只有这样才能创造更多的先进技术，发现自身的不足，及时的改正，最终实现知识产权立国。

经济是衡量一个国家发展壮大的最直接指标，而目前我国的经济模式还是以传统的方式为主，因此，经济发展受到很大制约。所以我们必须寻找到一条合适的道路进行经济体制的改革，结合高新技术为其提供技术支持。在中国的"十二五"规划中，已高度认可了知识产权的重要性，今后更要加大知识产权的发展，为我国经济的战略转型升级提供保证。

法律作为一种强制性的武器，有利于保证专利申请工作的顺利实施，而对于其中出现的侵权问题还很多，要想从根本上提高其处理问题的效率，就必须要建立完善的法律体系，做到有法可依。利用法律的武器保障其实施，同时还要大力推进知识产权的创造，并及时地将其运用于实际，提高服务的质量等。

我国作为一个发展中的大国，专利的数量又极其庞大，如果不能进行有效的管理，势必会造成大量的专利沉淀，无法发挥应有的效果。所以各级政府机关必须要明确自己的责任划分，做好基层的管理。而对于国家必须进行统筹规划，合理的调节法律的运作模式，将法律维权过程中的成本降至最低，便于维护权利。同时也要加大海外知识产权的维护，统筹管理，推动技术的发展与创新。

我国目前的创新力度还远远不足，对于知识产权的监督机制地不够完善，评审机制严重不足。企业作为知识产权的重要主体，政府应该加大对其体系的构建，增加对企业的技术培训，鼓励企业面向国际市场。同时还要加大对专利的审核，根据社会的需要，制定相应的完善审查体系。审查人员作为主要的参与者，其工作效率的高低都会影响到审核工作的进度，所以必须要加大对审核人员的能力培养，提高工作效率，而且要实现与国际的接轨。

提高信息传播速度。对于申请发明的专利，其最终的目的是用于工业化的生产，造福人类，所以对于信息的传输十分的重要，只有被更多的人群了解使用才能真正地发挥专利的实用价值。

提升对知识产权的重视程度，应该培养一批有潜力的知识产权型人才。同时我们应当要重视对科普工作的宣传，对知识产权工作要积极努力推动前进，尤其是要对外展现我国的知识产权的形象。在知识产权人才教育的培养上应该做好培训工作，这是一项最基础的建设性工作，所以我们应该做好准备并努力实践，只有这样才能使我国在知识产权事业上有更大的进步和提升。

实现国际化的交流与合作。扩宽与重要地区的交流渠道，加大与发展中国家的联系，避免受到发达国家的技术冲击，适当的情况下对其提供援助。共同合作形成一个庞大的发展群体，提高整体的竞争力，进而为双方获取巨大的利益。

三、研究目的：构建知识产权统计指标体系

前已述及，知识产权作为新常态下经济发展的主要驱动力，其对经济发展

的价值贡献到底有多大？如何采用统计的方法将其价值贡献凸显出来，为经济的转型发展做出应有的贡献？因此，本书在借鉴知识产权法学、经济学新增长理论以及测度学等学科知识的基础上，并吸收美国、欧盟、日本、韩国等国家或地区的成功经验，结合××省的知识产权战略实际，构建出知识产权的统计指标体系并在实践上能够运用，使这一指标体系不仅奠定区域产业发展、创新实施、人才建设的良好基础，以提升区域自主创新能力和产业竞争力；而且为区域政府培育知识产权竞争力提供引导性政策的调适指向，为知识产权强国战略的实现提供支撑。因此，本书研究希望达到如下研究目的：

（1）从理论上构建知识产权统计的指标体系。我们认为，知识产权统计指标体系应包括如下具体指标：

第一，国家或区域 R&D 投入强度；第二，国家或区域知识产权强度；第三，国家或区域创新指数；第四，国家或区域知识产权指数；第五，国家或区域知识产权密集型企业数量；第六，国家或区域知识产权对经济的贡献率。

（2）梳理已有的研究成果和实践探索，为构建知识产权统计指标体系提供经验借鉴。

（3）对构建的知识产权指标体系进行模拟测试，以验证其科学性和实用性。

（4）结合区域的实际，提出未来我国知识产权事业的政策建议。为此，我们认为，研究本项目，具有如下的理论与实际意义：一是丰富知识产权统计指标体系的理论研究，为其他地区开展类似研究提供理论支撑。二是为我国知识产权密集型产业界定及评价提供了理论依据。三是需要设立有效的知识产权战略评估和监控体系，评估指标体系的构建是知识产权战略实施中的重要组成部分。四是构建区域知识产权竞争力指标体系，较现有研究成果更为贴合区域经济发展实践和区域产业升级的需求。五是为知识产权强国战略的实现提供理论与实践支持。

第一章　创新驱动发展的理论基础：经济新增长理论

对知识产权价值贡献的统计与评价，其目的还是讨论经济的增长问题，亦即经济增长的驱动因素问题。增长问题是经济学永恒的主题①。有形资本和无形资本（无形资产）② 投资将导致人均产出累积性增长（Hayami & Ruttan，1998），两者的投资结构及比例关系是经济增长问题关注的焦点问题之一。因而，经济增长理论围绕无形资产经营问题而展开。现代经济增长理论诞生于20 世纪 40 年代，迄今经历了三大变革：由哈罗德（Harrod，1939）和多玛（Domar，1946）创立的第一代经济增长理论，强调资本积累的作用，由于"刀刃上均衡"问题很快被遗弃；由索罗（Solow，1956）和斯旺（Swan，1956）创立、并由拉姆齐－卡斯－库普曼斯（Ramsey－Cass－Koopmans）及戴蒙德（Diamond）所完成的第二代经济增长理论，专注于外生技术进步所决定的长期增长历经了 30 年而沉寂。20 世纪 80 年代中期，以罗默（Romer，1986）和卢卡斯（Lucas，1988）为代表的第三代经济增长理论，更加关注研究与开发（R&D）、创新、内生技术进步和人力资本等无形资产（无形资本）投资所带来的规模报酬递增问题，迄今仍然为人们所重点关注。

一、新经济增长理论的发展沿革与无形资产（知识产权）

在经济模型中，为了改变原有模型外生给定的前提和变量范围，一般会进行内生化的处理，这样处理不但将原先模型中外生的前提和变量转化为内生，而且会提出新的前提和变量。

---

① 谭崇台. 西方经济发展思想史［M］. 武汉：武汉大学出版社 1993：18，有修改。本部分主要参阅李经路博士的研究成果，汤湘希，周江燕，李经路. 知识资产价值论［M］. 北京：知识产权出版社，2014 有关内容。

② 在外文文献中，无形资产和无形资本使用相同的词，在此不作区分。

新经济增长理论的发展经历了古典经济增长理论、现代经济增长理论模型化开始阶段、现代经济增长理论模型基准化阶段、新增长理论等不同的阶段。不同的阶段对其生产要素的决定是不完全相同的。

（一）古典经济增长理论与经济驱动因素

对经济增长过程的分析是亚当·斯密（Adam Smith，1776）、托马斯·马尔萨斯（Malthus，1820）、大卫·李嘉图（David Ricardo，1817）等古典经济学家研究的核心问题。虽然在此之前也有其他学者试图对此进行研究，但上述学者仍然被认为是现代经济增长理论的杰出先驱（Donald J. Harris，1986）[①]。他们对经济增长的主要贡献是：识别影响经济增长的因素，阐释决定经济增长过程的某些机制；其思维逻辑一直影响着现代经济学家对经济增长问题的思考。不同学者对此问题研究的主要观点如下：

亚当·斯密（Adam Smith，1776）认为，影响国民财富增加的因素有劳动、资本、社会经济制度等[②]；重视资本对经济增长的重要性，这也是哈德罗—多马模型的重要特征，因而，斯密是现代经济增长理论的集大成者。他强调分工与劳动生产率的提高对于经济增长具有重要作用。他认为技术进步来源于分工和专业化的深化。

大卫·李嘉图（David Ricardo，1817）认为，要避免经济陷入"静止状态"，不仅需要资本的不断积累和劳动投入的持续增加，而且技术革新和实行自由贸易也是必不可少的。

约翰·穆勒（John Stuart Mill，1848）十分重视人力资本和人力投资对于经济发展的重要意义，并认为"工人的智力是劳动的生产力的一个最重要的因素"[③]。

马尔萨斯（Malthus，1820）指出，增长的人口是一国幸福和繁荣的表现和结果，继续增长的人口是经济发展的重大约束条件[④]。

Bentham J.（1818，1843）、Hodgskin T.（1825）、Rae J.（1834）指出，

[①] 约翰·伊特韦尔，默里·米尔盖特，彼特·纽曼 编. 新帕尔格雷夫经济学大辞典（第1卷）[M]. 北京：经济科学出版社，1992：484 – 488，有改动。

[②] 方齐云，王皓，李卫兵等. 增长经济学 [M]. 武汉：湖北人民出版社，2002：31 – 35.

[③] 约翰·穆勒. 政治经济学原理 [M].1926 年（英文版）：187.

[④] 当然，马尔萨斯的人口理论一直为人们所诟病，但强调人力资源（人口）的数量对经济的促进作用仍然具有一定的现实意义。

知识积累是经济增长的发动机，知识积累和有形资本积累同时进行。BenthamJ.（1818，1843）更强调企业家的个人特质[①]。

费里德里希·李斯特（Friedrich List，1844）依照生产力理论的逻辑，提出要重视科学技术的远识卓见；首次运用近似于"人力资本"概念——"精神资本"概念；纠正了亚当·斯密（Adam Smith，1776）分工是不同商业操作程序的分工理论，认为分工是各种动作、智力和力量为了共同的生产目的而进行的联合或协作[②]。

威廉·罗雪尔（Wilhelm Roscher，1854）指出，技术进步是"增大一国财富的真实源泉及其实力"[③]。并提出了涵盖劳动能力、信心、灵巧、厂商名声等的无形资本概念。

马歇尔（Alfred Marshall，1890）认为，由于技术进步和资本积累而促成生产中报酬渐增趋势，这种趋势将因外在经济的出现而加强。重视人力资源的开发，指出"优良的教育，即使对于普通工人也予以很大的间接利益……它是物质财富生产上的一个重要手段，不比物质财富的生产所能助成的任何事情为低劣"[④]。其经济增长思想可表示为[⑤]：

$$g = f_1 \ (n, \ e, \ w, \ F, \ A, \ S) \tag{1.1}$$

其中，g 代表一国的实际总收入，n 代表该国劳动力数量，e 代表劳动力的效率，w 代表积累的财富数量，F 代表自然资源的丰歉程度，A 代表生产技术水平，S 代表公共安全状况。

熊彼特（Joseph A. Schumpeter，1912，1939，1942）将经济增长看成是对现存经济关系格局的突破，突破力来自企业家的创新。内生的研发和创新是推动技术进步和经济增长的决定性因素[⑥]。沿其思路，赛格斯特罗姆（Paul S. Segerstorm，1990）、阿格亨和豪伊特（Philippe Aghion & Peter Howitt，1992）分别建立了具有创造性的内生增长模型。

---

① Renee Prendergast Accumulation of knowledge and accumulation of capital in early "theories" of growth and development [J]. Cambridge Journal of Economics，2010，34（3）：413–431.

② 葛扬，李晓蓉. 西方经济学说史 [M]. 南京：南京大学出版社，2003：208.

③ 罗雪尔. 国民经济学原理第1册 [M].1878年（英文版）：322.

④ 马歇尔. 经济学原理（上卷）[M]. 北京商务印书馆，1983：229，有改动。

⑤ 惠塔克. 马歇尔早年著作（第1卷）[M].1975年（英文版）：309–316.

⑥ 约瑟夫·熊彼特被人们称为创新理论的鼻祖。其《经济发展理论》很好地诠释了创新对经济发展的作用。

阿林和杨格（Allyn Young，1928）认为，收益递增取决于劳动分工的演进，技术进步是劳动分工不断深化的结果，是经济系统的内生变量。这一观点在新增长理论中的罗默、卢卡斯、杨小凯－博兰德模型中被详细阐述和具体化。把技术进步作为内生变量，使得新古典经济增长模型更加完善。

（二）现代经济增长模型与经济驱动因素

哈罗德（Roy Forbes Harrod，1939）和多玛（Evsey D. Domar，1946）在凯恩斯的"有效需求"的基础上，提出了动态均衡的"哈罗德—多玛"模型将凯恩斯的短期分析长期化。在严格的假设下他们认为持续增长条件是：一国的储蓄率等于资本/产出率与有效劳动增长率的乘积。

$$g = \frac{\dot{Y}}{Y} = \frac{s}{v} \Rightarrow S = g \cdot v \tag{1.2}$$

式（1.2）强调了资本积累在经济增长中得决定作用，资本的投入是经济增长的原动力。

其中：Y 代表国民收入，S 代表储蓄率，g 代表经济增长率，v 代表资本－产出比率。

该结论在短期中有一定的现实性，但没有考虑供给方面的生产函数，均衡增长不被模型独立决定。其稳定状态的增长很难实现，"经济体系充其量也只能平衡在均衡增长的刀锋上"[1]。由于"累积性"的扩张或收缩问题，被称为哈罗德"不稳定原理"（Harrod，1939）。但是，哈罗德—多玛模型标志着经济学界运用数理经济方法研究经济增长的开始，是经济增长理论模型化的起点。

Kaldor（1957）借助于可变的储蓄率对哈罗德—多玛模型进行修正，从收入分配角度为解决模型的不稳定性提供了一种方法。但是，其储蓄理论建立在凯恩斯的理论基础上的，也存在着诸如用短期分析工具来研究长期经济增长问题的局限。

（三）现代经济增长理论与经济驱动因素

现代增长理论虽然以哈罗德—多玛模型为开端，但是，自索洛在 1956 年

---

① Solow R. A Contribution to the Theory of Economic Growth [J]. Quarterly Journal of Economics, 1956：65.

提供了"哈罗德—多玛增长模型的第一个'新古典'版本"以后[1]，现代经济增长理论的演进都以索洛模型为出发点。索洛（Solow, R., 1956）和斯旺（Swan, T., 1956）各自独立地提出了一个经济增长模型，克服了哈罗德—多玛模型的"刀锋均衡"问题。其实，米德（J. E. Meade）和萨缪尔森（P. A. Samuelson）相继提出了与索洛论点基本一致的模型。丹尼森（Denison, E.）、肯德里克（Kendrick, J.）、卡斯（Cass, D.）以及库普曼斯（Koopmans, T.）从理论和实证方面，不断地修正并扩展索洛—斯旺模型，并日益使之精细化。

索洛—斯旺模型在新古典生产函数和固定折旧比例的假设条件下，得出均衡增长的条件：

$$\dot{k}(t) = sf[k(t)] - (n+g+\delta)k(t) \tag{1.3}$$

式（1.3）中，$\dot{k}(t)$是资本增长速度；s是用于投资的比率；f[k(t)]指每单位有效劳动的平均产量；n，g，δ分别代表劳动增长率、技术增长率、折旧率k(t)代表人均资本。

在式（1.3）中，经济增长不仅取决于资本和劳动要素的投入，还取决于技术变化。该模型强调技术进步的重要作用，纠正了"资本决定论"的错误论断，具有里程碑式的意义。其经济增长模型完全从供给方面研究长期经济增长的根源，在索洛—斯旺模型的带领下，主流经济增长理论都以自己的长期增长稳态来解释形成"卡尔多稳态"的原因。

但是，在该模型中，长期人均增长率完全依赖于外生的技术进步率，技术进步本身被假定为外生决定的、偶然的、不费成本的资源；而对技术进步及其源泉一无所知，缺乏一个明晰的动力源泉。该新古典经济增长模型未能揭示经济增长的原因，是通过"假定增长来解释增长的"（Romer, David, 1996）。从政策角度来看，因其假定增长是外生的，没有为经济增长提供任何政策余地。

哈罗德—多玛模型、索洛—斯旺模型，都假定储蓄率s、人口增长率n和和资本折旧率δ是外生常数。资本折旧率为外生常数容易理解，因为资本折旧速度不易人为控制。排除经济增长对储蓄率和人口增长率得反作用，使模型无法解释经济增长的真正的内在规律和机制。

---

① 马克·布劳格. 凯恩斯以后的100位著名经济学家［M］. 北京：商务印书馆，2003：345.

为了充分考虑到消费者、厂商的个体最优决策行为，为宏观经济增长奠定坚实的微观分析基础，拉姆齐（Ramsey，1928）、卡斯（Cass，David，1965）、库普曼斯（Koopmans，1965）将储蓄率作为内生变量建立家庭最优消费选择模型（简称 RCK 模型），通过设定效用函数：

$$u[C(t)] = \frac{C(t)^{1-\theta}}{1-\theta}, \theta > 0, \rho - n - (1-\theta)g > 0 \tag{1.4}$$

该函数有以下三个特点：

（1）边际效用弹性不变：$\zeta = \frac{du'C}{dCu'} = -\frac{u''C}{u'} = -\theta; (u'(C) = C^{-\theta}, u''(C) = -\theta C^{-\theta-1})$

（2）跨期替代弹性不变：为 $1/\theta$，表示相对风险回避系数不变。

其中 C(t) 代表在 t 时刻家庭每个成员的消费，U(c) 是瞬时效用函数。

RCK 模型利用庞特里亚金（Pontryagin）的最大值原理，进行动态效用最大化分析，长期家庭消费选择须满足的基本条件：[①]

$$r = \rho - \left(\frac{du'/dt}{u'}\right) = \rho - \left[\frac{u''(c) \cdot c}{u'(c)}\right](\dot{c}/c) \tag{1.5}$$

在式（1.5）中，以代表家庭和厂商的最优化行为为基础，使得经济增长理论第一次拥有了坚实的微观基础，可以深入探讨经济增长的内在机制。

阿莱（Allais，1947）、萨缪尔森（Samuelson，1958）和戴蒙德（Diamond，1965）以离散的方法研究消费者和厂商最优行为，用世代交替代替 RCK 模型的无限生命假设。布兰查（Blanchard，1985）发展了一个连续时间得世代交替模型，使其进一步接近现实。他们从微观经济的角度考察长期内宏观经济总量运行。不仅完善了新古典经济增长模型，而且为以后的经济增长模型确定了准则。

（四）新经济增长理论与经济驱动因素

20 世纪 70 年代，在阿罗 – 德布鲁的一般均衡理论建立以后，新经济增长理论追求其理论的微观基础，力图将经济增长的宏观问题建立在"可靠的微观基础"上。从个体、部分出发解释整体的思想，已被视为其科学研究的必

---

① 舒原，谢识予，孔爱国，李翔. 现代经济增长模型 [M]. 上海：复旦大学出版社，1998：82.

要条件。

阿罗（Arrow，1962）、宇泽 Uzawa（1964，1965）、Sheshinski（1967）、罗默（Romer D.，1986）Jones 和 Manuelli（1990）、King 和 Rebelo（1990）、Barro（1990）、Rebelo（1991）、Jones，Manuelli 和 Rossi（1993）、Rebelo 和 Stokey（1995）等用凸性生产函数来替代新古典生产函数，使用 AK 模型、具有收敛性的内生增长模型、CES 模型以及内生经济增长模型。

1986 年，罗默（Romer D.）的研究掀起了"新"或者"内生"经济增长理论的热潮，该理论通过经济增长中的外部性解释经济长期增长的持续性。外部性思想来源于阿罗（Arrow，1962）"干中学"和"知识溢出效应"。卢卡斯（Lucas，1988）内生增长模型的思想可以追溯到宇泽（Uzawa，1965）的观点，其观点强调人力资本对经济增长的作用。新经济增长理论从以下几个方面分析经济增长的驱动因素，进行内生化处理。

1. 以资本投资的外部性作为经济驱动因素，内生化经济增长。将技术进步和生产率的提高当作物质资本和技术投资的副产品，进行内生化处理。阿罗（Arrow，1962）认为知识与生产率的增益来自于投资和生产；并进行内生化初步尝试。知识水平本身作为一个生产要素参与生产过程，由于其公共品性质，作为一个整体，经济具有收益递增的特点。谢辛斯基（Sheshinski，1967）对阿罗模型的结构进行简化和扩展。由于阿罗（1962）模型存在的两个问题：存在外部性时竞争性均衡的存在性；动态最优过程中，社会最优与目标函数的有限性。罗默（1986）对阿罗模型进行扩展，确保竞争均衡的存在，罗默（1986）认为私人边际产品与社会边际产品的比例为[①]：

$$\frac{D_1 f(k, Nk)}{D_1 f(k, Nk) + ND_2 f(k, Nk)} = \frac{\nu}{\gamma + \nu} \tag{1.6}$$

式（1.6）显示，由于竞争均衡导致私人投资知识低于社会最优水平，罗默（1990）修正了该模型。Brezis，Krugman 和 Tsiddon（1993）提出了一个贸易和增长的两国模型，解释了作为偶然技术变迁的"蛙跳"（leap - frogging）现象。

式（1.6）中，$D_1 f(k, Nk)$ 代表私人边际产品，$ND_2 f(k, Nk)$ 代表社会上所有其他私人边际产品，γ 代表整个任务的全部知识存量弹性，ν 代表补充知识

---

① 左大培，杨春学. 经济增长理论模型的内生化历程［M］. 北京：中国经济出版社，2007：172.

存量弹性。

2. 以产品创新作为经济驱动因素，内生化经济增长。罗默（Romer，1990）认为技术变化为持续的资本积累提供激励，而资本积累和技术进步又解释了产出的绝大部分。技术进步来源于有意识的行动，这种有意识的行动是因对市场刺激做出反应的人们所采取的。罗默（1990）假定经济中存在最终产品部门、研究与开发部门、中间产品生产部门三个部门，建立创新的内生化模型；得到经济增长率为[①]：

$$g = \frac{\delta H - \Lambda\rho}{\delta\Lambda + 1} \tag{1.7}$$

式（1.7）表明，经济增长率与 H 相关，即存在规模效应（增长率与人力资本成正比）；而这一结论成了后来学者实证检验的焦点。

其中，g 代表增长率，δ 代表效用函数再跨期替代弹性的倒数，ρ 代表时间折现率，$\Lambda = \dfrac{\alpha}{(1-\alpha-\beta)(\alpha+\beta)}$，α，β 代表人力资本和劳动力的产出弹性。

Grossman 和 Helpman（1991a，ch4，1991b）认为，生产率的提高表现为同种产品质量的提高，而提高其质量的技术来源于专门的研发，不像罗默（1990）不考虑新知识产生以后对于原有知识得负的外部性，认为优质产品的出现会使旧产品不断淘汰，创新表现为创造破坏性过程；从而建立一个产品质量阶梯不断提高的内生增长模型。但他们忽视了厂商从事有成本的模仿活动的刺激，假设行业领先者不从事研究创新，与事实不符。阿格奥和豪伊特（Philippe Aghion & Peter Howitt，1992）在 Segerstrom，Anant 和 Dinonpoulos（1991）的研究基础上，解释了熊彼特的"创造性破坏"假说，建立一个创造性破坏的内生增长模型（AH 模型）。AH 模型表明经济增长不是线性而是存在起伏的过程，知识成为经济增长的双刃剑。新知识对于知识的生产有正的外部性，新知识对原有知识的替代降低了收益，又具有负的外部性。

3. 以人力资本积累作为经济驱动因素，内生化经济增长。Lucas（1988）、Becker，Murphy 和 Tamura（1990）、Tamura（1991）、Lucas（1993）、Mcderott（1995）等强调人力资本是经济增长重要源泉。他们为人力资本的产生和积累设立"生产函数"来内生化人力资本的存量变动，解释经济增长。

---

① 谭崇台，邹薇，庄子银. 发展经济学的新发展［M］. 武汉：武汉大学出版社，1999：448.

卢卡斯（Lucas，1988）引入 Schultz 和 Becker 的人力资本概念，借鉴罗默（Romer，1986）的处理技术，修改宇泽的技术方程，建立人力资本外部效应为核心的"两时期模型""两商品模型"。得到其最优均衡增长率[①]：

$$g^* = \delta^{-1}\Big[\,\delta - \frac{(1-\beta)(\rho-\lambda)}{1-\beta+\gamma}\,\Big] \tag{1.8}$$

其中，g^* 代表最优增长率，δ 代表跨时替代弹性的倒数，ρ 代表时间偏好率，λ、β、γ 分别代表人口增长率、整个经济中资本总存量的产出弹性、人力资本的产出弹性。

式（1.8）避免了"没有人口增长就没有经济增长的不愉快的结果"；但是，没有考虑两部门内生增长的动态性质，Mulligan 和 Sala - i - Martin、谢丹阳（1991）对其进行修正，（Mankiw，Romer & Weil，1992）建立一个标准的 4 变量最终产品总量生产函数：

$$Y(t) = K(t)^{\alpha}H(t)^{\beta}[A(t)L(t)]^{1-\alpha-\beta} \tag{1.9}$$

得到有效劳动人力资本增长速度：

$$\dot{h}(t) = s_h \cdot y(t) - (n+g+\delta) \cdot h(t) \tag{1.10}$$

其中：$\dot{h}(t)$ 代表人力资本增长速度，s_h 代表总收入中投资与人力资本的份额，$y(t)$ 代表单位人均产出，$h(t)$ 代表单位人均资本成本，n，g，δ 分别代表劳动增长率、技术变化增长率和折旧率。

新古典增长理论的经济学家看来，知识是完全处于经济体系增长过程的，不存在扩散过程。其实，知识是公共产品（Alfred Marshall，1890）；知识是以企业间不付费用方式转移而扩散的。其扩散表现在：消费者剩余、生产者剩余以及研发的溢出效应等（Griliches，1991）。而研发溢出效应是经济增长所关注的重点，由于对逻辑斯蒂方程的不满，巴罗和萨拉 - 伊 - 马丁（Sala - i - Martin，1995）引入了国际技术扩散模型，Shekhar Aiyar 和 Cal - Johan Dalgaard（2002）建立一个知识不完全代际转移模型，来说明知识在扩散过程中失真问题。虽然，约翰森（L. Johansen，1959）、索洛（Solow，1960）、费尔普斯（Phelps，1962）、马修斯（Matthews，1964）、布雷斯（Bliss，1968）以

---

① 谭崇台，邹薇，庄子银. 发展经济学的新发展 [M]. 武汉：武汉大学出版社，1999：410.

及巴尔德汉（Bardhan，1973）等都提出了技术传导模型；但是，令人遗憾的是：到目前为止，知识扩散模型片面强调知识在国际上的扩散，其实知识在国内的产业内（企业间）、产业间、在新知识生产部门的扩散更为重要，更具现实意义（左大培，杨春学，2007）。

除此之外，一些经济学家从其他方面内生化经济。巴罗和贝克尔（1989）；Becker，Murphy 和 Tamura（1990）把生育内生化与经济增长联系起来建立模型。杨小凯和博兰德（Yang and Borland，1991）采用"超边际分析"将最终产品生产上的劳动分工内生化建立模型，为经济增长提供一个微观机制。

二、新经济增长理论的新进展与经济驱动因素

萨拉-伊-马丁Sala-i-Martin（1997）认为截面数据是无法信服的。琼斯（Jones，1995a，1995b，1997）转向了时间序列来检验规模效应。Gang Gong，Alfred Greiner 和 Willi Semmler（2004）利用时间序列，引入非线性知识生产函数（$\frac{\dot{A}}{A} = \mu H_A^\gamma A^{\phi-1} - \delta_A$）以此修改罗默（1990）模型，验证了修改后的模型并不存在规模效应；政府可以通过财政政策短期影响人均增长率而非长期。虽然长期增长率不受影响，但是还会影响变量水平的（Turnovsky，2000）。

Narayana R. Kocherlakota 和 Kei-Mu Yi（1997）对美国 100 年时间序列数据和英国 160 年的时间序列数据回归时发现，政府经济政策的变化对内生经济增长模型有影响，对外生经济增长模型没有影响。

Aghion 和 Howitt（1998）指出 Jones（1995）的结论忽略了技术复杂性程度的提高，忽视了社会总产品数的增多，同时他们建立了一个更加完善的模型。

Dajin Li（2002）基于宇泽（Uzawa，1965）和卢卡斯（Lucas，1988）两部门模型利用 24 个经合组织国家（1950~1992 年）和 5 个主要发达国家（1870~1987 年）的数据，通过定义投资和改进验证方法，发现从长远来看不能拒绝 AK 模型具有的对经济增长正的效应。Dinopoulos 和 Thompson（2000）研究发现改进得罗默（1990）模型表明长期经济增长与实物资本投资呈正相关关系。

Accinelli 和 Brida（2007）假定人口增长以对数增长率而非指数增长率对拉姆齐（Ramsey，1928）模型扩展，Luca Guerrini（2010）利用 Guerrini（2006）模型，假定人口不是持续增长，引入二维动态系统，扩展了拉姆齐 Ramsey（1928）经典模型。

Timothy Kam 和 Yi – Chia Wang （2008）扩展了 Glomn 和 Ravilumar （1994）的内生增长模型，研究表明政府的公共投资具有溢出效应。

熊俊（2005）在放松"希克斯中性""规模报酬不变""完全竞争的市场结构"，并对总生产函数自变量进行调整，得到一个扩展的索洛模型。贺俊，陈华平和毕功兵（2006）认为垂直型和水平型模型虽然把技术创新内生化，但忽略了人力资本积累对净增长的作用，应该把这两个因素纳入到同一个分析模型之中。他们借鉴卢卡斯的思想增加一个人力资本生产部门构建新模型：

$$\max \int_0^\infty \frac{c^{1-\delta} - 1}{1 - \delta} e^{-\rho_t} dt$$

$$\text{s. t. } Y = \eta^\gamma A^{\alpha+\beta} H_Y^\alpha L^\beta K^\gamma$$

$$\dot{K} = Y - C \tag{1.11}$$

$$\dot{A} = \delta H_A A$$

$$H_Y + H_A \leq H$$

通过求解，得到均衡增长率：$g = \dfrac{\delta_2 - \rho}{\sigma}$（注释：$\sigma$ 是跨期替代弹性的倒数；ρ 为时间贴现率；δ_2 为人力资本生产部门的生产率）。

说明经济均衡增长率与人力资本部门生产率成正比，与时间贴现率成反比。

张延港，戎晓霞和王峰（2008），在罗默内生经济增长模型中引入了人力资本因素，将技术进步和人力资本同时内生化，克服了琼斯（Jones，1995）曾经指出的技术进步为常数这一假设的缺陷。他们将社会计划者的动态最优化问题为：

$$\max_{C \cdot u_a \cdot u_Y} \int_0^\infty e^{-\rho} U(t) dt$$

$$\text{s. t. } Y = A^\alpha (u_Y H)^\alpha K^{1-\alpha}$$

$$K = Y - C \tag{1.12}$$

$$\dot{A} = \delta (u_A H)^{\beta H} A^{\beta A}$$

$$H = B(1 - u_A - u_Y) H$$

利用庞特利亚金极大值方法处理，并经过替代、转换后得到：

$$g_Y = K = \frac{B + (B - \rho)\left|\beta_H \dfrac{u_Y}{u_A} + \beta_H - 1\right|}{\delta\beta_H \dfrac{u_Y}{u_A} + (\beta_H - 1)(\delta - 1)}$$

$$\nu_1 = \frac{B\delta + (B - \rho)(\beta_H - 1)}{\rho\beta_H \dfrac{u_Y}{u_A} + (\beta_H - 1)(\delta - 1)} \tag{1.13}$$

$$\nu_2 = B(1 - u_A - u_Y)$$

式（1.11）至式（1.13）说明了在平衡路径上，产出、技术的增长都与人力资本的最大积累率 B 有关，而非简单的仅由人口增长率决定。另外，经济平衡增长率与技术水平的外部性无关。

鉴于内生经济增长理论的实证研究经常忽视转形动态（Kremer，1993；Jones，1995a，1995b；Todo & Miyamoto，2002；Ha & Howitt，2007；Madeson，2008）。Ha 和 Howitt（2007）以及 Madeson（2008）通过协整分析来区分琼斯（1995a，1995b）模型和熊彼特模型。Norman Sedgly 和 Bruce Elmsile（2010）利用 Eicher 和 Turnovsky（1999）建立的新古典和内生增长杂交模型，验证第一代内生增长模型、半内生增长模型及熊彼特增长模型；文章支持创新模型[①]。

B. Bedgly Haskara Rao（2010）认为索洛（1956）外生模型能够解释长期经济增长现象，对外贸易和人力资本对其有重要影响。

Man – Seop Park（2010）指出保罗和萨拉伊马汀模型（2004）以及产品水平创新模型存在的问题是内部不一致[②]。

从梳理经济增长模型的发展历程可知，知识、技术、人力资源逐渐成为经济增长的重要驱动因素。同时，也修正了英国古典经济学家威廉·配第的"劳动是财富之父，土地是财富之母"这一重要论断。

三、新经济增长理论对经济增长的贡献测度

（1）为使新古典经济增长模型更加完善，将技术进步作为内生变量进行

---

① Norman Sedgly, Bruce Elmsle, Reinterpreting the Jones critique: A time series approach to testing and understanding idea driven growth models with transitional dynamics [J]. Journal of Macroeconomics, 2010, 32 (1): 103 – 117.

② Man – Seop Park, Capital and interest in horizontal innovation models [J]. Cambridge Journal of Economics, 2010, 34 (4): 755 – 772.

处理。之所以在新古典经济增长模型中将技术进步作为内生变量进行着重研究，分析经济增长过程和技术进步产生的原因，是因为索罗模型在解释技术进步对经济增长的时候显得苍白无力。通过对内生变量（技术）进步机制的研究；专业化知识以及智力资本的积累，收益递增得以实现，挑战了以往增长理论中要素收益递减或不变的假定。

（2）把资本积累与创新统一于内生增长模型之中。新古典经济增长理论假定技术进步是非体现型的——独立于资本积累；事实上，技术创新物化于物质资本或人力资本中。罗默在1990年和1994年的研究中指出投资促进知识增长，知识增长产生经济回报，得益于经济回报，人们倾向于积累更多的知识，形成良性循环。

（3）经济政策对经济增长的影响较为显著。为分析技术这一内生变量的作用，新经济增长理论采用"当事人行为"来进行分析，为解释经济政策对经济增长的作用奠定基础。

四、经济发展对新经济增长论提出的新挑战

新增长理论对经济增长、发展问题提出了许多深刻独到的见解，在理论界和实践界产生了深远的影响，但是随着经济发展，新增长理论将面临新的挑战。

第一，在生产理论方面新增长理论没有取得突破。生产理论基本假设的变化是增长理论取得突破的关键，新增长理论仍然以固定要素替代弹性生产函数和柯布—道格拉斯函数为基础，柯布—道格拉斯函数不能解释技术进步的意义。从某种意义上说，新增长理论与索洛模型的假设没有本质区别。

第二，新经济增长理论虽然追求经济增长的微观基础，但是忽视技术进步的微观机制，只探寻到 R&D 这一层面，未做深入分析。技术进步的微观基础是厂商的内部组织、技术进步效率、厂商知识产权对技术进步的影响等。

第三，新增长理论开启了索罗"余值"的"黑箱"，给出了技术变化的一个内生解释，但不顾及历史、社会、制度等非经济因素对经济增长的影响而进行超越时空的纯经济分析[①]，无法解释经济发展的动态变化。

---

① Weitzman M. L. Recombination Growth [J]. Quarterly Journal of Economics, 1998, Cxii（2）: 331 – 361.

近年来，制度的计量研究已经成为制度经济学实证研究的热点和重点（Acemoglu，2001；Person & Jabellini，2005）。经济增长及经济现实都与其制度、文化、政府的经济政策和发展战略相关，不能简单地从经济系统本身进行解释（Chang & Eans，2005）。诺斯（North，1981，1990，1994）和（Delong & Shleifer，1993）验证了制度安排和制度结构对经济产出和个体行为优化的重要性。Knack 和 Keefe（1995）、Hall 和 Jones（1999）、Acemoglu（2004，2006）、Levine（2003）、Rodrik 等（2004）等认为，一国经济师通过政治制度制定游戏规则并共同约束政府行为、提高技术进步和可累积性要素投入，才能最终实现经济增长。要素的积累和技术的创新不是增长的原因，而是增长（North & Thomas，1973）。制度主要用于激励与约束个体或组织从事生产及政治、经济、社会和其他活动，对保持持续合作、减少不确定性和交易成本以及提高经济产出具有重要作用（North，1981，1990）。就经济增长的贡献而言，产权制度的作用往往表现得更为显著。

第四，新经济增长理论忽视了技术变化过程的不确定性，假定技术一开始就能实现其生产能力。新经济增长理论认为"最大化行为、市场均衡和稳定偏好假定的结合，并始终如一地贯彻到底"（Becker，1976a）。在分析方法上，新经济增长理论以库恩——塔克定理为核心、瓦尔拉斯一般均衡为基础、动态一般均衡分析为基本分析方法（Koopmans，1965），这是一种经济学牛顿力学的机械决定论范式。经济理论并非经济力学而是经济生物学；经济增长或发展是经济运动中的过程，不是力学上机械的位置移动，而是生物学上的有机运动。一般均衡分析只是着手研究主要问题之前的一种有益准备工作而已[①]。技术创新过程中存在着大量的不确定性使经济增长表现为非均衡的进化过程，技术进步具有累进性和路径依赖的特性，实际上是一个马尔科夫过程。

第五，新增长理论需要根据时代的要求进行改进。用既有的理论解释现实，无论是对经济科学的发展还是对现实的解释，都是不够的，需要在现实考察的基础上进行理论上的创新。许多发达国家的"后工业"经济的上升中，知识和技能等无形资本争取代实物资本而成为主要的投入；土地（或者更一般的自然资源）作为一种生产要素，其重要性下降只是一种暂时现象（Deane & Cole，1969；Revell，1967）。工业经济时代或者后工业经济时代，影响经济

---

① Hayek F. A. Economics and Knowledge [J]. Economica, 1937, 14 (13): 33–54.

发展的制约因素是资本、劳动和技术，而自然资源相对宽裕，经济发展与环境资源的冲突还未引起足够重视。随着经济的发展，21 世纪环境和资源成为经济发展的重要的内生变量和刚性约束条件。在新古典经济学中，只重视经济系统，忽视了支持经济系统的生态系统；内生增长理论有必要考虑内生增长理论理念的循环经济模型（杨永华，诸大建和胡冬洁，2007）。

第二章 实践运用：知识产权竞争力评价指标体系

一般而言，对竞争力的评价至少包括四个层次：一是国际竞争力，二是国家竞争力，三是产业竞争力、四是企业竞争力。对知识产权而言，也应从这四个层面展开。

一、国际竞争力评价指标体系

我国在知识产权评价体系建设的各个方面都获取得了良好的成就，这是自20世纪80年代至今从理论到实践的一个重要进步。世界经济论坛（WEI）和瑞士洛桑国际管理发展学院（IMD）采用大致相同的基础理论，对国际竞争力进行评价。WEI每一年度都会发布关于世界经济的《全球国际竞争力报告》，IMD每一年度也会出版相关的《世界国际竞争力年鉴》。在我国，从20世纪90年代末至今，我国有关研究机构也发布了《中国国际竞争力发展报告》。这些报告都显示，国际竞争力的核心主要由两方面构成，一是发展的现实状况，这是一个国家体现国际竞争力最基本的前提条件；二是需要有一个较好的发展前景，这体现了国家的发展潜能，是体现国家竞争力的本质要求。一套有效指标评价体系，必须体现两个基本原则：

（1）大不等于强的原则。所以在指标选定的时候一定要注意不能只以产业规模来概括指标。

（2）综合评价原则。这是给予了一个国家在选定指标时，要从全面性考虑因素必备的一个条件。多元化、多角度、全方位体现一个国家或地区的经济竞争实力。这些要求中包含了硬指标和软指标两个方面，在软指标上主要体现的是对外性以及政策制定之后的管束科学引导效果。这一项系统性的国际竞争力评价体系工作极其繁复。在本章研究中着重对有关国际竞争力的评价指标进行合理定量探究。

从产业国际竞争力来分析，产业国际竞争力涵盖多方面的竞争力，比如竞争实力、竞争潜力、竞争技能、产业抗压性、竞争推动力、产业竞争活力。

（一）竞争实力

这体现了知识产权应具备的三要素即人力、财力、技术创新实力。对于人力指标的评价体现在大学人才的比例，技工的专业素养，公司的文化素养；有关财力指标体现在产业发展规模和公司的总注册资本上；对于技术创新实力的评价指标在于研发经费和研究人员的综合技能。

（二）竞争潜力

即产业发展潜能，一般来而言就是某国家产业发展所占的优势，主要包含两个：比较优势与后发优势。其中，对比较优势反映的指标包括：资金成本、劳动成本、资源禀赋。

（三）竞争能力

是将竞争实力、潜能转变成优势、市场占比的能力。其中包含技术创新能力、市场化能力以及资源转化能力。能够评判市场化能力指标包含：市场占有率、显示性比较优势、经济增长率；资源转化能力指把资源变成产品效率与盈利能力的一种反映，判定的指标主要有，经济增加值、总资产贡献率、全员生产率等；技术创新能力指的是产业把技术变为商品能力的一种反应，包含专利数比重、创新度等评价标准。

（四）竞争动力

是指对产业参与竞争能动性的一种反映。任一产业只有竞争才能提高竞争力，如果没有竞争存在，竞争力就无从谈起。

（五）竞争压力

是反映产业发展的外力。显然，激烈的市场竞争有助于产业提高竞争力。

（六）竞争活力

是反映产业参与国际竞争的灵活性指标，它取决于产业结构、产业组织、基础设施等方面的因素。

因本章研究主要是研究知识产权的价值贡献等问题，因此，其国际竞争力的评价只做一般性介绍。

二、我国国家竞争力现状及其评价指标体系

2014 年 9 月 3 日，世界经济论坛发布《2014～2015 年度全球竞争力报告》，该报告根据公开的经济数据和对全球 144 个经济体的 14000 多名企业领袖的调查，得出"全球竞争力指数"排名①。该指数由 12 个一级指标、40 个二级指标、67 个三级指标以及 40 个四级指标构成，某区域的综合竞争力状况，可以用下列指标来衡量：创新力、市场规模、体制框架、商业成熟度、基础设施建设情况、宏观环境、技术强度、金融市场成熟度、健康及初教水平、高教状况、商品市场效率、劳动力效率共 12 个指标。报告显示，排名前 10 位的主要经济体是：瑞士、新加坡、美国、芬兰、德国、日本、中国香港特别行政区、荷兰、英国、瑞典。与 2013 年相比，2014～2015 年度中国内地竞争力位居第 28 位，进入前 20% 的行列。同时持续领跑"金砖国家"，其他金砖国家的竞争力排名是：俄罗斯第 53 位、南非第 56 位、巴西第 57 位、印度第 71 位。

中国的市场规模竞争力排名高居第 2 位。其中，国内市场规模指数和国内生产总值均位列第 2 位，国外市场规模居世界第 1 位。这主要受益于庞大的人口规模和广阔的市场。宏观经济环境排名第 10 位。中国宏观经济基本面趋势良好，通胀小于 3%，预算赤字有所下降，公共债务占 GDP 比重仅为 22.4%，处于全球最低水平区间。但是，在几个重要指标上，中国排名还比较靠后，影响了中国的竞争力。下面以影响中国竞争力排名程度为序，对排名在 30 位以外的 6 个一级指标作一简要分析。

（1）技术就绪度排名第 83 位，是影响中国竞争力的最大短板。技术就绪度（Technology Readiness），也称技术就绪水平（Technology Readiness Level，TRL），是一种衡量技术发展成熟度的指标，主要用来衡量一个经济体在日常生活和生产过程中利用原用技术和信息通讯技术来提高效率、增强创新竞争力的能力。

衡量技术就绪度的二级指标有两个：技术应用和因特网应用，中国排名分别是第 83 位和第 76 位。在评价因特网应用的三级指标中，中国的网络带宽排

---

① 马宝成：影响中国竞争力的几个重要指标分析，国家行政学院，http://www.nsa.gov.cn/web/a/zixunbaogao/20141117/4859.html/2015－9－5。

名第 120 位，是影响技术就绪度的最大因素。在这个指标上，排名在中国之后的是乌干达、赞比亚等 18 个非洲国家，以及约旦、孟加拉等 6 个亚洲国家。与交通基础设施（第 21 位）等硬性基础设施投入相比，中国在互联网带宽等软性基础设施领域投入明显不足。

（2）高等教育和培训水平排名第 65 位，也是影响中国竞争力排名的主要短板。在影响高等教育和培训的 3 个二级指标中，教育数量仅仅排在第 78 位，而衡量教育数量的中等教育入学率和高等教育入学率排名均靠后，分别是第 72 位和第 85 位，是制约高等教育和培训竞争力的主要因素。在评价教育质量的三级指标中，学校管理质量仅排在第 85 位，也是很大的制约因素。高等教育和培训排名落后，与高等教育行政色彩较浓、公共服务投入不足有关。

（3）商品市场效率排名第 56 位，虽然比上年有所提升，但排名仍然靠后。影响商品市场效率的关键指标是竞争程度，排名仅列第 86 位。在影响竞争程度的 3 个三级指标中，创业所需的程序和创业所需的时间是重要变量，分别排在第 135 位和 116 位。另外，总体税负和贸易关税对竞争程度的排名影响也较大，分别排在第 131 位和第 115 位。这说明，虽然政府持续推进简政放权，深化行政体制改革的举措取得了良好成效，但是创业所需的程序多达 13 道，创业所需的时间为 33 天。世界经济论坛经济学家盖格尔指出，中国目前仍存在市场准入不公和市场扭曲等问题，影响到资金和人力资源的最优配置。加大力度提高市场效率，对于中国下一阶段的发展至关重要。因此，要全面深化行政体制改革，用更短的时间完成取消和下放行政审批事项的五年任务，建立诚信经营、公平竞争的市场环境，释放市场潜能和发展动力。

（4）金融市场发展排名第 54 位，也比较靠后。影响金融市场发展的关键指标是诚信，中国排名第 79 位。而影响诚信的主要因素则是清廉指数（三级指标），排名第 85 位。融资难成为影响商业环境的最大障碍。因此，需要深化金融改革，建立信用体系，清理规范金融业准入限制，推进多层次资本市场发展。

（5）体制排名第 47 位，没有显著改善。决定体制这个一级指标排名的两个二级指标公共机构与私人机构排名均不理想，分别位列第 43 位、第 64 位。在影响公共机构排名的三级指标中，公共事业中的腐败、纳税活动中的腐败、司法活动中的腐败、商业活动中的腐败等指标排名落后，分别是第 92 位、第 80 位、第 67 位和第 66 位。这说明我们的反腐败仍任重道远。

（6）创新能力持续改善，但与创新强国仍有很大差距。中国的创新排名第 32 位，但是在二级指标排名中，一些关键指标不容乐观，其中，创新能力排名第 40 位、研究机构质量排名第 39 位、科学家和工程师质量排名第 43 位、PCT 专利申请排名第 36 位，这些指标，削弱了创新竞争力。这表明，中国发展仍处在要素投入阶段，尚未迈入创新驱动阶段。

三、国家知识产权竞争力评价指标体系

基于上述的理论分析，学者们设计了一套评价知识产权对经济发展和竞争力促进作用的指标体系予以测度知识产权对国家、对地区、对企业的重要作用。该指标体系包括 3 个一级指标：竞争潜力、竞争行为、绩效；7 个二级指标，27 个具体指标。他们共同构成的国家知识产权竞争力评价指标体系。如表 2 - 1 所示。

表 2 - 1　　　　　　　　　国家知识产权竞争力评价指标体系

一级指标	二级指标	三级指标
竞争潜力	知识产权保护水平	保护范围
		参与国际条约
		无侵害条款
		执行机制
		保护时限
		执法力度
	人力资本	科学家和工程师数
		每百万人中科学家和工程师比例
竞争行为	R&D 活动能力	R&D 经费占 GDP 比重
		R&D 经费类型分布比例
		R&D 经费分配比例
		每百万研发人员中拥有专利比例
		技术引进经费中用于消化吸收的经费支出比例
	R&D 产出	专利申请/授权数量比例
		职务专利与非职务专利申请/授权数量比例
		专利技术领域申请/授权构成比例
		专利类型申请/授权构成比例
		专利申请/授权来源构成

一级指标	二级指标	三级指标
竞争行为	企业主体地位	R&D 经费来源结构比例
		企业 R&D 经费占全部 R&D 经费比例
		企业 R&D 经费占销售收入比例
		企业职务发明与非职务发明的比例
		企业研发人员占全国研发人员的比例
竞争绩效	产出规模	专利产业化率
		技术成果专利化率
	产出效益	知识产权贸易竞争力指数
		专利对于经济发展贡献率

资料来源：陈洁. 国家知识产权竞争力评价指标体系研究. 商业时代，2010（1）.

四、知识产权对 GDP 增长贡献份额的测度

专利是知识产权的核心，近年来西方学者常用专利数作为宏观指标来描述技术进步，这与专利数据的时间序列长，数据易得、客观等分不开。此处我们也选取专利作为代表计算知识产权对 GDP 增长贡献份额。本章引进包含知识产权的生产函数来说明知识产权对经济增长的贡献。

已知传统的柯布—道格拉斯生产函数形式为：

$$Y = At \cdot K^{\alpha}L^{\beta} \tag{2.1}$$

其中：Y 表示社会总产品产量或国内生产总值（GDP）；At 代表全要素生产率，K 代表社会资本总量，L 代表社会劳动总量，α、β 分别表示产出弹性系数。

假设 1：知识产权对劳动、资本的产出影响不大。

假设 2：要素间能够相互代替。

假设 3：全部要素均能充分发挥。

假设 4：知识产权产出能够与别的要素产出进行分离同时能被定量表示。

假设 5：市场在完全竞争条件下。那么式（2.1）可转为

$$Y = At(I,N)K^{\alpha}L^{\beta} \tag{2.2}$$

其中：I 表示知识产权数量，N 代表除了知识产权、劳动力以及资本以外导

致经济增长的因素。若以 γ 表示知识产权的产出弹性，那么，式（2.2）可变为：

$$Y = At(N)K^{\alpha}L^{\beta}I^{\gamma} \tag{2.3}$$

丁红玲（2004）以我国 1991~2003 年的国内生产总值、全社会固定资产投资、就业人数和专利授权数据对式（2.3）进行回归分析（多重线性回归估计）后。得出以下结果：

$$\ln Y = -38.982 + 0.224\ln K + 4.053\ln L + 0.233\ln I \tag{2.4}$$

式（2.4）中：0.224，4.053，0.233 分别代表了资本（亿元）、劳动（万人）和专利（件）对国内生产总值（亿元）的产出弹性。以此为依据，计算的结果分别为：资本 34%，劳动 32%，专利 27%，其他 7%。当然，还有中国学者利用索洛余值法的研究结果表明：仅在 1991~2003 的 12 年间，经济平均增长率为 9.6%，资本的贡献份额是 40.52%，劳动相应的份额是 18.13%，科技进步（知识产权）对经济增长的贡献为 41.58%，超过了资本的贡献①。

五、知识产权与产业竞争力评价指标体系

（一）产业竞争力的评价指标体系

当处于市场经济条件下，任一产业均有开拓市场、主导市场，并获取经济利益的能力，这也就是平时人们常提起的所谓产业竞争力。在现实中具体分析，可以充分认识到产业竞争力三要素：产业竞争环境、产业竞争实力、产业竞争潜力。

产业竞争实力内容为：在某种竞争条件下，竞争主体将竞争潜能变为竞争优势的能力，其评判指标主要有以下几种能力：产业盈利能力、市场化能力、资源转化能力、技术创新能力。

1. 产业盈利能力。由国家产业平均资产利润率或者企业总利润来衡量。主要由下面几个标准来表现：产业增加值，即是一定时间段内企业总产出和中间损耗之差；实现利润总额，即由产业收益能力表现产业竞争力。

---

① 虽然现在已经是 2016 年，但此处采用了 1991~2003 年的数据予以验证，其目的是验证其模型是否具有科学性和应用价值。参见：丁红林，罗建华. 知识产权在经济发展中的作用及对 GDP 增长贡献份额的测度 [J]. 长沙大学学报，2004（9）.

2. 市场化能力。反映市场上产业能力实现度，包含四个指标：出口密集度；通过特定产品出口额占行业出口额的比重来反映。市场占有率：本国产品出口额同全球产品出口总额比来表示。贸易竞争指数：也称水平分工指数，是对一个国家生产一种商品相对于全球市场中其他国家同商品相比，是生产效率竞争优势或者劣势及优劣程度一种反映。显示性比较优势指标（即 RCA 因数）：用某国某商品占出口总值同此商品在全球出口份额的比值来对贸易结构、状况进行反映。

3. 资源转化能力。反映产业将资源转化为产品效率、盈利能力的一种反映，评价的指标有四个：增加值率，通过在某一时间里产业增加值与同一时间段内产业总值之比，是对降低中间损耗经济效益的一种反映；总资产贡献率，用某一产品总产值在业内总产值占比，一般用来表征产品的发展程度和规模。产值利税率：反映产品企业生产盈利能力。资金利税率，它在考核企业经济效益时，既涉及销售环节，又涉及生产环节。

4. 技术创新能力。反映产业技术储备和将技术转化为商品的能力。判定标准主要有 4 个：企业专利申请数，是对技术储备和创新程度的一种反映；新品出口率，是对新产品全球市场竞争能力的一种反映；新品销售率，以产品迭代速度来对产品技术创新能力做出反映；产业竞争潜力，主要是竞争主体的优点与其他可控发展因素。产业竞争潜力指竞争主体的比较优势和其他可控发展条件，代表报告期时间点产业内部影响未来竞争力的因素：包括技术投入、比较优势两个层面共 5 个具体指标。

（1）技术投入。有两个指标：研发人员与研发经费。

（2）比较优势。是产业发展比较优势因素的一种反映，主要由成本、质量水平、产品价格水平、产业发展规模等几方面组成。选劳动力成本指数作为参考标准，普遍来看，此指标越低越好。而出口价格指数用产品附加值程度来间接对产品质量性能做出反映。资产负债率反映企业利用债权人提供的资金从事经营活动的能力，一般情况下，该指标较低越好。产业竞争环境指标，竞争环境指竞争主体不可控的发展条件，代表报告期时间点产业外部影响产业未来竞争力的因素，一般在产业发展环境、技术环境、贸易环境及产业政策等方面作出反应。例如，当年是否有重大科技进展，产业发展的优劣等，最终对之前的国际竞争力局面造成影响。在整个指标体系设计中，此类指标多以定性方面分析为主。

（二）产业竞争力的测算方法

一般用产业竞争力函数来表示：

$$P = F(a, b, c, \cdots, n)$$
$$P = \sum QF / \sum F \tag{2.5}$$

每个评价指数包含若干个要素层指数，要素层指数则根据它包含的各指标来求得。竞争力指数（要素层指数）值是根据要素层指数的值加权平均得到，Q 为评价指数包含的各要素层指数的值（评价指标的计算值），F 为各要素层指数（评价指标）的权数，N 为评价指数包含的要素层指数的个数（评价指数的个数）。如式（2-6）所示。

$$P = K_1 A * K_2 B * K_3 C \tag{2.6}$$

其中，K_1、K_2、K_3 分别为核心竞争力、基础竞争力、环境竞争力的权重系数。A、B、C 为核心竞争力、基础竞争力、环境竞争力分值。

解释：为了判别竞争力的影响因素，将有可能会影响的竞争力因素作为自变量，竞争力为因变量，寻找恰当的模型或函数来表达这些影响因素如何作用于竞争力，这种函数称为产业竞争力函数。以 P 代表产业竞争力，（a，b，c，…，n，）代表影响竞争力的因素，则产业竞争力函数：P = F（a，b，c，…，n）。具体计算过程：

（1）首先从指标层开始，将采集到的数据进行无纲量化处理，得到若干列量纲一致的数据系列。鉴于目前这些数据难以获得，暂用专家估计法获取数据。

（2）根据原始数据指标的性质，确定正指标数据是以最大值为100，负指标数据以最小值为100（这里只有军品进口占本国军品采购总额的比重为负指标）。

（3）每一数列按最大值（或最小值）为100，分别计算出各国在各数列的相应数值，该数值即视作各国的各项指标的分值。

（4）从指标层开始依次对各个层进行汇总。指标层上的各个指标分值依据其影响程度进行加权求平均值，从而得到了主题层上的指标分值。主题层上的各个指标分值再依据各自影响程度的大小进行加权求平均值，得到了子系统层上的指标分值。子系统上的指标分值同样依据其各个指标影响程度的大小进行加权求平均值，得到分系统层上的指标分值。分系统层上的各个指标分值依据各个指标影响程度的大小进行加权求平均值，最终得到了目标层上的指标分值。竞争力指数的加权系数处于 0～1 之间，他是由相关专家对各项指标的重要程度进行评估之后所得出的结果。

与此同时，为使指标系数的相关组成部分保持数量配置上的匀称性，这里我们主要采用对相关层次进行加权平均的计算方法，而不使用对各个指标进行简单求和的计算方法。

即在指标层上每一项指标所获得的权重等于同一主题下所含指标个数的倒数；在主题层上每一项指标所获得的权重等于同一子系统下所含主题个数的倒数；在子系统层上每一项指标所获得的权重等于同一分系统下所含子系统个数的倒数；在分系统层上每一项指标所获得的权重等于目标层下所含分系统个数的倒数。

（5）综上所述，反映产业竞争力数据表有原始数据及其标准化处理后数据、各项主题的分值汇总表、各项子系统的分值汇总表、目标层的分值汇总表、各项分系统的分值汇总表。这是分析和计算产业竞争力的依据。

（6）数据的来源：参考已有的有关机构的有关评估结果，结合产业的具体情况，得出有关数据。如国家科技、工业、经济基础竞争力（主要是相关产业竞争力）数据参考其他机构（如 IMD）对国家竞争力、国内经济实力、基础建设的评估结果。国际化程度竞争力数据参考其他机构对国际化程度的评估结果。科技创新竞争力数据参考其他机构对科技与开发的评估结果。企业管理竞争力数据参考其他机构对企业管理竞争力的评估结果。

人力素质竞争力数据依照其他机构对人才竞争力的评估结果。自然资源竞争力数据参考其他机构对自然资本的评估结果。产业运行机制竞争力数据依据其他机构对经济效益、可持续发展潜力的评估。政府管理竞争力数据参考其他机构对政府竞争力的评估结果。投资体系竞争力数据参考其他机构对投资（金融）竞争力的评估结果。

权数是统计学中经常使用的、对统计指标具有权衡轻重作用的数值。指数是统计学中说明某一现象的状态的相对数，运用这个相对数，可以对各种纷繁复杂的现象用统一的标准进行衡量，即统一量纲。前已述及，以上方法是从竞争力形成的内在深层次原因来层层推理得出竞争力指数。另外一种方法是从竞争力表现出的外在结果来层层推理得出竞争力指数。这两种方法（特别是统一量纲后）得到的排序应当基本一致。

　　以获取市场占有率为目标，从竞争力表现出的外在结果来层层推理得出竞争力指数，还可较容易得到以往各年度的竞争力指数，看到变化的历史和趋势。由于市场占有率的数据主要是国外市场占有率，所以还要考虑到国内市场占有率对竞争力的影响。

　　评价指标体系设计的全面性、清晰性、层次性直接关乎评价结果的准确与否。瑞士洛桑管理学院（IMD）的指标体系包括基础设施、经济、科学技术、国际化、政府、国民素质、金融、企业管理八个指标，每个指标中分别包含25~46个指标，共计290个指标。再通过这些指标为47个国家和地区进行分析和排序时，IMD使用两类数据，其中2/3是硬数据——来自国际组织、地区性组织、各国和其他组织的经济或其他组织的统计数据。

第三章 自主创新、知识产权与产业
发展评价国际经验

我国争取未来 15 年进入创新型国家行列，是在 2006 年国务院发布《国家中长期科学和技术发展规划纲要（2006－2020 年)》中提出的战略目标。2007 年党的十七大明确提出要提高自主创新能力，建设创新型国家。自此，全国各地掀起了建设创新型区域、创新型城市的热潮。而究竟该怎样建设自主创新型区域？一套科学、合理、可操作的评估指标体系格外重要①。国外没有涉及"自主创新"的提法，"自主创新"概念是我国在特定的历史时期提出来的。但国外对于创新理论及其评价的研究与实践至今已有 50 多年的历史，相比之下我国的研究起步较晚。

为了合理评价经济主体的创新能力，比如一个企业、一个产业、一个城市、一个区域或一个国家，众多国际组织、学术团体和学者个人进行了孜孜不倦的探索，经历了由简单到繁复、由单指标到多指标的演进轨迹，取得了丰硕的成果。

在此简要介绍两类创新能力评价体系：代表性的国家创新能力测评体系、主要的区域（城市）创新能力评价测度标准。因为两者间虽然反映的地域范围大小不一，但所揭示的创新能力实质是一致的。

一、国际上代表性的国家创新能力测评体系

探究国际上对国家创新能力的测度，研究方法和评价体系设计主要集中于以下四种：

---

① 张岩鸿：区域（城市）自主创新能力评价研究述评，百度文库，http：//wenku. baidu. com/link? url = 9LXwtLY4GBHQhIQOyMcXo4jP50z068Atsm5hRFcqFLlCW1X _ nL _ 47iSP－DB7wKN8Ddb3EjHTPt _ vIKM-VCQ5rPnbCEXJxZtOpuTZJ1SZQV_3/2015－9－1。

（一）OECD 科学技术和工业记分牌

经济合作与发展组织（OECD）是最早开始研究这一话题的机构，是一个系统收集科技统计数据的国际组织，在世界科技统计界处于领先地位。OECD的科技指标采用隔年发布的方式，主要收录在"主要科技指标数据库"中。该数据库是由最常使用的科技指标数据组成，共有 7 个一级指标和 66 个二级指标以及 260 个三级指标，并以 34 个成员的时间序列为数据。具体指标如表3 - 1 所示。

表 3 - 1　　　　　　　OECD 科学技术和工业记分牌指标

一级指标	二级指标
知识经济	经济增长与就业挑战
	创新和增长的新格局
	创新情况概览
	今天的科学与创新
知识构建	知识投资
	人力资源和知识资本
	创新培训
	创新的技能
	新增博士
	博士学位拥有者
	研究人员
	研发
	高等教育和基础研究
	企业研发
	研发税收激励
	来自国际的研发投入
知识链接	研发与知识流动
	开放创新
	创新合作
	国际合作
	技能的流动性

续表

一级指标	二级指标
知识链接	研究人员流动
	卓越的研究
	科学创新
	从知识到发明
	跨国发明
	技术流向和市场
新的增长领域	研发资助和专业化
	绿色创新
	卫生领域创新
	生物技术研发
	纳米技术研发
	信息通信技术研发
	宽带的价格和质量
	有线宽带和无线宽带
	互联网用户
	新兴技术
企业创新活力	混合模式创新
	更广泛的创新
	公共部门对创新的支持
	知识产权束
	商标
	知识资产相关商标
	外观设计注册
	商标和专利
	进入、退出和存活
	企业雇佣情况
	政策环境

续表

一级指标	二级指标
知识经济竞争力	行业专业化
	ICT 行业专业化①
	出口结构
	研发专业化
	技术优势
	贸易竞争力
	电子商务
	初创阶段创新型企业
	技术优势
全球经济	雇佣
	服务业与制造业之间的联系
	企业规模
	企业动态
	跨国子公司
	贸易和全球价值链
	全球需求
	贸易与就业机会
	贸易与家庭消费

资料来源：OECD. OECD Science, Technology and Industry Scoreboard 2013: Innovation for Growth, OECD Publishing, Paris, 2013.

（二）欧洲创新记分牌

从 2001 年开始，欧盟每年发布欧洲创新排行榜，其依据是 2000 年欧盟构建的欧洲创新记分牌（European Innovation Scoreboard，EIS）。创建之初，EIS 指标体系有四大类别，历经欧盟与联合研究中心五次密切合作的修改，EIS 指标体系有五大类别，共 26 个指标。

有关指标体系如表 3 - 2 所示。

---

① ICT 行业是指信息和通信技术行业。

表 3 – 2 欧洲创新记分牌指标

一级指标	二级指标
创新驱动力	20～29 岁年龄段人口中新毕业的理工科学生所占比重
	劳动人口中接受高等教育人员所占比重
	宽带普及率（每 100 人宽带使用数量）
	劳动人口中参与终身教育人员所占比重
	20～24 岁年龄段人口中接受过中等以上教育人员所占比重
知识创造能力	公共 R&D 投入强度
	接受公共资助进行创新的企业占全部企业的比重
	企业 R&D 投入强度
	中高技术及高技术制造业 R&D 支出在制造业中所占份额
	企业对大学的 R&D 支出占大学 R&D 经费的比重
企业创新能力	自主创新的中小企业占全部企业的比重
	合作创新的中小企业占全部企业的比重
	创新费用投入强度
	初期风险投资资本与 GDP 之比
	ICT 支出与 GDP 之比
	开展非技术创新活动的中小企业占全部中小企业的份额
创新绩效	高技术服务就业人员占制造业和服务业的比重
	高技术产品出口额所占份额
	对于市场而言的新产品销售额所占企业销售总额的比重
	对于企业而言的新产品销售额所占企业销售总额的比重
	中高技术及高技术制造业就业人员占制造业和服务业的比重
知识产权	每百万人口 EPO 专利数量
	每百万人口 USPTO 专利数量
	每百万人口三方专利数
	每百万人口中新注册的商标数量
	每百万人口中新的工业设计数量

资料来源：European Commission. Innovation Union Scoreboard 2015 ［R］. http：//ec. europa. eu/growth/industry/innovation/facts – figures/scoreboards/index_en. htm.

（三）全球创新指数

全球创新指数（Global Innovation Index，GII）由康奈尔大学（Cornell University）、欧洲工商管理学院（INSEAD）和世界知识产权组织（WIPO）共同研究发布。包括 141 个国家、依据 79 项指标得出的数据、予以排名。根据 30 多个国际公私部门指标得出的 79 个数据表，其中 55 个是可靠数据，19 个是综合指标，5 个是调查问卷。其中每个指数排名（全球创新指数、产出和投入次级指数）有 90% 的置信区间，加上对影响每年排名的要素进行分析。有关指标体系如表 3 - 3 所示。

表 3 - 3　　　　　　　　　　全球创新指数指标

一级指标	二级指标	三级指标	四级指标
创新投入指数	制度	政治环境	政治稳定性
			政府行政效率
		监管环境	制度质量
			法律治理
			薪酬和裁员成本
		商业环境	创业难度
			破产解决
			纳税便利
	人力资本与研究	教育	教育支出在 GDP 的占比
			政府在中小学教育的投入
			义务教育时间
			学生阅读、数学和科学的评估水平
			中小学教师占比
		高等教育	高等教育入学率
			科学、工程和建筑类高等教育人数比
			高等教育国外留学生百分比
		R&D	研究人员总数和每百万人口占比
			R&D 与 GDP 占比
			三所领先大学的顶尖大学排名

续表

一级指标	二级指标	三级指标	四级指标
创新投入指数	基础设施	信息通信技术	ICT 可获得性
			ICT 应用
			政府网上服务
			信息化
		一般基础设施	电力输出
			物流绩效
			资本形成总额在 GDP 的占比（国内投资总额）
		生态可持续性	单位 GDP 能耗
			环境绩效
			ISO14001 贯标情况
	市场成熟度	信贷	信贷获取便利性
			私营部门国内信贷的 GDP 占比
			小额金融机构总贷款与 GDP 比重
		投资	投资者保护情况
			上市公司总市值占 GDP 比重
			股票交易总价值的 GDP 占比
			风险投资的 GDP 占比
		商业竞争	所有产品加权平均适用税率
			当地市场竞争强度
	企业成熟度	知识生产者	知识密集型企业雇佣率
			提供正式培训的公司（占公司数的百分比）
			企业研发支出总量与 GDP 占比
			企业的研发经费总额的百分比
			女性高级学位与总就业占比
		创新链	产学研合作
			产业集群发展状况
			国外研发投入的占比
			合资企业战略联盟情况
			同族专利情况

续表

一级指标	二级指标	三级指标	四级指标
创新投入指数	企业成熟度	知识引进	专利许可和使用费在总贸易额中的占比
			高技术进口额与总贸易额占比
			通讯计算机信息产品进口额与总贸易额占比
			外商直接投资净资金流入的 GDP 占比
创新产出指数	知识与技术产出	知识创造	国内专利申请数
			PCT 专利申请数
			国内实用新型申请数
			科技论文数
			引文 H 指数
		知识影响	劳动生产增长率
			新企业数
			计算机软件支出
			ISO 9000 认证情况
			高技术制造企业比例
		知识扩散	专利许可和使用费在总贸易额中的占比
			高技术出口额占比
			通讯计算机信息产品进口额占比
			外商直接投资净资金流出的 GDP 占比
	创意产出	无形资产	国内商标申请量
			马德里体系商标申请量
			ICT 及商业模式创新
			ICT 及组织模式创新
		创意性产品和服务	文化和创意性服务出口额占比
			国产电影
			全球娱乐和媒体性产品输出
			印刷出版企业数
		在线创新	创意性产品出口额
			顶级域名数
			国家代码的顶级域名数
			维基百科月编辑量
			Youtube 视频上传量

资料来源：Cornell University, INSEAD, and WIPO. The Global Innovation Index 2013: The Local Dynamics of Innovation [R]. Geneva, Itha – ca and Fontainebleau, 2013.

（四）创新政策指数

《2012 全球创新政策指数报告》由信息技术与创新基金会（Information Technology and Innovation Foundation，ITIF)、考夫曼基金会（Kauffm Foundation）联合发布，该报告中构建了全球创新生态体系指标，共包含 7 个一级指标；22 个二级指标；91 个三级指标。分类评价了全球 55 个经济体的创新政策状况。

有关指标体系如表 3－4 所示：

表 3－4   ITIF 和 Kauffman（2012）创新政策指数报告指标体系

一级指标	二级指标	三级指标
贸易与外国直接投资	开放的市场准入	平均关税率（所有产品）
		平均关税率（成品）
		高科技产品关税率
		关税复杂性
		免税进口份额
		非关税措施指数
		非关税壁垒
		服务贸易总协定的限制性指数
		汇率操纵
		参与区域自由贸易协定
	贸易便利化	海关服务指数
		进口商品所需时间
		进口商品所需文件数
		进出口非正常支付
	对外直接投资的开放性	外资股权限制
		筛选和审批要求
		关键人员限制
		运营限制
科学与研发	研发税收激励	研发税收激励
	政府研发支出	政府非国防支出
		政府国防支出
		高等教育研发绩效
		产业集群发展

续表

一级指标	二级指标	三级指标
国内市场竞争	企业监管环境	创业时间
		创业成本
		购买/租赁的程序
		购买/租赁资产的时间
		执行合同的程序
		执行合同的时间
		执行合同的成本
		刚性就业
		报酬对生产力的影响
		关闭企业时的回收率
		关闭企业的时间
		关闭企业的成本
		不正常的付款和贿赂
		监管和行政行为的透明度
	企业竞争环境	地方竞争强度
		市场支配地位的程度
		挑战法律的效率
		竞争壁垒
	创业环境	新公司的数量
		新公司的行政负担
知识产权	知识产权保护	2005 帕克指数
		知识产权保护评级
	知识产权执法	法律和政治环境
		法律体系整体
	知识产权侵权	软件侵权率
		美国特别 301 观察名单

续表

一级指标	二级指标	三级指标
数字化与信息通信技术	信息通信技术基础设施和政策的竞争性	移动网络覆盖率
		互联网接入学校
		住宅固定线路的价格指数
		移动电话价格指数
		互联网价格指数
		国家宽带规划
		独立监管机构
		政府对信息技术的优先权
		信息技术对政府未来规划的重要性
	信息通信技术的国际开放和市场竞争	信息技术的关税
		世贸组织/信息技术协议
		电信行业国外的参与度和所有权
		长途终端费用
		开放互联协议
		不规范的网络电话
		国际长途市场的竞争
		移动电话市场的竞争
		固定电话市场的竞争
	法律环境	透明度、隐私和网络犯罪
		信息通信技术相关法律
		垃圾邮件立法
	信息技术应用	政府在信息技术促进方面的成效
		信息技术的使用和政府的效率
		在线服务指标
		电子参与指数
		公共服务部门支出
		企业互联网使用的程度
		信息技术对新组织模式的影响
		企业的支出

续表

一级指标	二级指标	三级指标
数字化与信息通信技术	信息技术应用	个人互联网应用
		个人移动电话应用
		个人虚拟网络应用
政府采购	参与世贸组织政府采购协议	
	政府（国有）企业和投资指数	
	清廉指数	
	政府采购的先进技术	
高技术移民	高技术移民的选择率	
	高技术移民与低技术移民选择率的比例	
	高技术移民占总人口的比例	

资料来源：Robert D. Atkinson，Stephen J. Ezell，Luke A. Stewart，The Global Innovation Policy Index [R]. The Information Technology and Innovation Foundation and The Kauffman Foundation，2012.

（五）全球竞争力报告

世界经济论坛最具说服力的年度报告是《2014－2015 年全球竞争力报告》，因为各国家和地区把这一报告作为自身发展状况的映射。该报告进行排序时，所依照的是 2004 年哥伦比亚大学萨拉·伊·马丁教授的调研数据，构建了包含 12 个指标的要素评价体系，从不同方面反映了全球各国家或地区的竞争力水平。

具体指标体系构建如表 3－5 所示。

表 3－5 　　　　　　　　　　全球竞争力报告指标

一级指标	二级指标	三级指标
基本条件要素	法律和行政架构	产权
		知识产权保护
		公共基金的流向
		官员的公信力
		不正当的费用和贿赂
		司法独立性

续表

一级指标	二级指标	三级指标
基本条件要素	法律和行政架构	政府决策的关注点
		政府开销的浪费程度
		政府法规的烦琐程度
		法律体系对于解决争议的有效性
		法律体系对于挑战规则的有效性
		政府决策的透明度
		恐怖主义导致的损失
		犯罪和暴力带来的损失
		有组织的犯罪
		警察勤务的可获得性
		公司的道德行为
		财务的审计标准和报告标准
		企业董事会的效能
		保护小股东利益
		对投资者保护的强度
	基础设施	设施的综合水平
		道路设施
		铁路设施
		港口设施
		航空设施
		航空运力的市场份额
		电力供应
		移动电话普及率
		固定电话普及率
	宏观经济环境	政府预算平衡
		国民储蓄总额
		通货膨胀
		政府负债
		国家信用评级

续表

一级指标	二级指标	三级指标
基本条件要素	卫生和基础教育	疟疾的影响
		肺结核的影响
		肺结核的发生率
		艾滋病的影响
		艾滋病的流行率
		婴儿死亡率
		寿命
		基础教育的质量
		基础教育的入学率
效率提升要素	高等教育培训	中级教育入学率
		高等教育入学率
		教育体系的质量
		数学和科学教育的质量
		管理学校的质量
		学校的互联网接入
		当地专业研究和培训服务的情况
		工作人员的训练程度
	商品市场效率	当地竞争强度
		市场支配地位的程度
		反垄断政策的有效性
		税制对激励投资的影响
		总税率
		开始新业务的程序数量
		开始营业需要的时间
		农业政策
		贸易壁垒的盛行度
		贸易关税
		外资企业的比例
		限制对 FDI 的影响

续表

一级指标	二级指标	三级指标
效率提升要素	商品市场效率	海关手续的烦琐程度
		进口占 GDP 的比重
		顾客导向的程度
		买家需求多样性
	劳动力市场效率	劳资关系合作
		薪酬定价的灵活性
		聘用与解雇
		遣散费用
		税制对激励工作的影响
		薪酬与劳动生产率的相关性
		对专业管理的依赖
		国家留住人才的能力
		国家吸引人才的能力
		女性参与劳动
	金融市场发展	金融服务便利性
		金融服务的价格
		通过当地股票市场融资
		贷款的便利性
		风险投资
		银行健全度
		证券交易所监管
		法律权利指数
	技术就绪度	最新技术的可用性
		企业对技术的吸收
		FDI 和技术转移
		互联网用户
		宽带互联网接入
		网络带宽
		移动互联网接入

续表

一级指标	二级指标	三级指标
效率提升要素	市场规模	国内市场规模指数
		GDP
		出口占 GDP 的比重
创新驱动要素	商业环境成熟度	当地供应商数量
		当地供应商质量
		集群发展状况
		企业竞争优势
		价值链宽度
		企业对国际销售的控制度
		企业生产流程成熟度
		市场化程度
		授权的意愿
	创新	创新能力
		科学研究机构的质量
		产学研在 R&D 上的合作
		政府对先进技术产品的获得
		科学家和工程师的数量
		PCT 专利申请

资料来源：姜南.《2014－2015 年全球竞争力报告》述评［EB/OL］. http://www.sipo.gov.cn/zlssbgs/zlyj/2014/201505/t20150525_1122384.html.

二、国际上主要区域或城市的创新能力评价测度标准

一般而言，评价测度某一区域或城市创新能力，主要运用包含创新活力、硅谷指数、创新力指数和知识竞争力指数等指标。在对这部分进行分析和总结时候，研究表明，世界银行的《东亚创新城市研究报告》、华盛顿州的《创新和科技指标体系》对评价区域或城市的创新能力具有参考价值。

（一）创新活力指标体系

创新活力指标体系的代表性研究成果是查尔斯·兰德瑞构建的，该指标体

系包含组织协调能力、规模效应、竞争强度、多元化、便捷性、安全保障性、联系与协作、创新性、认同与个性 9 个指标，较为全面的从各个层次评价了国际上主要区域或城市的创新能力。

（二）创新能力指标体系

理查德·弗罗里以美国 50 个州和 81 个大城市（50 万人以上）为样本，构建了创新能力指标体系，该指标体系涵盖多元化、创新性、创造性劳动、高科学技术等要素构成，评选出美国排名前十的创新性大城市。

（三）知识竞争力指标体系

"全球知识竞争力指数"始于 2002 年，以全球主要城市作为样本进行评价，测度各评价对象的知识竞争力指数，并进行高低排名。知识竞争力指标体系包含五大分类：智力资本、经济产出率、知识投入、金融资本、人力资本，共 19 个具体指标。2005 年的评价表明，硅谷以 295.8 分位居第一位，欧盟地区是全球知识竞争力指数最强的地区。

有关指标体系如表 3-6 所示。

表 3-6　　　　　　　　全球知识竞争力指数指标

一级指标	二级指标
人力资本	经济活动比率
	每千居民中管理者人数
	每千居民中和计算机制造业从业人数
	每千居民中生化行业从业人数
	每千居民中汽车和机械制造业从业人数
金融资本	人均私人股票投资
知识资本	人均政府投资
	人均企业投资
	每百万居民中注册专利数
区域经济产出	劳动生产率
	月均总收入
	失业率

续表

一级指标	二级指标
知识可持续性	在初、中等教育上的人均公共支出
	在高等教育上的人均公共支出
	每百万居民的可靠服务器数
	每千居民中的互联网主机数
	每千居民中的宽带网路数

资料来源：Robert Hugginsprided：Associates. The World Knowledge Competitiveness IndexPontyRobert Huggins Associates，2005.

（四）硅谷指数体系

硅谷指数体系包含三级指标，一级指标涵盖五大类别：治理、经济、环境、社会、人口；二级指标体系包含十多个具体指标：生态环境、交通便利型、人口构成、就业状况、创新强度、健康卫生等；三级指标体系是对二级指标更为具体的划分。

具体指标体系如表 3 - 7 所示。

表 3 - 7　　　　　　　　　　硅谷指数指标

一级指标	二级指标	三级指标
人口	人才流动与人才多样性	人口变化
		净移民数
		出生率
		年龄分布
		受教育程度
		授予理工科学位数
		外国人口出生比例
		非英语人口比例
经济	就业	职位增长
		年平均就业数
		硅谷经济活动主要区域的就业增长率
		硅谷公共部门就业率

续表

一级指标	二级指标	三级指标
经济	就业	每月失业率
		就业总数层级分布
		劳动人口失业率（按种族）
	收入	人均收入
		人均收入分布（按种族）
		中等家庭收入
		平均工资
		中位平均工资职业分布
		中位平均工资层及分布
		贫困与自给自足比率
		收入分配范围
		中位收入分步（按受教育程度）
		中位收入性别分布（按性别）
		免费和低价校餐比率
	创新与创业	雇员附加值
		专利注册占有率
		专利注册技术领域分布
		风险资本投资额
		风险资本投资产业分布
		风险资本投资公司排名
		清洁技术领域风险投资额
		清洁技术领域风险投资环节分布
		清洁技术领域风险投资总数
		天使投资额
		首次公开募股数
		天使投资阶段分布
		跨国公司首次公开募股国别分布
		并购与收购数
		非雇主企业数行业分布
		无雇员企业的相对增长数

续表

一级指标	二级指标	三级指标
经济	商用空间	商业空间供给变化
		商用空间空置率
		商用空间租金
		商用空间增长的部门分布
社会	经济腾飞基础	达到加州大学／加州州立大学入学要求毕业生比例
		高中生毕业率（按种族）
		高中生毕业率与辍学率
		数学与理科成绩
	早期教育	幼儿园入园率
	艺术与文化	文化参与度
		消费支出
		非营利艺术组织
		文化艺术机构
	健康水平	健康保险覆盖率
		学生超重与肥胖比率
	安全状况	暴力犯罪
		严重犯罪
		警察数
生活区域	环境	水资源
		电力产量
		人均耗电量
		太阳能电站数
	交通	人均机动车行驶里程与汽油价格
		通勤方式
		地区间通勤模式
	土地使用	住宅密度
		临近公共交通的房屋
		非住宅用地开发

续表

一级指标	二级指标	三级指标
生活区域	住房	房屋买卖趋势
		房屋建筑类型
		房租支付能力
		保障性住房建设
		住房成本超出家庭收入 35% 的比例
		住房费用负担能力
		与父母共同居住的年轻人比例
政府治理	城市财政	财政收入
	公民参与	党派归属
		投票参与程度

资料来源：乔婧. 硅谷指数评价指标体系研究［J］. 管理观察，2015，23：141–143. 英文原版见 Silicon Valley Index［R］. California：Joint Venture，http：//www. jointventure. org/images/stories/pdf/index2015. pdf，2015.

（五）美国华盛顿州创新和科技指标体系

在众多研究创新型城市的过程中，华盛顿州脱颖而出，历来被认为是具创新的代表。华盛顿州具有良好的创新意识，被大众所认可的创业文化、多样化且活跃的研发机构以及业务量持续增长的高新技术企业。华盛顿州的创新和科技指标体系源于生活品质、创新性、竞争力、成长、融资能力、人力资源六大类，具体包含了 28 个详细评价指标，该指标体系关注着华盛顿州的发展与进步，并从更深层次揭示了它永保创新的秘诀。美国华盛顿州创新和科技指标体系如表 3–8 所示。

表 3–8 美国华盛顿州创新和科技指标体系

一级指标	二级指标
创新	新公司数量
	破产公司数量
	专利数量
	高科技专利所属领域

续表

一级指标	二级指标
竞争力	优势产业
	优势产业的变化
	周内高科技雇员数量
	各产业部门高科技雇员数量
	各产业部门的成长
	各产业部门的出口贸易额
	出口总额
	税务负担
成长	雇员增长
	周内中、高科技产业增长
	高速增长公司数量
	高科技岗位平均工资
融资能力	地区风险投资
	国内风险投资增长
	首次公开募股
	美国西北地区资本投资分布
	奖励小企业创新研究计划
人力资源潜力	教育水平
	科技学位授予
	SAT 得分
	标准化数学测验分数
生活质量	交通阻塞
	市内住房负担
	生活成本指数
创新	新公司数量
	破产公司数量
	专利数量
	高科技专利所属领域

续表

一级指标	二级指标
竞争力	优势产业
	优势产业的变化
	周内高科技雇员数量
	各产业部门高科技雇员数量
	各产业部门的成长
	各产业部门的出口贸易额
	出口总额
	税务负担
成长	雇员增长
	周内中、高科技产业增长
	高速增长公司数量
	高科技岗位平均工资
融资能力	地区风险投资
	国内风险投资增长
	首次公开募股
	美国西北地区资本投资分布
	奖励小企业创新研究计划
人力资源潜力	教育水平
	科技学位授予
	SAT 得分
	标准化数学测验分数
生活质量	交通阻塞
	市内住房负担
	生活成本指数

资料来源：Washington Technology Center. Washington State Index of Innovation & Technology, 2006.

三、美国、欧盟的知识产权密集型企业（产业）

在统计自主创新、知识产权与产业发展过程中，美国和欧盟给我们很好的启示，就是应统计知识产权密集型企业（产业）的数量及其对社会经济的贡献。

（一）美国

美国在 2012 年公开发表——《知识产权与美国经济：产业聚焦》，这是由美国经济和统计管理局、专利商标局共同研究发布的报告。该报告明确指出美国有 75 个知识产权密集型产业，分别涉及专利密集型产业、商标密集型产业、版权密集型产业，并进一步的指出：在美国的经济提升和创造就业机会方面，这些知识产权密集型产业发挥着重大影响，在此基础上，进一步鼓励创业创新。

专利密集型产业。是指专利强度（专利数/就业量）高于整体平均值的产业。"专利强度"是某一行业专利量和就业量的比值。专利强度指标不仅包含了专利数量的多少，而且衡量了每个雇佣者所拥有的专利数。

根据 2004~2008 年经验数据，分析得出专利最密集的四个行业，均属于计算机和电子产品制造业（北美产业分类体系，North American industry classification system，NAICS，代码：334），专利强度的平均值是每 1000 个就业岗位拥有 25.5 个专利。

商标密集型产业。美国在界定哪些产业属于商标密集型产业时，采用了商标强度、注册商标 50 强、随机抽样三种方法。第一，"商标强度"类似于"专利强度"。商标强度的定义为：商标注册数/就业量的比值，商标密集型产业则是指商标强度（商标数/就业量）大于平均值的行业。结果显示，行业的平均商标强度为每 1000 名工人 1.86 个商标，选出跨度比较大 55 个行业。此种方法的缺陷是只选取上市公司作为样本，可能遗漏了一些重要的非上市公司。

为了弥补第一种方法的缺陷，出现了第二种方法："注册商标 50 强"。研究表明，共有 14 个行业满足要求，其中出现次数最多的是其他产品制造业，为 32 次。该方法的数据分析结果和第一种方法有较大的重叠，这 14 个行业中的 10 个行业在第一种方法（商标强度）已被确定为商标密集型产业。上述两种方法的缺陷在于选取的大公司比较多，而比较小的年轻的公司则比较少。

为了弥补前两种方法的缺陷，采用第三种方法——随机抽样。结果显示，300 个注册商标对应了 7 行业，因此这 7 个行业被认为是商标密集型产业。该方法和第一种方法也有较大的重叠，7 个行业中的 6 个在商标强度方法下已被确定为商标密集型产业，唯一增加的是服装业。三种方法下（商标强度、注册商标 50 强、随机抽样）被选中的行业（去除重复）是 60 个，其中有 55 个行业被第一种方法选取；另外 4 个产业是基于第二种方法——注册商标 50 强而被选取，只有 1 个行业是基于随机抽样而被选取。在这 60 个行业中，也只有一个行业——饮料制造业（NAICS 代码：3121）被这三种方法同时选取。

版权密集型产业。美国确定版权密集型产业的方法借鉴了世界知识产权组织（WIPO）《版权产业的经济贡献调查指南》（以下简称《指南》）的定义。WIPO《指南》在中已经对版权密集型产业进行了界定。

通过上述方法的认定，从美国全部 313 个产业中确定了 75 个知识产权密集型产业，即 24% 的产业为知识产权密集型产业。

（二）欧盟

欧盟对知识产权密集型产业的界定与美国类似。专利密度高于平均值的产业被认定为专利密集型产业。略有不同的是，美国的专利选择对象为 2004 ~ 2008 年的专利授权数，而欧盟的专利选择是根据 2004 ~ 2008 年的专利申请并最后成功授权（2004 年 1 月 1 日到 2013 年 2 月 8 日期间）的专利。商标密集型产业的认定与美国确定商标密集型产业的第一种方法基本相同，如果商标密度高于所有产业的商标密度（所有商标数与产业就业总人数之比）则此产业被认定为商标密集型产业。版权密集型产业判断方法参考 WIPO 对版权产业的定义并进行了适当调整，与美国报告中版权密集型产业相类似。与美国报告中的知识产权密集型产业不同的是，欧盟报告中还增加了外观设计密集型产业和地理标志密集型产业，从而扩大了知识产权密集型产业的内涵与外延。

四、对国外区域自主创新能力评价研究与实践状况的评述

（一）对于创新型国家评估体系

概略来看，国际上对于创新型国家的评估体系有以下几个特点：

第一，评价体系指标数量比较多，一般都在 20 个以上，多的甚至达到近百个。

第二，涵盖内容比较广泛，除了强调对知识产权的保护和应用外，还涉及其他和知识产权相关的法律法规制度的完善。

第三，作为风险系数比较高的创新活动，风险资本市场发育程度成为重要的指标之一。

第四，作为创新的主体，中小微型企业备受瞩目。

第五，指标体系设计中主要使用静态指标。

（二）对于创新型城市评价测度标准

国外某些地区对于创新型城市的评价标准，会主要参考文化氛围，比如整个城市的创新氛围营造或创新精神形成的文化因素为主调，城市的多样性、包容性、生活质量都被纳入到指标体系中。和国内不同的是，纯粹的创新产出类指标并没有占据主导地位。除此以外，一些反映趋势变化的动态指标在创新型城市的评价测度指标中更多地被关注，如企业的数量、高速增长公司数量等。

第四章 国内区域自主创新能力 评价的研究与实践

我国对于创新型城市评价的研究相对国外而言较晚，大量研究出现在 2000 年之后，主要集中于我国提出建设创新型国家战略之后。

一、理论成果

基于发展阶段、发展理念的滞后约束等国内实际情况，国内学者对创新型城市的理论研究刚刚起步，还没有形成系统、权威的理论体系。也正是基于此，百家争鸣、百花齐放才成为这一阶段创新型城市或国家理论研究的特色之一。总括起来，国内学者对于创新型城市或国家的评估指标体系研究大概有以下几种设计：

（一）创新能力结果表象评价法：按照创新表现出来的结果表象进行评价

石忆邵、卜海燕（2008）等学者均采用这一方法进行研究，他们认为创新是技术创新、文化创新与创新环境、知识创新、服务创新、制度创新等的协同综合作用，涵盖了全部社会要素。在此基础上，将创新能力指标评价体系设计为六大类 29 项指标，如表 4 - 1 所示。

表 4 - 1　　　　创新型城市评价指标体系的结构与总体框架指标

一层分解	二层分解	具体指标	单位
技术创新	技术创新投入水平	研发人员比率 X_1	%
		研发密集度指数 X_2	%
	技术创新产出水平	每百万人发明专利授权数 X_3	项
		新产品产值占工业总产值的比重 X_4	%
		科技进步贡献率 X_5	%
		技术扩散能力 X_6	%

续表

一层分解	二层分解	具体指标	单位
知识创新	知识创造能力	基础研究投入水平 X_7	%
		知识型人才结构 X_8	%
		创业公司成长状况 X_9	万元
		科研论文数量 X_{10}	篇
	知识流动能力	科技成果转化率 X_{11}	%
制度创新	政府对科技的重视程度	科技三项经费占地方预算内财政支出的比重 X_{12}	%
	政策完善程度	创新基金获得资金 X_{13}	万元
服务创新	中介服务能力	每万人科技中介服务人员 X_{14}	人
		产学研联盟企业数量 X_{15}	个
		企业孵化器总数 X_{16}	个
		风险投资额占中小企业融资比例 X_{17}	%
文化创新	对外开放程度	对外开放程度 X_{18}	%
	品牌创新能力	品牌创新能力指数 X_{19}	
创新环境	宏观经济水平	人均可支配收入 X_{20}	%
		企业总部与地区总部数 X_{21}	元
	金融环境	金融机构贷款占科技经费筹集额的比重 X_{22}	%
	市场环境	对外技术依存度 X_{23}	%
	基础设施	每百人拥有电话和手机数量 X_{24}	部
		每百人平均互联网用户 X_{25}	户
		每百人拥有公共图书馆藏书量 X_{26}	册
	资源消耗状况	万元 GDP 综合能耗 X_{27}	吨标准煤
		万元 GDP 耗水量 X_{28}	吨
	污染物减排状况	环境污染治理指数 X_{29}	

资料来源：石忆邵，卜海燕. 创新型城市评价指标体系及其比较分析［J］. 中国科技论坛，2008，1：22–26.

此外，曾小彬和包叶群（2008）设计的指标体系将创新能力结果表象按知识创新能力、技术创新能力、创新环境优化能力和创新配置能力分为四大类22项指标，如表4–2所示。

表4-2　　　　　　　　　　　区域创新资源能力评估总指标体系

总评估对象	子评估对象	评估指标	变量标识	单位
区域创新体系的创新能力	知识创新能力	独立研机构 R&D 人员全时当量	X_1	人年
		独立科研发机构科技经费额	X_2	万元
		高校科技经费额	X_3	万元
		高校 R&D 人员全时当量	X_4	人年
		每万人高校毕业生数	X_5	人/万人
		每万人公共图书馆数	X_6	个/万人
	技术创新能力	科技经费占产品总销售收入比重	X_7	%
		内设科技机构的企业占全部企业比重	X_8	%
		科技人员占全部从业人员比重	X_9	%
		新产品开发项目数占科技项目数比重	X_{10}	%
		三种专利申请授权数	X_{11}	件
		技术改造经费占技术经费比重	X_{12}	%
		新产品销售收入占总产品销售收入比重	X_{13}	%
	环境创新优化能力	教育事业费占财政收入比重	X_{14}	%
		科技三项经费占财政收入比重	X_{15}	%
		地区人均 GDP	X_{16}	万元/人
		外商直接投资实际发生额占 GDP 比重	X_{17}	%
		每万人邮电业务量	X_{18}	万元/万人
	创新配置能力	技术市场成交额占所在地区市场成交额比重	X_{19}	%
		高校科研经费中企业资金占比	X_{20}	%
		大中型工业企业科技经费中金融机构	X_{21}	%
		每万人互联网上网人数	X_{22}	万元/万人

资料来源：曾小彬，包叶群．区域创新能力评估指标体系探析［J］．决策与信息（财经观察），2008，4：149-150.

以此逻辑构建自主创新能力评估指标体系的学者还有欧阳峣和欧阳资生（2008），他们在研究我国不同地区创新能力评估分析时，运用区域知识创新能力、区域企业技术创新能力及区域创新环境与潜力三大类指标构建了一个包含25个指标的体系。这些指标体系的设计虽然细目上有差异，但框架是一样的。具体指标体系设计如表4-3所示。

表 4 - 3 区域创新能力评估指标体系

一级指标	二级指标	单位
区域知识创新能力	人均 GDP	万元/人
	每万人平均专利授权数	件/万人
	每万人平均申请受理专利数	件/万人
	每万人中科技人员数	人/万人
	科技经费筹集总额占 GDP 比重	%
	政府科技投入占 GDP 比重	%
	论文被国外检索的比重	%
	高校和科研院所科研经费来自企业的比例	%
区域企业技术创新能力	新产品产值在全国所占比例	%
	大中型工业企业全员劳动生产率	元/人·年
	新产品产值占工业总产值的比重	%
	大中型企业 R&D 经费占销售收入比重	%
	技术市场成交额占 GDP 比重	%
	引进国外技术支出占 GDP 比重	%
	大中型企业技术改造经费与固定资产原价之比	%
	高新技术产业增加值与 GDP 之比	%
	R&D 人员全时当量	元/人·年
	出口额占全国份额	%
区域创新环境与潜力	GDP 增长速度	%
	高速公路里程占全国比重	%
	铁路里程占全国比重	%
	六岁以上大专及以上学历比重	%
	城镇居民家庭平均拥有电脑数	台/百户
	每百人平均移动电话用户数	户/万人
	每百人平均互联网上网数	人

　　资料来源：欧阳峣，欧阳资生．我国区域创新能力评估分析与中部的发展［J］．湖南师范大学社会科学学报，2008（1）：81－85，98.

（二）按照创新能力的运作机制设计评价指标体系

典型代表为赵彦云和甄峰（2007）提出的八大要素：人力资源能力、价值实现能力、支撑发展强度、创新能力、公关能力等，具体包含 42 个指标。创新能力综合评价指标体系表，如表 4 - 4 所示。

表 4 - 4　　　　　　　　　　创新能力综合评价指标体系

要素	指标名称	解释力
自主创新资源能力	科技活动人员 科学家和工程师 R&D 人员	多层次 测度创新 人员投入
	科研经费支出额 R&D 经费支出额	资金投入的基础和支持
自主创新攻关能力	"863" 攻关研究经费 仪器设备购置经费	重点投入和攻关基础
	国家工程技术研究中心数量 国家实验室数量	现有实力和未来潜力
自主创新人才实现能力	研究生毕业人数	人才培养数量
	科学家的研究生培养率 R&D 经费的研究生培养率	人才培养效率
自主创新技术实现能力	专利申请受理量 发明专利受理量 专利申请授权量 发明专利申请授权量 国内中文期刊科技论文数	创新直接产出代表同行和专业认可
	技术市场成交合同数 技术市场成交合同金额	创新产出的社会和市场认可
自主创新价值实现能力	高技术产业规模以上企业产值 高技术产业规模以上企业增加值	工业产业表现
	高技术产品出口额	国际市场表现
	农业劳动生产率 服务业劳动生产率	一产和三产表现

续表

要素	指标名称	解释力
自主创新支撑发展能力	专利申请受理量增长率（三年平均） 发明专利受理量增长率（三年平均） 专利申请授权量增长率（三年平均） 技术市场成交合同金额增长率（三年平均）	支撑发展的持续性和稳定性
	R&D 经费占 GDP 的比重 地方财政科技拨款比重 科技经费支出占 GDP 的比重 高技术产业规模以上企业增加值率	创新推动与经济增长的互动
自主创新辐射能力	高技术产业规模以上企业产值占全国比例 高技术产业规模以上企业增加值占全国比例 规模以上工业企业增加值中高技术产业份额	产业聚集推动辐射周边
自主创新网络能力	万名从业人员中科技活动人员 万名从业人员中 R&D 人员	网络交流能力
	科学家工程师人均科技经费支出 R&D 人员人均 R&D 经费支出	网络支配能力
	科技人员人均高技术产品出口额 科技人员人均高技术产业规模以上企业增加值 科技人员人均技术市场成交合同金额	市场活动能力

资料来源：赵彦云，甄峰. 我国区域自主创新和网络创新能力评价与分析 ［J］. 中国人民大学学报，2007（4）：59 - 65.

任彪、李少颖和梁婉君（2007）以自主创新能力、知识溢出状况、知识传递能力、企业创新能力等 61 个指标为基础构建的创新能力评价指标体系。如表 4 - 5 所示。

表 4 - 5　　　　　　　　　　自主创新能力指标体系

一级指标	二级指标	三级指标
知识产生能力	研发经费投入	R&D 经费
		R&D 经费增长率
		R&D 经费占 GDP 的比重
		基础与应用研究 R&D 经费占 R&D 经费比重
		试验发展 R&D 经费占 R&D 经费比重

续表

一级指标	二级指标	三级指标
知识产生能力	研发人员投入	R&D 人员全时当量
		R&D 人员全时当量增长率
		R&D 人员全时当量中基础与应用研究人员所占比重
		R&D 人员全时当量中试验发展人员所占比重
		科技活动人员占从业人员比重
		每万人平均研发全时当量
	研发机构投入	每万人拥有县级以上研发机构数
知识传播能力	技术引进	国外技术引进合同金额
		国外技术引进合同金额增长率
	技术扩散	技术市场成交金额
		技术市场成交金额增长率
		技术市场技术流向地域合同金额
		单位合同成交额
企业技术创新能力	开发能力	企业 R&D 经费
		企业 R&D 经费增长率
		研发投入强度
		企业 R&D 经费占 R&D 经费比重
		企业 R&D 人员全时当量
		企业 R&D 人员全时当量增长率
		企业 R&D 人员全时当量占 R&D 人员全时当量比重
		企业科研机构数占企业数的比重
	引进消化再吸收创新能力	企业技术引进经费占科技活动经费支出比重
		高技术产业技术引进经费占科技活动经费支出比重
		企业消化吸收经费占科技活动经费支出比重
		高技术产业消化吸收经费占科技活动经费支出比重
	移植能力	企业技术改造经费占科技活动经费支出比重
		高技术产业技术改造经费占科技活动经费支出比重
	转化能力	新产品销售收入占产品销售收入的比重
		高技术产业新产品销售收入占产品销售收入的比重

续表

一级指标	二级指标	三级指标
自主创新环境	政策支持	政府资金占科技经费比重
		政府资金增长率
	金融支持	金融机构贷款占科技经费比重
		金融机构贷款增长率
	教育支撑	对教育的投资占 GDP 的比重
		每十万人大专以上学历所占的比重
		高校 R&D 经费占 R&D 经费比重
		高校 R&D 人员全时当量占 R&D 人员全时当量比重
		院士占 R&D 人员比重
		单位高校研发机构数
	创新手段支持	每百户城镇居民家庭平均拥有电脑数
		网民人口比重
知识的溢出	宏观经济实力	人均 GDP
		人均 GDP 增长率
		单位 GDP 能耗
		技术贸易总额占 GDP 比重
	高新技术成果	高新技术产业产值占 GDP 的比重
		高新技术产品产值占出口额的比重
		新产业产值占 GDP 比重
		信息产业产值占 GDP 的比重
	无形资产成果	万人专利授权
		万人专利受理
		发明占专利授权比重
		万人实用新型和外观设计专利申请量
		单位 R&D 经费发明专利授权数
		国外检索的万名科学家工程师发表的科技论文数
		科技论文数增长速度

资料来源：任彪，李少颖，梁婉君．自主创新能力评价指标体系研究［J］．河北经贸大学学报，2007（6）：47－55.

（三）按照创新能力的构成要素设计评价指标体系

刘凤朝、潘雄锋和施定国（2005）按照创新能力的构成要素设计评价指标体系，采用5个一级指标、12个二级指标和32个三级指标构成了自主创新能力的评价指标体系根据自主创新能力的构成。5个一级指标分别是：资源能力、载体能力、环境能力、成果能力和品牌能力。有关指标体系如表4－6所示。

表4－6　　　　　　　　自主创新能力评价指标体系

一级指标	二级指标	三级指标
资源能力	创新人力资源	科学家与工程师数（万人）
		科学家与工程师/科技活动人员（%）
		企业科学家与工程师（万人）
	创新财力资源	R&D经费支出量（亿元）
		基础研究投入（亿元）
		R&D经费支出占GDP比重（%）
		企业R&D经费支出总量（亿元）
载体能力	基础研究载体	国家重点实验室（个）
		国家重点学科（个）
	技术创新载体	国家工程技术研究中心（个）
		国家工程研究中心（个）
		孵化器个数（个）
环境能力	宏观经济环境	国内生产总值（亿元）
		政府财政收入（亿元）
	市场化程度	非国有经济所占比重（%）
		民营科技企业销售额占企业销售额比重（%）
	国际投资规模	外商直接投资（亿美元）
		技术市场成交额（亿元）
		对外投资额（亿美元）

续表

一级指标	二级指标	三级指标
成果能力	专利	发明专利授权量（件）
		近三年发明专利申请量年均增幅（%）
		发明专利占专利授权量比重（%）
	论文	国际论文数（篇）
		近三年国际论文年均增幅（%）
	新产品	新产品产值（亿元）
		新产品产值占工业总产值比重（%）
品牌能力	商标	商标注册数（件）
		著名商标（件）
		驰名商标（件）
	产业国际竞争力	高技术出口额（亿美元）
		近三年高技术出口额年均增幅（%）
		高技术出口额占工业增加值比重（%）

资料来源：刘凤朝，潘雄锋，施定国. 基于集对分析法的区域自主创新能力评价研究 [J]. 中国软科学，2005 (11)：83 - 91, 106.

采取同样方法评价自主创新能力的还有曹桂华、汪涛和成金华（2006），马钦玉和杨胜刚（2008）的研究指标选取较为简略，只是按投入、产出及活动基础设计了三大类 11 个指标。杨志兵等（2009）在基本框架不变的前提下，将创新主体单列出来，增加了对高校数量、毕业生数量及社会研究开发机构数量等指标。而朱孔来（2007）在研究中所涉及的指标体系是全部研究中较为详细的，设计的 60 个指标涵盖了创新研究的方方面面，具体指标体系如表 4 - 7 所示。

表 4 - 7 　　　　　 国家（或区域）自主创新能力评价指标体系

构成要素		指标名称
创新资源的投入能力	人力资源	科学家与工程师数量（万人）
		科学家与工程师占科技活动人员的比重（%）
		R&D 折合全时人员（万人）

续表

构成要素		指标名称
创新资源的投入能力	财力资源	科技活动经费（万元）
		R&D 经费（万元）
		基础研究经费（万元）
		R&D 人员人均经费（元）
		R&D 经费占 GDP 比例（%）
		科技三项经费占同级地方财政支出比例（%）
		企业 R&D 经费占企业销售收入的比重（%）
		创新战略规划完备程度和可行程度
		科技创新体系框架完备程度
		内部各子系统之间的密切配合程度
		知识产权保护体系建设水平
创新载体的建设能力	基础研究载体	国家重点实验室（个）
		省部级重点实验室（个）
		国家重点学科（个）
		省级重点学科（个）
	技术创新载体	国家工程技术研究中心（个）
		省部级工程技术研究中心（个）
		省级生产力促进中心或孵化器数量（个）
		县以上科研机构数量（个）
		拥有研发机构的企业占企业总数比重
创新环境的保障能力	宏观经济环境	人均 GDP（元）
		第三产业增加值占 GDP 比重（%）
		地方财政收入占 GDP 比重（%）
	人文环境	区域内高等院校数量（所）
		百人拥有计算机数量（台）
		城市化水平（%）
		劳动者平均受教育年限（年）
		人均图书及报刊发行量（册/人）
		千人拥有知识分配与传播人员数
		科技活动人员占劳动人数的比重（%）

续表

构成要素		指标名称
创新环境的保障能力	市场化程度	非国有经济成分所占比重（%）
		民营科技企业销售额占企业销售额比重（%）
	对外开放程度	外贸依存度（%）
		外商直接投资（亿美元）
		外商投资占全社会固定资产投资的比重（%）
	知识及技术的流动能力	跨区域科技论文合作数量（万篇）
		技术市场成交额（亿元）
		区域专利联合申请量（个）
		企业提供的委托开发经费（亿元）
		企业引进技术的费用（亿元）
创新成果的产出能力	知识创造能力	发表的国际论文（篇）
		发表的国家级论文（篇）
		出版专著数量（部）
		科学家与工程师人均发表的国际论文、国家级论文数量（篇）
	技术创新能力	发明专利授权量（件）
		每名研发人员的发明专利数（个）
		非发明专利授权量（件）
		获省级及国家级科技成果奖励数（个）
	新产品创造能力	自主开发的新产品、新工艺数量（个）
		新产品产值（亿元）
		新产品产值占工业总产值比重（%）
		高新技术产业产值（亿元）
		高新技术产业产值占工业总产值比重（%）
	品牌创造能	注册商标数量（件）
		著名商标或驰名商标数量（件）
		高新技术产品出口额（亿元）
		高新技术产品出口额占工业总产值比重（%）

资料来源：朱孔来，闫峰，刘春蕊，胡炜. 自主创新能力指标体系及综合评价方法探讨［J］. 烟台职业学院学报，2007（1）：43 - 50.

（四）创新过程要素评价法：根据区域创新网络的成熟度进行评价

根据区域创新网络的成熟度进行评价，这一类指标体系颇有新意，但难以被大多学者所认可，代表性的研究学者有何亚琼和秦沛（2005），二者按照网络连接的稳定性、网络规模、网络的开放性、网络自我更新能力、网络连接的分散性、区域本地化程度、网络连接的多样性及网络连接的强度八大类指标体系，具体分为 33 个详细指标，来评价区域创新网络成熟度的质与量，具体指标体系略。

二、实践运用

自国务院发布《国家中长期科学和技术发展规划纲要（2006－2020 年）》及党的十七大提出要提高自主创新能力、建设创新型国家以来，全国各地掀起了建设创新型区域、创新型城市的热潮。据不完全统计，目前我国明确提出建设创新型城市的地方已经超过 200 个。2010 年首批 20 个国家创新型试点城市（区），分别为：北京市海淀区、天津市滨海新区、河北省唐山市、内蒙古自治区包头市、黑龙江省哈尔滨市、上海市杨浦区、江苏省南京市、浙江省宁波市、浙江省嘉兴市、安徽省合肥市、福建省厦门市、山东省济南市、河南省洛阳市、湖北省武汉市、湖南省长沙市、广东省广州市、重庆市沙坪坝区、四川省成都市、陕西省西安市、甘肃省兰州市。①

（一）北京

创新是引领发展的第一动力，深入实施创新驱动发展战略是落实首都城市战略定位、推动京津冀协同发展、支撑创新型国家建设的战略选择和根本动力。"十三五"时期把发展基点放在创新上，增强创新发展能力，深入实施人才优先发展战略，率先形成促进创新的体制机制，从供给侧和需求侧两端发力，释放新需求，创造新供给，推动新技术、新产业、新业态蓬勃发展，构建"高精尖"经济结构，加快建设具有全球影响力的国家创新战略高地，成为国家自主创新重要源头和原始创新主要策源地。更加注重增强原始创新能力，以科技创新为核心，深入实施全面创新改革，打造技术创新总部聚集地、科技成

---

① 北京市海淀区成为首批国家创新型试点城市（区），http：//www. bjkw. gov. cn/n8785584/ n8904761/n8904885/n8930916/9017817. html /2010－01－18/2016－04－18.

果交易核心区、全球高端创新中心及创新型人才聚集中心，更好地服务创新型国家建设。

首先，为国家推进全面创新改革进行实践探索，努力做到"市场活、创新实、政策宽"，形成更加有利于创新发展的制度环境：深化创新创业体制机制改革、优化创新创业市场环境、积极推进试点示范建设、深入开展国际化创新合作。其次，服从服务国家发展战略，重点提升原始创新和技术服务能力，着力增强对全国创新发展的辐射带动作用，为国家创新发展作出更大贡献。具体而言包括大力提升原始创新能力和积极推进产学研用协同创新。①

（二）南京

2016 年南京市的科技创新工作，将坚定不移地把创新驱动摆在全市发展的核心位置，突出改革重点，推动科技工作从研发管理向创新服务转变，营造具有南京特色的大众创业、万众创新的政策环境和制度环境；突出需求导向，面向南京经济发展主战场，推进科技创新，围绕产业链，部署创新链，着力推动科技应用和科技成果产业化。努力将南京科技教育人才优势转化为竞争优势和发展优势，促进全市发展驱动方式的转变和产业转型升级，推动全市自主创新能力和产业竞争能力全面提升。2016 年，要实现全社会 R&D 经费支出占 GDP 比重达 3.03%，每万名劳动力中研发人员数达到 175 人/年，集聚 10 名科技顶尖专家，积极培育创新型企业家 40 名。深入推进知识产权强市战略，全市每万人发明专利拥有量达 28 件以上，新增一批具有较强专业化服务能力的众创空间，创新型城市建设成效显著。具体工作目标和工作重点如表 4 - 8 所示。②

---

① 北京市国民经济和社会发展第十三个五年规划纲要（2016 年 1 月 28 日北京市第十四届人民代表大会第四次会议批准）。

② 南京：实施创新驱动发展战略　加快建设创新型城市，http：//www.most.gov.cn/ztzl/qgkjg-zhy/2016/2016jlcl/2016jldf/201601/t20160111_ 123503. htm/2016 - 04 - 18.

表4-8   南京创建创新型城市具体工作目标和工作重点一览表

工作目标	工作重点	工作任务
以高新技术企业为骨干，大力发展创新型经济	以发展创新型经济为目标，以提升产业核心竞争力为路径，着力增强企业自主研发和科技资源配置能力	实现高新技术产业总产值占规模以上工业总产值的比重较上年提高一个百分点
以平台载体为支撑，加快提升自主创新能力	完善自主示范区核心创新载体的考核评价制度和指标体系，加强绩效评估和社会评价，确保示范区建设各项部署要求落到实处	建设1~2家市级重大公共技术服务平台，新建市级以上工程技术研究中心60家，实现科技服务业总收入480亿元
以市场机制为导向，进一步深化科技体制改革	按照市场规律引导支持创业创新活动，推动科技工作从研发管理向创新服务转变	实现科技贷款年末余额超过60亿元、科技保险保费收入突破600万元，力争实现当年技术开发项目认定备案数超过4000项，项目总投入超过200亿元
以规范引导为方向，推进众创空间科学有序发展	构建"苗圃—孵化器—加速器"创业创新孵化服务链条，新培育一批众创空间，实现各区（开发区）全覆盖	为支持社会资本投资建设众创空间营造良好的政策环境
以产业需求为纽带，协调引导政产学研金介协同创新	加快建设多元化、多层次的技术转移体系，拓展合作领域和合作内容	放大"全球（南京）研发峰会"效应，主动参与"一带一路"国家和地区的科技创新合作，增强自主创新能力
以开发应用为重点，提升知识产权的创新价值	重点提升企业知识产权运用能力，培育一批知识产权密集型企业，强化知识产权保护，创新知识产权保护和维权援助机制	实施20项专利产业化和重大专利技术二次开发项目

资料来源：作者根据《南京：实施创新驱动发展战略　加快建设创新型城市》整理得到。

（三）武汉

武汉市全面贯彻落实习近平总书记关于实施创新驱动发展战略一系列重要讲话和《中共中央、国务院关于深化体制机制改革加快实施创新驱动发展战略的若干意见》精神，以及国务院提出的关于开展武汉市国家创新型城市试点的要求，武汉市为加快推进全面创新改革、建设国家创新型城市做了很多积极的探索。

2015 年 7 月 20 日，武汉召开的市委十二届八次全体（扩大）会议暨全市建设国家创新型城市动员大会上，《市委市政府关于加快推进全面创新改革建设国家创新型城市的意见（草案）》等"1 + 9"政策文件"一揽子"提交会议审议，为武汉市建设国家创新型城市制定了最坚实的行动指南。"1"即《市委市政府关于加快推进全面创新改革建设国家创新型城市的意见（草案）》，作为"管总"的顶层设计文件，该意见提出了武汉市建设国家创新型城市的"三步走"奋斗目标：到 2020 年，形成具有全球影响力的国家创新型城市的基本框架；到 2030 年，形成具有全球影响力的国家创新型城市的核心功能；到 2049 年，全面建成具有全球影响力的综合性、开放式的国家创新型城市。该意见还总体部署了武汉市加快推进全面创新改革、建设国家创新型城市的重大任务和举措，主要包括："完善以企业为主体、市场为导向的创新体制机制""优化重大科技创新布局，打造国家级产业创新中心""推进大众创业、万众创新，激发全社会创新潜能和创业活力""完善人才发展机制，加快构建创新创业人才高地""强化金融创新功能，建设科技金融特区"、"全力支持高校院所改革发展，加快建设世界一流大学""全面提高开放创新水平，建设全球研发网络重要节点城市"等。落实《市委市政府关于加快推进全面创新改革建设国家创新型城市的意见（草案）》提出的总体思路和重点任务，9 个配套文件各有侧重，确定了一系列"真金白银"的政策措施，分别是《关于加快建设创新创业人才高地的实施意见》《关于大力推进大众创业万众创新的实施意见》《关于促进互联网金融产业创新发展的实施意见》《关于加快建设国家级制造业创新中心的实施方案》《关于实施"互联网 + "产业创新工程的意见》《关于改革财政专项资金管理使用办法支持企业创新发展的实施方案》《关于建设全球研发网络重要节点城市的实施意见》《关于深化行政审批体制改革 完善创新驱动发展政务环境的实施方案》《关于加快传统媒体和新兴媒体融合发展的实施方案》。①

2015 年 8 月 18 日，武汉市正式发布《关于加快推进全面创新改革建设国家创新型城市的意见》，明确当前，以互联网为核心的新一轮科技革命和产业变革孕育兴起，正在重构城市之间的竞争格局，为武汉赶超国内外发达城市提

---

① 武汉市制定建设创新型城市一揽子"1 + 9"政策文件，http：//www. whst. gov. cn/ztzl/show/28917. aspx/20150905/20160418.

供了重大机遇。在经济发展进入新常态的背景下，依靠要素驱动和资源消耗支撑的发展方式难以为继，必须加快创新驱动发展，让创新成为城市经济社会发展的第一动力。中央对武汉创新发展寄予厚望，《国务院关于依托黄金水道推动长江经济带发展的指导意见》明确提出，开展武汉市国家创新型城市试点。这是改革开放以来，武汉的最大机遇、最大使命。全市上下必须以高度的责任感、使命感和紧迫感，汇聚全武汉地区创新力量，激发全市人民创新创业激情，用最好资源、最优政策、最多投入，全方位、全体系、全区域、全领域推进全面创新改革。要坚持问题导向，进一步明确政府的角色定位，着力破除各种体制机制障碍，让市场在创新资源配置中发挥决定性作用，让企业成为创新的主体力量。要坚持需求导向和产业化方向，按照"面向世界科技前沿、面向国家发展战略需求、面向国民经济主战场"的要求，瞄准未来产业方向，紧紧围绕产业链部署创新链、人才链、资金链，加快推进产业从"0"到"1"跃升，构建支撑城市未来发展的产业体系和产业创新体系，努力打造具有全球影响力、强大创新力、显著辐射力的国家创新型城市，具体内容如表 4 – 9 所示。①

表 4 – 9   武汉创新型城市建设构思

准则层	目标层
完善以企业为主体、市场为导向的创新体制机制	进一步强化企业在产业创新中的主体地位
	改革财政专项资金管理机制，支持企业创新发展
	开展高校院所考核奖评制度改革试点
	完善创新驱动发展的政务环境
	建设知识产权强市
优化重大科技创新布局，打造国家级产业创新中心	进一步放大东湖新技术开发区、武汉经济技术开发区等国家级开发区引擎作用，打造特色产业集群和基地
	加快推进战略性新兴产业成为千亿级支柱产业
	全力推进"互联网＋"行动，加快传统产业向中高端升级。将武汉建成"互联网＋"创新创业的试验场
	大力发展工研院等新型技术创新机构

---

① 关于加快推进全面创新改革建设国家创新型城市的意见，http://www.whst.gov.cn/zwgk/show/29038.aspx/20150818/20160418.

续表

准则层	目标层
推进大众创业、万众创新，激发全社会创新潜能和创业活力	打造开放便捷的众创空间
	支持开展丰富多彩的创新创业活动
	进一步完善创新创业配套服务体系
完善人才发展机制，加快构建创新创业人才高地	实施"城市合伙人计划"。大力培育引进集聚创新创业者和创业投资人，把他们作为"城市合伙人"，结成"奋斗共同体"
	拓宽科研人员双向流动机制。推动高校院所按"人员用时打通"原则进行去行政化改革
强化金融创新功能，建设科技金融特区	推动科技与金融结合，努力打造"天使之城"
	探索开展股权众筹融资服务试点
	发挥东湖新技术开发区"资本特区"的示范效应
全力支持高校院所改革发展，加快建设世界一流大学	加快建设世界一流大学和学科
	加快建设世界一流科研院所
	加快推进大学之城建设
全面提高开放创新水平，建设全球研发网络重要节点城市	集聚全球研发资源，打造国际创新高地
	整合内生研发资源，深度参与国际科技合作与创新
	推动科技协同创新，提升城市创新辐射能力
强化组织领导	建立实施创新驱动发展战略协调机制
	发挥智库对创新决策的支撑作用
	加强舆论引导，提高大众科技素养
	完善绩效考核

资料来源：根据中共武汉市委、武汉市人民政府《关于加快推进全面创新改革建设国家创新型城市的意见》整理。

（四）沈阳

2010 年，为加快建设国家创新型城市，全面提升城市自主创新能力，转变经济发展方式，促进经济社会又好又快发展，按照国家关于推进国家创新型城市试点工作的有关部署和要求，根据《中共沈阳市委沈阳市人民政府关于建设国家创新型城市的意见》，结合沈阳市实际情况，制定《沈阳市创建国家创新型城市总体规划（2010－2015 年)》。2016 年 4 月 8 日，发布《沈阳市国民经济和社会发展第十三个五年规划纲要》，为深入贯彻落实党的十八大提出到 2020 年实现全面建成小康社会的宏伟目标，沈阳市依据省统计局制定的监测方案，对全面建成小康社会进程进行了统计监测。结果显示，到 2014 年，全市小康社会实现程度为 92.7%，比 2000 年的 59.27% 提高了 33.43 个百分点；经济发展、民主法制、文化建设、人民生活、资源环境实现程度分别为 96.96%、81.83%、89.5%、96.61%、91.49%；32 个监测指标中实现程度为 100% 的指标有 21 个，实现程度在 90% ~ 97% 的指标有 3 个，实现程度在 80% ~ 90% 的指标有 3 个，实现程度在 80% 以下的指标有 5 个，具体内容如表 4 - 10 所示。[①]

表 4 - 10　　　　　　　　　　　沈阳市全面建成小康社会指标实现程度

实现程度 （2014 年）	指 标 名 称
100% （21 个）	人均 GDP（2010 年不变价）、工业劳动生产率（规模以上）、互联网普及率、城镇人口比重、农业劳动生产率、每万人拥有律师数、人均公共文化财政支出、有线广播电视入户率、"三馆一站"覆盖率、失业率、恩格尔系数、城乡居民收入比、农村平均每人住房面积、综合入学率、5 岁以下儿童死亡率、卫生发展指数、农村自来水普及率、农村卫生厕所普及率、城市生活垃圾无害化处理率、单位 GDP 能耗（2010 年不变价）、城乡居民人均收入（2010 年不变价）实现程度为 100%
90% ~ 97% （3 个）	主要污染物排放强度指数实现程度为 96.31%
	第三产业增加值占 GDP 比重实现程度为 96.81%
	城镇平均每人建筑面积为 95.2%
80% ~ 90% （3 个）	基本社会保险覆盖率实现程度为 82.21%
	基层民主参选率实现程度为 87.68%
	公共交通服务指数实现程度为 88.02%
低于 80% （5 个）	社会安全指数实现程度为 69.17%
	R&D 经费支出占 GDP 比重实现程度为 77.65%
	文化产业增加值占 GDP 比重实现程度为 58%
	环境质量指数实现程度为 73.04%
	廉政指数实现程度为 74.87%

（五）长沙

自 2010 年正式启动国家创新型城市试点工作以来，长沙市委、市政府高度

---

① 沈阳市国民经济和社会发展第十三个五年规划纲要，http：//www. shenyang. gov. cn/zwgk/system/2016/04/08/010146103. shtml/2016 - 04 - 18.

重视创新发展，从环境营造到平台搭建、政策扶持到人才激励等多措并举，全力促进科技创新、管理创新、文化创新，创新型城市建设取得可喜成绩。2011年、2013年均被评为"中国十大创新型城市"之一。长沙建设创新型城市成效显著主要体现在：创新环境不断优化、创新基础日益夯实、创新抓手强劲有力、创新成果日益增多、创新驱动力度加大。新技术产业比重加大。近五年，长沙市高新技术产业总产值年均增长30.9%，2012年达4201亿元。其增加值占GDP比重达到18.7%。高新技术企业由253家上升到825家，占全省高新技术企业50%以上，形成了以先进电池材料、高性能结构材料和先进复合材料为核心的新材料产业集群。现代服务业快速发展，长沙已成为全国服务外包基地城市之一。中电软件园引入包括富士康在内的112家企业入园，注册资本总额达12.8亿元。现代农业发展加快。2012年，57个现代农业特色产业科技示范基地总产值超过25亿元，带动投入7000多万元，带动就业1万多人，带动收入年均增幅近60%。2012年，长沙成为全球城市竞争力提升速度第四的城市①。

（六）杭州

为对杭州市创新型城市建设的现有水平进行科学的评价，魏江、刘怡、胡胜蓉、邬爱其和郑刚等（2007）参照了国际著名创新型城市评估指标，通过专家调查，从创新环境、创新投入、创新产出、创新主体四方面构建了创新型城市的指标体系，共计28个详细指标，如图4-1与表4-11所示。

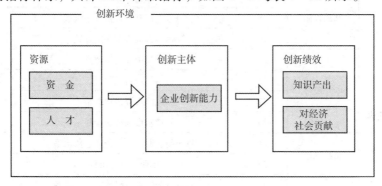

图4-1　创新型城市指标体系构建

① 创新之城——长沙建设创新型城市成效显著，http://www.csst.gov.cn/zxzx/sjdt/dtxxi/201506/t20150610_ 765957. html/ 2014 – 10 – 16//2016 – 04 – 18.

表 4-11　　　　　　　　　　　　杭州市创新型城市指标体系一览表

一级指标	二级指标	序号	三级指标	单位
创新资源	资金投入	1	R&D 经费占 GDP 比重	%
		2	科技活动经费占 GDP 比重	%
	人才基础	3	每万人科技活动人员数	人
		4	每万人在校大学生数	人
		5	每年引进海外人才数量	人
创新主体	企业创新能力	6	高新技术产业化指数	%
		7	省级及以上企业技术中心数量	家
		8	省级及以上高新技术产业基地及园区数量	家
		9	省级及以上高新技术企业数量	家
		10	企业 R&D 投入占企业销售额比重	%
创新绩效	知识产出	11	每万人申请专利数	项
		12	每万人授权专利数	项
		13	每万人授权专利数（发明）	项
		14	每万人四大检索论文数	篇
		15	年获省、部级以上三大奖数量（其中国家级）	项
	创新对经济社会发展贡献	16	科技促进经济社会发展指数	
创新环境	基础设施	17	每百户拥有家用电脑数量	%
		18	每万人拥有电话机和手机数	部
		19	每万人拥有金融网点数	家
	中介服务	20	科技中介机构数量	家
		21	科技孵化器数量	家
		22	风险投资机构数量	家
		23	技术市场成交金额	万元
	创新氛围	24	每年新注册企业占企业总数比重	%
		25	企业家信心指数	
	政府支持	26	科技三项经费占财政支出的比例	%
		27	知识产权保护力度	等级
		28	政府对创新的支持程度	等级

资料来源：魏江，刘怡，胡胜蓉，邬爱其，郑刚. 杭州市创新型城市建设对策研究［J］. 杭州科技，2007（3）：33-36.

其中高新技术产业化指数和科技促进经济社会增长指数是城市科技进步监测中的两个一级评价指标。企业家信心指数亦称宏观经济景气指数，是根据企业决策者对行业发展状况的判断及其未来走势的预期而编制的指数。

（七）深圳

为加快深圳国家创新型城市建设，依据《国家中长期科学和技术发展规划纲要（2006－2020）》、《国家发展改革委关于深圳市创建国家创新型城市的复函》和《中共深圳市委深圳市人民政府关于加快建设国家创新型城市的若干意见》等，深圳市人民政府 2008 年 9 月 21 日编制了《深圳国家创新型城市总体规划（2008－2015）》。《深圳国家创新型城市总体规划（2008－2015）》是我国第一部国家创新型城市规划，是深圳市创新发展的行动纲领。通过本规划的实施，深圳率先建成国家创新型城市。《深圳国家创新型城市总体规划（2008－2015）》规划中明确深圳建设国家创新型城市，要积极践行科学发展观，以发展方式创新为核心，以体制机制创新为保障，以科技创新和产业创新为重点，以社会文化创新为依托，全面提升自主创新能力，实现新一轮跨越式发展①。

（八）厦门

厦门是中国最早的四个经济特区之一，又是首批海峡两岸货运直航试点口岸。厦门在国家创新城市建设依照自主创新、重点跨越、支撑发展、引领未来；设立专门的厦门国家创新型城市建设信息发布平台；成立厦门型城市工作领导小组办公室；定期发布《厦门国家创新型城市建设简报》。

厦门市科技发展研究中心、厦门市科技局发展计划处的彭顺昌和李波在《科技创新型城市的评价指标体系研究》中首次提出了评价指标体系的基本框架：建设科技创新城市应包含的基本要素，分别是与创新相关的主体基本情况、资源基本条件与制度建设等。在该指标体系中从三方面对建设科技创新城市进行评价：一是创新主体，二是创新环境，三是创新绩效。创新主体中下设 3 个指标。分别是科技创新资源投入、科技创新活动以及科技创新机构，较为全面地反映了创新主体的现状。创新环境指标下设 3 个二级指标，分别是基础

---

① 《关于印发深圳国家创新型城市总体规划（2008－2015）的通知》，http：//www.szsti.gov.cn/info/plan/cxcs/20080921/20160415.

设施、基础产业化环境以及人才资源。设计该指标说明指标设计人员重视创新环境对创新主体存在着积极的影响作用，为持续、高效、健康的建设科技创新城市构建出科学合理的评价指标体系。创新绩效指标同样下设 3 个二级指标分别是创新产出水平、创新产品转化水平以及高新技术产业发展水平。这一指标能有效衡量出区域内科技创新成果，测度科技产出效度。具体关系如图 4 - 2 所示。

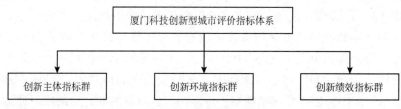

图 4 - 2　厦门科技创新型指标体系关系

《厦门科技创新型城市评价指标体系》的权重赋值方法与《中国创新指数》权重赋值方法类似，基本采用"逐级等权法"进行指标赋权。一级指标中创新主体、创新环境、创新绩效在评价指标体系中的权重分配依次是 0.33、0.34 和 0.33。指标详见表 4 - 12。

表 4 - 12　　　　　　　　厦门科技创新型城市评价指标体系

一级指标	二级指标	三级指标
创新主体	科技创新资源投入	全社会科技投入占 GDP 的比重
		政府科技投入占财政支出比重
		全社会 R&D 投入占 GDP 的比重
		R&D 活动经费投入占产品销售收入比重
		R&D 人员数
		科技活动人员数
		企业自主创新活动人员占职工比重
		企业创新人力资源投入增长率
	科技创新活动	承担国家"863 计划"、国家自然科学基金等项目数
		企业自主创新科技项目数
		产学研合作项目数
		万人专利发明申请数

续表

一级指标	二级指标	三级指标
创新主体	科技创新机构	国家级工程技术研究中心、企业技术中心数
		省级工程技术研究中心、企业技术中心数
		市级工程技术研究中心、企业技术中心数
		企业博士后流动站数
		设立研发机构的企业数
		国家级重点实验室数
		省级重点实验室数
		市级重点实验室数
创新环境	基础设施	每万人固定电话及移动电话用户数
		每万人互联网用户数
		电子政务建设投入占政府固定资产投资比重
		机场航线数
		铁路客（货）运量
		每万人商业银行网点数
		每百人公共图书馆藏书量
		科技情报与文献服务覆盖率
		共享大型仪器设施原值
	技术产业化环境	科技园区增长量
		企业孵化器增长量
		国家级特色产业基地数
		公共技术服务平台增加量
		风险投资资金总额
		生产性服务业占 GDP 比重
	人才资源	评为拔尖人才为当地服务的海内、外高级人才或领军人数总数
		年增大中专毕业生数量
		万人专业技术人员数

续表

一级指标	二级指标	三级指标
创新绩效	创新产出水平	每万人论文数
		获市级、省级、国家级科技成果奖数量
		每万人专利授权数量
		每万人发明专利授权数量
		国家级、省级、市级名牌和中国驰名商标数
	创新产品转化水平	科技中介服务机构服务收入占 GDP 比例
		技术成果成交额
		科技成果转化率
		国家级新产品品种数量
		工业新产品产值率
		具有较强技术创新能力的知名企业数量
	高新技术产业发展水平	新产品销售收入占产品销售收入比重
		新产品销售收入年递增率
		高技术产业增加值占工业增加值比重
		高新技术产业增加值年递增率
		有自主知识产权的产品产值占工业总产值比重
		有自主知识产权的产品产值年递增率
		高新技术企业数
	可持续发展能力	亿元投资新增 GDP
		万元 GDP 综合能耗
		城市空气综合污染指数
		循环资源回收率

三、对国内自主创新型城市指标体系研究与实践的分析

(一) 学术研究

对于我国区域自主创新城市指标体系的学术研究，通过对比分析不难发现国内学术界对于自主创新型城市指标体系设计的研究具有以下几个特征：

第一，各个城市（区域）构建的自主创新型城市指标体系均紧密围绕着创新主题进行设计，又或有区别和联系。以创新主体或创新对象为出发点，进

行了深入的理论剖析，发现区域自主创新运行及价值创造路径。

第二，由于指标体系均围绕着自主创新为主题，以测度城市（区域）自主创新能力为目的，故而在设计具体衡量指标中存在大量相同及相似指标。

第三，国内的自主创新城市指标体系的设计当中，不可避免的将创新投入与产出指标纳入，在保证指标体系运用具备普遍性的同时，忽略了该城市（区域）发展的特殊情况或发展要务，缺乏一定的针对性。应结合区域发展现状、战略布局及经济基础等要素进行指标体系的研究设计。

第四，国内大多数自主创新城市指标体系中的指标设计，多以静态指标为主，方便数据搜集整理。但也有部分学者也提出采用动态指标来进行衡量，以期评价结果更加公允客观。

第五，从国内目前发布的有关自主创新型城市指标体系不难看出，指标体系均具有以下几个特征：一是评价指标数量大；二是数据获取难易程度不一，指标体系运行成本不菲；三是因大部分指标体系是多年以前研究设计的，故而理论优化与逻辑严密存在进一步构建的空间。

（二）实践状况

《中国知识产权指数报告》由知识产权产出水平、流动水平、综合绩效、创造潜力四个指数及113个具体指标构成。以期对中国知识产权发展成果及趋势做出客观评价与预测，同时梳理中国知识产权发展现状，挖掘一定发展阶段中国知识产权发展存在的主要问题，并依据客观数据和科研理论为其提供政策建议。全面分析知识产权各类指标、数据，揭示知识产权发展状况与经济增长模式及竞争力水平的关系。体系构建逻辑及具体指标体系，如图4-3和表4-13所示。

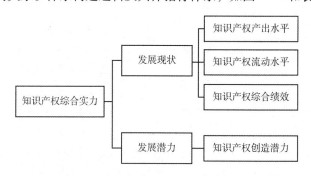

图4-3　中国知识产权指标设计思路

表 4 – 13 中国知识产权指数体系

知识产权产出水平	人均产出	专利总量	百万人口年度国内发明专利申请量
			百万人口年度国内实用新型专利申请量
			百万人口年度国内外观设计专利申请量
			百万人口年度 PCT 专利申请量
		商标总量	百万人口年度商标申请量
		版权总量	百万人口年度版权合同登记量
			百万人口年度作品自愿登记量
		集成电路布图设计总量	百万人口年度集成电路布图设计登记申请量
		农业植物新品种总量	百万人口年度农业植物新品种申请量
	产出质量	专利有效性	百万人口国内发明专利有效量
			百万人口国内实用新型专利有效量
			百万人口国内外观设计专利有效量
		商标有效性	百万人口有效商标量
		专利金奖	专利金奖拥有量
		"中华老字号商标"	"中华老字号"商标拥有量
		集成电路布图设计登记发证	百万人口年度集成电路布图设计登记发证量
		外贸额与 PCT 专利比	每十亿美元对外贸易出口额 PCT 专利申请量
	产出效率	人才产出效率	万名 R&D 活动人员年度职务发明专利申请量
		资本产出效率	亿元 R&D 经费内部支出年度发明专利申请量
	企业产出	企业产出规模	年度企业职务发明专利受理量
			年度企业职务实用新型专利受理量
			年度企业职务外观设计专利受理量
		企业产出质量	企业职务发明专利有效量
			企业职务实用新型专利有效量
			企业职务外观设计专利有效量
		企业产出效率	规模以上工业企业万名 R&D 人员年度发明专利申请量
			规模以上工业企业亿元 R&D 经费内部支出年度发明专利申请量

续表

知识产权产出水平	高校和研发机构产出	高校和研发机构产出规模	各地区高校和研发机构专利年度申请量
		高校和研发机构产出质量	各地区高校和研发机构有效发明专利量
		高校和研发机构产出效率	高校和研发机构万名 R&D 人员专利年度申请量
			高校和研发机构亿元 R&D 经费内部支出专利年度申请量
知识产权流动水平	技术市场交易	技术市场规模	技术市场成交合同数
			技术市场成交合同金额
			技术市场成交合同金额与 GDP 比例
		技术市场开放度	国外引进合同数
			国外引进合同金额
		技术外溢度	技术市场成交合同数与技术流向地域合同数比值
			技术市场成交合同金额与技术流向地域合同金额比值
		技术国际竞争力	万元生产总值技术国际收入
	知识产权服务机构	商标代理机构	商标代理机构数
		专利代理	专利代理机构数量
			专利代理机构从业人数
		律师事务所	律师事务所数量
		评估机构	资产评估机构数量
	企业技改、引进	技术改造	规模以上工业企业技术改造经费支出
		国内引进	规模以上工业企业购买国内技术经费支出
		国外引进	规模以上工业企业技术引进、消化吸收经费
知识产权综合绩效	宏观经济绩效	经济发展水平	非农经济比重
			人均 GDP
			城镇居民人均可支配收入
		经济增长方式转变	劳动生产率指数
			资本生产率指数
			综合能耗产出率
		经济结构优化	高技术产业增加值占工业增加值比重
			高技术产品出口额占商品出口额比重
			知识密集型服务业增加值占生产总值比重

续表

知识产权综合绩效	社会进步绩效	环境改善	环境质量指数
			环境污染治理指数
		社会发展	人口平均预期寿命来衡量
		社会生活信息化	互联网普及率
			移动电话普及率
		文化进步	各地区城镇居民家庭每人全年消费支出中文化领域占比
	企业发展绩效	产品升级	规模以上工业企业新产品销售收入占主营业务收入比重
		设备更新	以上工业企业 R&D 仪器和设备更新情况
知识产权创造潜力	创造投入	人才投入	R&D 人员全时当量总计
			万人口 R&D 活动人员数
			万人口大专以上学历人数
		资本投入	R&D 经费支出占 CDP 比重
			地方财政科技拨款占地方财政支出比重
			人均 R&D 经费内部支出
			每名 R&D 活动人员新增仪器设备费
		文化投入	文化固定资产投入
	创造成果	论文	万名 R&D 活动人员科技论文数
			国外主要检索工具收录中国科技论文数
		国家产业化项目	国家产业化计划项目数
			国家产业化计划项目落实资金
		科技成果	万人吸纳技术成果金额
			获国家级科技成果奖系数
		高新技术产业科技项目	高新技术产业新产品开发项目数
	创造环境	财政支持	人均地方政府财政收入
		金融环境	人均年末金融机构贷款余额
		开放	外商投资总额占 GDP 比重
			出口占 GDP 比重
		教育环境	地方政府财政支出中教育支出比重
			每 10 万人口高等学校在校生数

续表

			艺术表演场馆观众人次
知识产权创造潜力	创造环境	文化环境	博物馆参观人次
			公共图书馆图书总流通人次
			录像、录音、电子出版物出版量
			出版发行机构数量
			有线广播电视入户率
		高新技术开发区	高新技术开发区从业人员数
			高新技术开发区技术性收入
	知识产权试点示范	知识产权试点示范城市	国家知识产权试点、示范城市数
		知识产权试点示范园区	国家知识产权试点园区、示范园区数
		知识产权试点单位	企事业知识产权试点单位数
	企业创造潜力	企业人才投入	规模以上工业企业 R&D 人员占从业人员比重
			规模以上工业企业研发机构硕士以上学历人员比重
		企业科研基础	规模以上工业企业中有科技机构的企业占全部企业比重
			规模以上工业企业中有 R&D 活动的企业占全部企业比重
			企业 R&D 科学家和工程师占全社会 R&D 科学家和工程师比重
		企业资本投入	规模以上工业企业 R&D 经费占主营业务收入比重
		企业新产品开发	规模以上工业企业开发新产品经费
			规模以上工业企业新产品开发项目数
	知识产权保护	专利行政执法	专利侵权和其他纠纷结案量
			查处专利假冒案件结案量
		商标行政执法	查处商标违法案件总数
			查处商标违法案件案值
		行政执法服务能力	执法制度建设（文件）
			执法人员数量
			执法经费支持
			听咨询投诉电话量
			知识产权一审结案量

资料来源：根据王正志 2014 年版的《中国知识产权指数报告》整理而得。

　　通过梳理国内对创新型城市指标体系的设计构建发现，每个城市的指标体系都有所不同，这是因为其发展现状，战略目标，功能定位等因素不同而具有针对性的进行研究设计的结果。以此为考量，评价结果才契合被评价城市（区域）的实际情况，客观反映出具有当地政府或创新主体参考价值的信息。显而易见，存在其各种差别有助于被评价的对象进行与自身的比较（纵向），那么如何与其他城市（区域）进行比较（横向），找出自身相较于其他地区发展的优势或劣势，继而使得创新型城市建设得到全面统筹协调发展。表 4 – 14 列示了国内部分城市提出的创新型城市建设的核心指标。

表 4 – 14　　　　　　　　国内部分城市创新型城市建设考核指标体系

城市	主要考核指标
北京	全社会研发经费支出占 GDP 比重；每万人专利申请数；科技进步贡献率；高技术产业实现增加值占 GDP 比重
苏州	全社会研究与开发投入占地区生产总值比重；科技进步贡献率；高新技术企业；民营科技企业研究与开发投入占销售收入的比重；省级以上企业技术中心和工程技术研究中心数；引进国内外研发机构数；具有一流水平的公共技术开发服务平台数；省级以上重点实验室数；每万人拥有专业技术人员数；省级以上高新技术企业数；民营科技企业数；高新技术产品产值占规模以上工业总产值的比重；新产品销售收入占规模以上工业销售收入的比重；国家级特色产业基地数；专利申请量年均增长率
厦门	全社会研究开发投入占全市生产总值的比重；规模以上工业企业研究开发经费投入占国内生产总值比重；发明专利授权量科技进步贡献率；高新技术企业完成工业产值占规模以上工业总产值比重；高新技术产品出口额占出口商品总值比重；新兴产业年销售收入；高新技术企业总产值和工业增加值年均增长率
宁波	全社会研究和开发经费支出占地区生产总值的比重；每百万人口发明专利授权数；高新技术产品产值占规模以上工业总产值的比重；科技进步对经济增长的贡献率；品牌经济占全市经济的比重
南京	全社会研发（R&D）经费；企业研发投入占全社会研发投入的比重；工业企业研发经费占销售收入比重；大中型企业研发经费占销售收入比重；年专利申请量（件）；年发明专利申请量（件）；年发明专利授权量（件）；中国名牌产品拥有数（个）；全国驰名商标拥有数（个）；高新技术产业销售收入占全市工业销售收入的比重；高新技术及产品出口额；科技进步对农业的贡献率；科技进步对工业的贡献率；研究生学历人才数；高级专业技术人才数；每年新增科技创业孵化面积；每年新增科技企业数
大连	全社会研究和开发经费投入占 GDP 的比例；专利年度申请量年均增长率；科技进步贡献率；高新技术产业增加值；年均增长率

续表

城市	主要考核指标
长沙	全社会研发投入占 GDP 比重；企业科技投入占全市科技投入的比重；高新技术企业研发投入占销售收入的比重；高新技术产业增加值占 GDP 比重；高新技术企业自主知识产权的产品占全部产品的比重；专利申请量年均增长率；发明专利占专利总量比例；科技进步贡献率
杭州	全社会研发投入占生产总值比重；企业研发投入占全社会研发经费投入比例；专利申请量；专利授权量；全市科技进步对经济增长的贡献率；高技术产业增加值占生产总值比重；规模以上工业技术产业增加值占规模以上工业增加值比重
合肥	科技三项经费占财政预算的比例；大中型企业用于技术开发的经费占当年销售收入比例；省级企业技术中心和重点优势企业或集团的研发经费占销售收入比例；国家级企业技术中心和高新技术企业研发经费占销售收入比例；省级企业技术中心数；国家企业技术中心数省级工程研究中心数；工程技术研究中心数数
济南	全社会研发投入占生产总值比重；全社会科技研发经费；企业工程技术研究中心总量；高新技术企业数；高新技术产品数；年专利申请量；高新技术产值比重；单位生产总值；能源消耗单位生产总值耗水量；工业用水重复利用率
南宁	全社会研究和试验开发投入占地区生产总值的比重；每百万人拥有专利授权量；高新技术产业总产值占工业总产值的比重；品牌经济占全市经济的比重；科技进步对经济增长的贡献率
沈阳	全社会研发投入占地区生产总值的比例；年销售额超过亿元的科技领航型企业数；高新技术企业数；科技型中小企业数；建立研发机构高新技术企业数；专利申请量；专利授权量；科技企业孵化器面积；高新技术产值占工业总产值的比例；科技进步贡献率
武汉	全社会研发投入占 GDP 的比重；全市高新技术产业产值；全市民营科技企业技工贸总收入；科技进步贡献率；对外技术依存度；全市科技企业孵化器新增入孵企业数；年销售收入过百亿元的高新技术企业数；年销售收入过十亿元的高新技术企业数；企业科研机构占全市科研机构比例；企业科技成果占全市科技成果比例；企业研发投入占全社会研发总投入比例。
深圳	科技研发资金每年增长幅度；全社会研发投入占全市生产总值比例；全市专利申请量；高新技术产品产值年均增长率；高新技术产品中具有自主知识产权的比重；高新技术产品增加值占 GDP 比例

注：排名不分先后。

资料来源：贺莉. 创新型城市指标体系与评价方法研究［D］. 武汉理工大学，2007.

第五章　R&D 的投入强度与创新

常言道：一分耕耘、一分收获。没有投入，勿谈产出。R&D 投入强度（R&D/GDP）是一个国家具备较高创新能力的重要基础①。加大 R&D 投入强度对推进我国创新型国家建设、增强整体科技竞争实力具有重要意义。

一、R&D 投入的经验值

国务院 2006 年 2 月 9 日颁布的《国家中长期科学和技术发展规划纲要（2006 – 2020 年）》（以下简称《纲要》），为我国提出了计划长远、目标明确、科学合理的国家科学技术创新规划。其中对 R&D 投入情况和投入强度作为重要参考指标规定了详细的战略发展目标。《纲要》指出至 2020 年，将全社会研发投入占国内生产总值的比重提高到 2.5% 以上，力争科技进步贡献率达到 60% 以上。据 2014 年 10 月 23 日由国家统计局、科学技术部、财政部联合发布《2013 年全国科技经费投入公报》数据显示，我国 2013 年 R&D 投入经费较上一年增长了 15%，为 11846.6 亿元，全社会研发投入占国内生产总值的比重达到 2.08%，较上一年提高了 0.1%。从国家统计局 2016 年 2 月 29 日发布的《2015 年国民经济和社会发展统计公报》来看，截至 2015 年，全国 R&D 经费支出约为 14220 亿元，较上一年增长 9.2%，占国内生产总值之比为 2.1%。而今，正处在"十三五"开局之年，应意识到《纲要》中所提出的到 2020 年全社会研发投入占国内生产总值要达到 2.5% 的目标还存在一定差距。另外与部分发达国家相比，我国仍然存在下列问题：R&D 投入总量较少、R&D 经费来源与投资结构不协调以及 R&D 投入强度不足等。通过研究国际上发达国家 R&D 投入的发展规律，继而分析我国 R&D 投入存在的问题，是实现《纲要》提出的 R&D 投入等目标的必经之路。

---

① 陈实，章文娟：中国 R&D 投入强度国际比较与分析 [J]. 科学学研究，2013（7）.

二、R&D 投入的规律总结（逻辑斯蒂曲线）

研发强度是反映一个国家、地区或者企业创新投入的基本指标。通过分析关于 R&D 投入规模和 R&D 投入强度的研究不难发现，在研发投入总量上存在差别，研发投入强度不尽相同，甚至各国发展阶段经济水平存在较大差异的情况下，仍可以从整体趋势上看出，R&D 投入强度是存在规律、有迹可循的。张玲（2010）表示，在社会经济正常运行和增长的情况下，R&D 强度的发展轨迹是一条逻辑斯蒂曲线。同时，通过界定强度在 1% 时与在 2.5% 时的情况，将 R&D 投入强度与经济发展划分为三个阶段来阐述其变化规律①：

（一）R&D 投入强度具有发展阶段性

通过 R&D 强度递增的变化来划分其发展阶段，当 R&D 强度小于 1% 时，为增速缓慢期。当 R&D 强度大于 1% 且小于 2.5% 时，为增长加速期。当 R&D 强度大于 2.5% 时，为基本稳定期。所以，在 R&D 投入初期直至投入强度达到 1%，需要一段漫长的时期。而快速增长期的持续时间则较短，以美国为例，这一时间段为 10 年，随着社会进步经济发展，该过程有进一步缩短的趋势。当 R&D 投入强度增长超过 2.5% 时，就进入增速放缓的基本稳定期。也就是说工业化程度越高，R&D 投入的强度就越大。

（二）R&D 投入强度与工业化发展阶段关系紧密

前已述及，工业化发展程度与 R&D 投入强度之间存在着紧密联系。当 R&D 投入强度低于 1.5% 时，出现在工业化发展的萌芽阶段。当 R&D 投入强度高于 1.5% 而小于 2.5% 时，一般出现在工业化发展时期。而当 R&D 投入强度达到 2.5% 以上之后，说明工业化程度高度发达。

（三）R&D 投入强度与创新模式密切相关

此外，研究也指出，当 R&D 投入强度为 1% 左右时，创新活动集中在技术创新活动。当 R&D 投入强度到达 1% ~ 2.5% 左右时，创新活动处于技术改进阶段。当 R&D 投入强度超过 2.5% 时，被定义为技术创造阶段。主要发达

---

① 张玲，赵立雨，师萍：基于国际经验的我国 R&D 投入强度偏低因素解析 [J]. 科技进步与对策，2010（6）.

国家和我国研发投入强度等，如图 5 – 1 至图 5 – 6 所示。

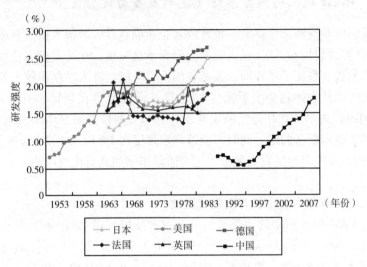

图 5 – 1   1953～2007 中国、美国、日本、英国、德国等国家研发强度
资料来源：调整后中国的数据根据《中国经济普查年鉴（2004）》［DB/OL］. 2005. http：//
www. stats. gov. cn/tjsj/pcsj 和《中国经济普查年鉴（2008）》［DB/OL］. 2009. http：//www. stats. gov. cn/tjsj/
pcsj 计算获得。

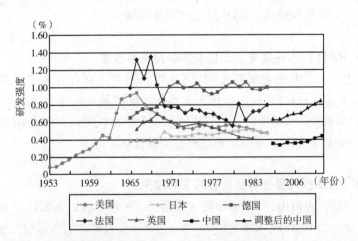

图 5 – 2   中国政府与世界各国政府（仅民用研发部分）研发投入强度对比
资料来源：调整后中国的数据根据《中国经济普查年鉴（2004）》［DB/OL］. 2005. http：//
www. stats. gov. cn/tjsj/pcsj 和《中国经济普查年鉴（2008）》［DB/OL］. 2009. http：//www. stats. gov. cn/
tjsj/pcsj 计算获得。

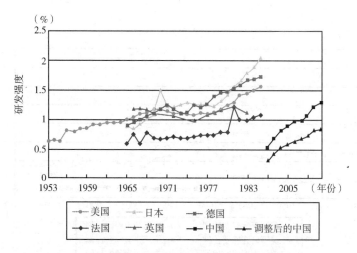

图5-3 中国企业与世界各国企业研发投入强度对比

资料来源：调整后中国的数据根据《中国经济普查年鉴（2004）》［DB/OL］. 2005. http：//www. stats. gov. cn/tjsj/pcsj 和《中国经济普查年鉴（2008）》［DB/OL］. 2009. http：//www. stats. gov. cn/tjsj/pcsj 计算获得。

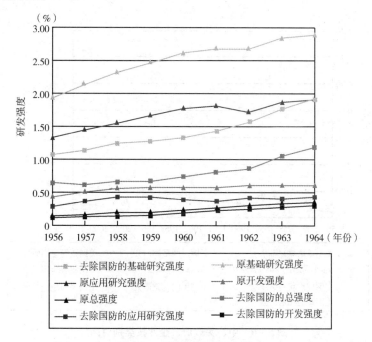

图5-4 按照研发类别对比

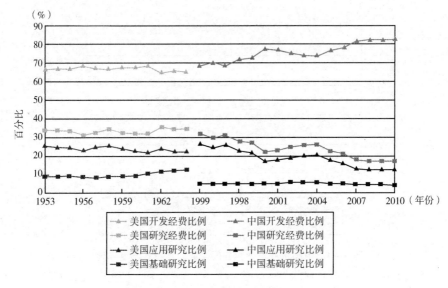

图 5 – 5　按照研究类别对比

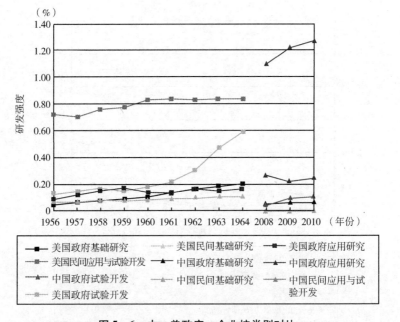

图 5 – 6　中、美政府、企业按类别对比

三、我国 R&D 投入总体概况

在宏观方面，创新驱动发展战略已逐渐上升为国家战略，并侧重于提供和改善创新软环境，微观方面则应该大力发展企业创新能力。熊彼特在创新理论中指出："企业家是创新的主体。"企业的 R&D 投入强度可以较好地体现其自主创新能力。在企业中，R&D 活动对于增强企业竞争实力、提高经济效益发挥着巨大作用。《2013 年全国科技经费投入统计公报》中显示，我国科技经费投入保持持续增长，其中，企业、政府所属科研机构、高等学校经费各占全国科技经费总量比重为 76.6%、15% 和 7.2%。由此可知，企业是我国科技创新的主体，发挥着主导作用。但同时也应清楚地认识到，我国企业在创新投入强度和创新绩效方面仍然存在较大的提升空间，2012 年，全国规模以上工业企业 R&D 经费为 7201 亿元，投入强度为 0.77%。2013 年，全国规模以上工业企业 R&D 经费为 8318 亿元，投入强度为 0.80%。2014 年，全国规模以上工业企业 R&D 经费为 9245 亿元，投入强度为 0.84%。由此看出，我国规模以上工业企业 R&D 经费的投入强度呈逐年上升趋势，但增速较缓，故而中国企业完全走上创新驱动发展道路还需时日。综上可知，企业是国家创新体系的关键环节，提高企业自主创新能力对于国家核心竞争力的提升具有重要意义。R&D 活动为企业自主创新注入了源源不断的动力。尽管近十年来我国企业在科研创新上取得了一定成绩，但仍需在 R&D 投入和绩效上提高质量。如果要在激烈的市场竞争中争取主动，企业就必须加大力度投入 R&D 活动，持续不断地进行技术创新，顺应甚至引领社会的技术进步。

尽管从长远看 R&D 活动是有利于企业发展的，但对于其风险性、冲突性、外溢性和收益滞后性等特征，企业的经营者常趋于规避企业 R&D 活动，控制或减少企业对于 R&D 活动的投入，从而对企业技术创新造成阻碍。治理结构是企业开展 R&D 活动的基本组织背景，能够有效规范所有者和经营者之间的委托代理关系，抑制经营者的机会主义或者短视行为，进而影响着企业技术创新和 R&D 战略的决策与执行。因此，公司治理对企业 R&D 投入有直接的影响。所有权结构是公司治理的一个方面，当所有权过于分散时，中小股东由于缺乏动力和能力来监督管理层，对企业 R&D 投入会有影响。机构投资者作为外部投资者，因其资金和专业上的优势，有趋势发展成为积极股东，缓解委托代理所产生的问题，有效参与公司治理，进而对企业 R&D 活动产生影响。对这些问题，本书后面章节将予以实证分析。

第六章 机构投资者持股与企业 R&D 投入

——来自 2009～2013 年上市公司的经验证据

前已述及，创新是人类发展的原动力。纵观世界发展史，人类的进步与创新息息相关。创新能够提升一个国家的核心竞争力，能够为企业创造更高的经济效益，是社会进步、经济发展的重要"引擎"。我国自改革开放以来，以科学技术作为第一生产力，已取得了巨大的成就，部分科技领域甚至走在世界前列。但总体而言，与世界发达国家相比，仍存在着较大差距。因而，我国应该愈加注重创新能力的发展和提高。在 2015 年 3 月的全国"两会"期间，习近平总书记就指出：创新是引领发展的第一动力，当前我国处于全面深化改革阶段，调整和优化经济结构应当实施以科技为基础的创新驱动发展战略。创新的重要性由此可见一斑。因此，本章将从机构投资者持股的视角来探讨企业 R&D 投入的影响。

一、机构投资者对 R&D 投入的影响

机构投资者是从 20 世纪后半叶开始兴起并迅猛发展的。起初的证券市场以个人投资者为主，20 世纪 70 年代美国机构投资者仅持有市场资本份额的 7%。随后，西方国家金融市场大力发展，法律制度随之变迁，资本市场上逐渐呈现出投资者机构化趋势。而随着机构投资者持股比例增大，放弃并退出上市公司的成本上升，潜在的巨大损失令机构投资者开始考虑放弃"用脚投票"的方式，选择积极参与公司治理来获取长期投资回报。90 年代，机构投资者在我国才开始有所发展。经过近 20 年的成长，机构投资者逐渐成为我国证券市场上一股中坚力量，丰富了市场主体，为资本市场注入了活力。至 2011 年底，我国机构投资者持有 A 股流通市值为 15.6%，当然与西方发达国家中机构投资者持股相比，仍相距甚远。由此可见我国机构投资者仍有相当大的发展空间。相对于个人投资者，机构投资者在筹集资金、信息收集、专业能力等方

面具有优势，能够保持投资价值并有效规避风险。因此，大力推进机构投资者的发展，促进机构多元化业务发展，将对我国资本市场具有重要影响，其行为将影响中国上市公司的治理、创新活动以及中国证券市场的未来发展。在机构投资者参与公司治理的问题上，国内学者进行了较为深入的研究（林丽和孙立，2006；吴联生和薄仙慧，2009），但对于机构投资者如何影响企业 R&D 活动的问题则较少涉及。

目前，关于机构投资者对 R&D 活动的影响，学术界有三种不同的观点：第一种观点认为，机构投资者是消极的股东，他们在面临组织业绩考核及自身职务升迁等压力时，难以有效对公司管理层进行监督，而是倾向于通过惯性交易，买入短期内市场表现好的股票并卖出市场表现差的股票，这种做法会牺牲公司对无形项目的投资，对 R&D 活动没有促进作用。第二种观点认为，机构投资者是积极的股东，一方面，随着持股量的增加其退出成本增大，潜在损失令他们放弃消极而转向积极的公司治理；另一方面，机构投资者拥有个人投资者在资金、专业上所不具备的优势，因而更具动力和能力去参与到公司治理中，有效监督管理层，促进对公司有益的长期投资活动，对技术创新有积极的影响。

针对以上两种观点，在我国特有制度背景下，机构投资者持股是否会对 R&D 投入产生促进效应进而推动企业的 R&D 活动成为当前社会热切关注的话题。本章以制造业和信息技术业这两类创新密集型行业为研究对象，将机构投资者分为两大类，在同时考虑企业不同的产权性质情况下，以机构投资者为切入点，来研究其对企业 R&D 投入的影响，从而检验机构投资者作为外部治理机制对 R&D 活动的作用效应。

本章拟进行的研究具有以下理论价值与现实意义：

第一，丰富 R&D 活动的研究视角，拓展机构投资者与 R&D 投入关系的研究。目前研究多以公司治理为视角来研究 R&D 活动的影响因素，本文拟从机构投资者这一外部治理因子出发，将机构投资者按照其与被投资企业商业联系的紧密程度分为不同类型分别探讨其对 R&D 投入的影响，在一定程度上充实了这方面的实证研究。

第二，为我国上市公司增加 R&D 增添选择的途径，为相关投资者提供决策借鉴。本章在区分国有和民营两种不同产权性质的前提下，分析机构投资者持股与上市公司 R&D 投入的关系，促使公司管理层深入了解机构投资者行为对企业 R&D 投资的影响，可以为其治理行为和 R&D 决策行为提供更好的指引。

第三，为证券市场的发展与完善提供政策建议。本章通过研究机构投资者与企业 R&D 投入的关系，探讨其是否能够促进研发活动以获得长期回报，来鼓励和引导长期机构投资者进入资本市场，并公司治理活动发挥积极的监督作用，对证券市场的发展壮大提供建议。

二、机构投资者与 R&D 投入的概念界定与文献回顾

由于机构投资者和 R&D 投入概念框架较为丰富，所以首先需要对机构投资者和 R&D 投入进行严格的概念界定。在概念界定之后，本章将在考虑机构投资者的类型和企业产权性质的基础上，分别对机构投资者整体持股、不同类型机构投资者持股与 R&D 投入的关系进行文献回顾和评述。

（一）机构投资者

机构投资者是一种非个人化的特殊的金融团体或机构。

国外对于机构投资者较为权威的定义有两种。一是美国学者 Carolyn Kay Brancato 将其解释为：对立于个人投资者，并主要由专业化人员或者机构来进行资金管理，且投资范围广泛的组织机构。然而这个定义范围略狭窄，并没有包含通过金融创新而筹集运作的资金。另一个是《新帕尔格雷夫货币金融大词典》的解释，对机构投资者是由专业人员来负责管理和运用资金进行投资，并为资金的受益者创造满意收益回报的专业化金融机构。国内对于机构投资者较为权威的定义是严杰主编的《证券词典》，其中指出，机构投资者是将自有资金或者信托资金用于证券投资活动的全体投资者。从以上定义可以看出，机构投资者都是将所持有的证券资产进行积极管理的机构。

机构投资者一般被分为狭义和广义两种。狭义上的机构投资者单纯指代理其他个人或组织，并为其进行证券投资的各种金融机构，如证券投资基金、社会保险基金、保险公司、证券公司和养老保险基金。广义上的机构投资者则被定义为，利用自身专业及规模优势，融合广大中小投资者的资金和自有资金，对其进行证券投资的法人机构，这个定义中凸显出了机构投资者的组织化与规模化。

机构投资者相较于个人投资者具有以下特征：第一，具有规范的内部治理机制；第二，能够专业化的进行资金管理和分工协作；第三，具有相对科学的投资理念及方法；第四，具有强烈的风险意识及严谨的风险管理控制。这些优

势使得机构投资者能够更加有效的捕捉市场信息，发现投资价值并通过规模化的科学管理有效地控制风险系数，为投资者获取稳定的回报。

（二）R&D 投入

研发（R&D）是研究与开发（Research and Development）的简称。不同的组织对 R&D 的定义各不相同。

经济合作与发展组织（OECD）将 R&D 定义为："为了增加知识总量并运用知识发展创造新的应用所进行的系统的、创造性的工作。"联合国教科文组织（UNESCO）对 R&D 的定义也类似于此。

国际会计准则 IAS[①]与我国《企业会计准则》对 R&D 的定义也较为相似，均是将企业内部研究活动分为研究和开发两个阶段。其中，研究阶段是指为了获取新的科技知识而进行的有计划的、创造性的实验调查；开发阶段是指将研究阶段成果应用于设计新产品或者材料、工艺等方面，为后续生产新产品或对产品进行升级改造做准备。所以，"研究"的目的是开辟新的应用，"开发"的目的是拓展科技知识，两者并不完全相同。在企业的 R&D 活动中，研究阶段的支出予以费用化，计入管理费用；开发阶段中所发生的支出，如果满足技术可行、意图明确、结果有用三个条件，则予以资本化，计入开发支出，不符合条件的计入管理费用。

企业 R&D 投入是指 R&D 活动中相关人力、物力和财力的投入，本章中的 R&D 投入主要是指与 R&D 活动相关的 R&D 资金投入。

三、国内外研究动态

国外资本市场成立较早，发展较为成熟，因此，国外学者对机构投资者与 R&D 投入之间的关系作了较多研究，而国内学者由于研究起步较晚、数据缺乏等原因，在 21 世纪初才开始相关的实证研究。因此，本章拟以机构投资者为切入点，研究中国资本市场上机构投资者持股对 R&D 投入的影响。而在企业不同的产权性质下，机构投资者持股对 R&D 投入的影响亦有不同。故下面主要围绕以上两个方面进行文献回顾与评析。

---

① 国际会议准则，现一般称为国际财务报告准则（IFRS）。

（一）机构投资者持股与 R&D 投入

由于不同机构投资者投资规模、投资偏好不同，国内外学者对机构投资者的研究通常按照整体和分类进行，故下文综述也按照整体和分类这两部分回顾：

1. 机构投资者整体与 R&D 投入的关系。机构投资者作为一种公司外部治理机制的有效补充，已经为许多学者所关注。在研究机构投资者与研发投资关系方面，学者之间意见不一，主要有以下两种观点：

（1）机构投资者持股对 R&D 投入没有促进作用。该观点认为，机构投资者持股对 R&D 投入有消极影响，呈现负相关关系。即机构投资者并非长期性投资者，他们过于关注企业短期利益因而被称作"短视"投资者。这与机构投资者自身的发展历史有关。机构投资者起源于 20 世纪 50 年代，由于资本市场的发展不够完善，相关的法律政策尚未健全，机构投资者参与治理的成本偏高因而采取消极态度，主要通过发行价差和证券波动趋势，采取低买高卖的投机行为来获利。这一现象在当时的研究中有所体现。20 世纪 60～80 年代，德国和日本经济发展迅速，其增长速度大大超过美国，Poter 和 Summers（1992）、Miles（1993）试图寻找出这种差异的产生因素，研究发现，在美国金融市场上，机构投资者占据主导地位，其注重短期业绩回报的投机行为造成企业管理层的短视决策和机会主义行为，迫使企业管理层削减长期资本投资来进行盈余管理，影响企业研发活动的进行。Graves（1988）对美国 20 世纪 70 到 80 年代中期计算机制造业公司进行了研究，结果表明机构投资者持股对 R&D 投入有负面效应，支持了这一观点。Dertouzos（1989）同样也指出，机构投资者面临着业绩考核的压力和职务升迁的需要，因而他们更多关注企业的短期利润，以此作为投资标准来满足自身的利益。他们对于拥有良好前景但目前盈利没有起色的企业缺乏耐心，当企业短期内利润下降时，他们趋于采取"华尔街准则"，"用脚投票"抛售公司股票，这样会使得公司股价下降，在这种压力下，公司管理层倾向于努力维持股价，他们只能选择减少长期性投资保持企业的利润不会下降，以满足机构股东的需要。Samuel（1996）的研究表明，机构投资者无法获得充足的企业内部信息，难以评估企业的长期价值，也没有企业管理的经验和能力，因而没有足够的经验和能力参与公司的治理与发展来获得长期回报，而 R&D 活动是一种长期性投资，短视的机构投资者倾向于关注获利更快的短期项目，所以会抑制 R&D 活动的进行。

（2）机构投资者持股对 R&D 投入有促进作用。该观点认为，机构投资者持股对 R&D 投入有积极效应，呈现正相关关系。随着西方政府管制的放松，机构投资者获得了长足的发展，凭借其先天的资金优势和在信息收集与处理方面的专业能力，机构投资者开始拥有更成熟的投资经验和更长远的眼光，积极主动的参与到公司治理中，主要的方式有提交股东提案、委托投票权、与管理层私下协商等。Jarrell 和 Lehn（1985）选取了研发密集的计算机行业中 324 家公司进行实证研究，结果发现，机构投资者与研发投入是正相关关系。Holdemess 和 Sheehan（1988）通过研究则发现，由于先天的资金优势，在规模化的投资下，机构投资者会逐渐扩大其持股份额，继而容易被企业所"绑定"，"退出"策略的实施成本不断增大，于是他们拥有充足的动机来使用"发言权"，并发挥自己的优势来影响管理层的长期决策，包括对 R&D 活动的投入策略，以维持自身利益。Monks 和 Minow（1995）也通过实证检验得出了相似的结论，即机构投资者持股比例越高，其监督并影响企业对长期投资决策的动机越大。Bushee（1998），Mary 和 Werner（1998）通过实证检验表明，机构投资者持股可以抑制管理者通过调整 R&D 活动预算来进行盈余管理的行为，机构投资者比例越高，企业管理者通过减少 R&D 支出来扭转盈余的行为发生率越低。David 等（2001）通过研究发现，机构投资者的积极主义对提高 R&D 投入有效。任海云（2009）在研究中指出，机构大股东对于 R&D 投入强度显著正相关，我国的机构投资者不再是短视投资者，不再单纯追求短期价格波动利益。王斌，解维敏和曾楚宏（2011）也进行了实证检验，近二十年来我国机构投资者是一股重要的影响力量，也获得了更多的权利和方式来参与到公司内部治理当中，因而能够激励管理者加大 R&D 投入、追求公司的长期价值。

2. 异质机构投资者与 R&D 投入的关系。在资金规模、风险偏好等方面，不同类型的机构投资者存在着诸多差异，其参与公司治理的程度也会有所不同（Black，1992）。因此，在研究机构投资者持股与 R&D 投入的关系时也有必要将机构投资者按照其性质进行分类。

国外对机构投资者的分类依据没有定论。Brickley 等（1988）根据机构投资者与被投资企业是否存在商业联系，将机构投资者分为两种类型：压力敏感型和压力抵抗型。压力敏感型机构投资者是指与被投资企业存在商业联系，因而无法充当独立的企业外部治理人，难以在公司治理中产生有效的监督作用，还可能成为企业管理层掠夺公司资源的"合谋者"，对企业的长期投资会有抑制作用；压力抵抗型机构投资者与被投资方不存在商业利益的关系，仅有投资关系，因而不会被利益关系束缚，能够客观地参与公司治理，积极地监督R&D 决策，进而影响 R&D 投入强度。Kochhar 和 David（1996）选择用新产品开发数量表示研发创新水平，结果发现仅压力抵抗型机构投资者对 R&D 投资具有正向促进作用。Bushee（1998）等将机构投资者分为勤勉型、短暂型和准指数型机构投资者，并指出短暂型机构投资者对 R&D 支出有抑制作用，因为他们会为了实现短期利益而迫使企业管理者减少 R&D 支出投资，而勤勉型机构投资者与短期投资者的行为相反，会监督并且促进管理者加大 R&D 投资的力度。Shackell 和 Eng（2001）发现，作为一个整体时，机构投资者持股对企业 R&D 活动具有显著的作用效应，然而对机构投资者进行分类之后，并没有发现其对创新有差异性的影响。Berrone 等（2005）对金融企业和非金融公司进行研究指出，非金融公司对 R&D 投入有微弱的正相关关系，银行机构却对R&D 投入有消极的影响。Le 等（2006）研究显示，对于快进快出和长期持有的机构投资者，均可以对 R&D 投入与企业业绩之间的关系显著加强。Rim 和Ghazi（2010）针对美国、法国、日本的不同类型机构投资者进行了比较，发现银行、共同基金、养老基金等机构投资者对 R&D 投入的影响各有不同，积极的机构股东可以提高 R&D 投入，相对于非代理型机构投资者积极主义，代理型机构投资者积极主义对于提高 R&D 强度更加有效。

在国内，赵洪江等（2009）通过实证研究检验，发现开放式基金、封闭式基金与 R&D 投入强度显著正相关。夏晖和赵洪江（2009）对 2003～2007 年308 家上市公司进行实证研究，发现开放式基金和封闭型基金这些压力抵抗型机构投资者对研发投资有积极促进作用，而机构投资者整体持股、保险公司和证券公司等与 R&D 投资强度之间没有显著的相关关系。这种结果可能与我国特定的政治背景和企业股权性质相关，因探究我国机构投资者持股对 R&D 投入的影响时，有必要将企业性质纳入参考因素之中。

（二）产权性质、机构投资者与 R&D 投入

我国目前处于转轨经济时期，社会主义市场经济体制正在逐步完善。为了帮助国企改制而成立了中国股市，我国大部分上市公司均来自于国企改制，国有企业居主导地位，在这种特定的背景之下，国有企业和非国有控股企业在投资与筹资方面存在着较大差异。2006 年的股权分置改革虽然解决了国有股和国有法人股的流通问题，但我国仍然存在着突出的国有股权和控制权的高度集

中现象。国有企业的决策受到行政上的诸多干预，同时国有企业的经营目标并不完全在于取得经济利益的最大化，因此政府选定的代理人在进行决策时并不完全关注经济效应，更多的是关注社会与政治效应。同时，由于其聘任与升迁也主要考虑经济效益以外的政治效应与社会效应，因而国有产权的代理人面临较小的市场压力。相反，机构投资者作为资本市场上的投资机构，追求的是长期收益与回报，在这一点上与国有企业有所矛盾，另外，机构投资者作为股东对国有企业缺乏话语权，难以对国有企业的内部治理及投资决策施加影响，所以，机构投资者对于企业的监督权利受到影响（Qian，1994）。

刘三林和孟凡萍（2000）、夏冬林（2003）通过研究发现，国有股一股独大在很大程度上影响了政府对 R&D 投资的促进作用，对其造成了一定的负面影响。吴延兵（2003）通过实证检验得出，不同性质的产权结构对 R&D 投资具有不同的激励作用，界定清晰的产权结构对 R&D 投资有正向促进作用。文芳（2008）利用中国上市公司 1999～2006 年的 R&D 数据进行实证研究，也证实了私有产权对 R&D 投资的激励作用最强，而国有资产管理机构控股的激励作用最弱，中央直属国有企业控股和地方所属国有企业控股的激励作用介于二者之间。赵洪江等（2008）、卢丹和陈海声（2010）、任海云（2010）的研究也支持了上述结论，即机构投资者对于非国有企业中 R&D 活动相比于国有企业给予了更多的支持，也促进了其 R&D 投入力度。

当然也有学者的研究得出了相反的结论。刘星、白艺昕和安灵（2008）通过研究发现，上市公司 R&D 投入普遍存在较强融资约束，国有上市公司的 R&D 强度显著高于非国有上市公司。刘胜强和刘星（2010）的研究中，则否定了不同产权性质的企业中 R&D 投入强度存在显著差异。

由以上文献可以看出，大部分学者认为企业性质对 R&D 投入有着重要影响。而学者在考虑企业性质的条件下研究机构投资者与 R&D 投入关系则较少。温军和冯福根（2012）选取了 2004～2009 年的 923 家上市公司进行实证研究，结果显示，证券投资基金对于国有企业的创新活动具有负效应，且其负效应比民营企业强。蒲文燕（2013）在对 2007～2010 年沪深两市上市公司的研究中发现，相较于国有企业，机构投资者对民营企业的 R&D 投入具有更强的促进作用。

（三）研究动态评析

由以上文献的回顾可以发现，关于机构投资者持股和 R&D 投入关系的问题，国内外学者没有取得一致的意见。一方面，大部分国内外学者认为，在机构投资者持股与研发投入的关系上，机构投资者整体持股对企业 R&D 投入有正向的积极作用。异质的机构投资者对于 R&D 投资的作用效应却有很大差异。另一方面，不同的企业性质时对于企业 R&D 投资的影响也有所不同。一般认为，在国有企业 R&D 活动的促进作用不如非国有企业。造成以上结论的原因可能有以下几点：

第一，地区差异造成各国的政治环境、经济体制及相关市场发展程度的不同。西方的资本市场发展较为完善，因此对机构投资者的研究也较早，我国从 20 世纪 90 年代开始，机构投资者才得到较大的发展，故而在这方面研究较少。同时在我国特有的经济转轨时期，机构投资者的发展必然会受到经济体制的影响而呈现出与西方机构投资者不同的特征。比如在我国机构投资者中，证券投资基金一股独大。

第二，我国大部分学者对于机构投资者的研究中，都是将其作为一个整体研究，而没有将机构投资者进行具体分类，忽视了因为投资规模、投资风格和风险偏好等特性的不同，异质的机构投资者对 R&D 活动有不同的选择。

一方面，在我国政策的积极推行和市场经济体制的逐步完善下，中国机构投资者的力量正在逐渐壮大，机构投资者会越来越多地渗透到企业当中，影响企业的治理行为。另一方面，R&D 创新活动对企业乃至国家的重要性也是不言而喻的，创新是提高国家综合实力的关键支撑，引领者社会生产和生活方式的巨大变革，创新驱动将成为新常态，推动国家经济发展，也为企业注入源源不断的活力。当前我国的 R&D 投入呈现逐年增加状况，但是 R&D 绩效相对于支出却略显不足。因此企业对于如何有效配置研发资金并提高其使用效率是一个值得研究的话题。机构投资者作为外部股东，介于企业大股东和外部中小股东之间，对企业的公司治理有重大影响，是一种有效的治理结构安排。机构投资者对于企业所有权结构的丰富，也应该能够影响到企业 R&D 资金的配置及利用效率。

通过以上文献发现，对于我国机构投资者对于 R&D 投入影响的研究较少结合企业产权性质，更少有研究在对机构投资者根据不同特征进行分类的情况下，考虑不同的企业性质，来研究其对 R&D 投资的影响。因此本章将二者结合，来研究在中国当前特殊的环境背景下，机构投资者整体和异质机构投资者分别将 R&D 投入的影响到底是促进作用还是负面或者无效的作用，为企业增加 R&D 投资提供新的途径。本书选取制造业和信息技术业上市公司的样本，拟从两个方面来探讨：第一，机构投资者整体持股和异质机构投资者对 R&D 投入的影响分别如何。第二，不同产权性质下机构投资者对 R&D 投入影响如何，有利于为主板上市公司 R&D 决策提供经验借鉴，并为政府制定相关的引导政策提供理论依据。

四、机构投资者与 R&D 投入理论分析

在当今知识经济背景下，不论是国家还是企业都亟须通过创新提升核心竞争力，而增加 R&D 投入强度是提高创新能力的基石。良好的公司治理结构可以有效缓解两权分离带来的委托代理问题，抑制经营者的机会主义和短视行为，从而促进研发活动的进行。机构投资者作为公司治理的一个环节，理应对研发投入有着一定的影响。本章将在我国机构投资者和 R&D 投入现状分析的基础上，借鉴委托代理理论和技术创新理论，在理论上分析上市公司的机构投资者与 R&D 投入的关系并在理论分析的基础上提出本书的研究假设。

（一）我国机构投资者与 R&D 投入现状

20 世纪 90 年代初，我国证券市场除了证券公司以外基本上不存在真正意义上的机构投资者。1997 年《证券投资基金管理办法》的颁布，才逐渐拉开机构投资者序幕。经过近 20 年发展，在规模、数量和种类上机构投资者均取得了较大发展，成为我国证券市场的中坚力量。截至 2011 年底，机构投资者持股比例占已上市 A 股流通市值之比首次超过一半，成为 A 股市场的"控股股东"。由此可见，机构投资者正在逐步成为我国证券市场的主导力量。

1. 机构投资者整体描述。我国机构投资者的发展大致经历如下三个阶段：

第一阶段，1996 年之前：萌芽时期。这个时期属于机构投资者萌芽状态，证券市场以个人投资者为主，机构投资者仅出现了证券公司，证券公司是当时机构投资者的主体。但由于规模、资金等方面的限制，同时缺乏法律政策的支持，机构投资者难以获得发展。

第二阶段，1996 ~ 2004 年：发展时期。这个时期随着国家一系列政策的颁布，我国机构投资者开始步入了发展阶段。1997 年 11 月 4 日，全国第一个基金管理法规《证券投资基金管理办法》颁布，标志着机构投资者发展的开端。1998 年，20 亿元人民币规模的两只封闭式黄金——基金开元和基金金泰

在网上发行。封闭式基金代表着我国证券市场上最早的具有专业优势的机构投资者。2000 年，借鉴国外机构投资者发展经验，中国证监会首次明确提出超常规发展我国机构投资者，同时辅之以一系列法规措施。同年 10 月 8 日，发布并实施了《开放式证券投资基金试点办法》。2001 年中国开放式基金成立，2002 年 QFII 获得批准允许进入中国市场，2003 年社保基金正式入市，2005 年保险公司也正式进入股市，机构投资者逐渐开始向多元化方向发展。在这一时期，机构投资者的主体是证券投资基金，其他类型机构投资者开始出现但少有发展。

第三阶段，2004 年至今：壮大时期。这段时期我国机构投资者队伍不断壮大，逐步成为证券市场上的一股重要力量。2004 年，国务院继续明确指出，在保证证券投资基金稳定发展基础之上，努力推进社保基金、养老基金和保险基金逐步进入资本市场的比例，促使机构投资者保持多元化发展。这一政策标志着我国机构投资者进入快速发展的新阶段。同年 10 月，为保险资金获得批准进入资本市场。11 月，中国证监会发布的《关于企业年金基金证券投资有关问题通知》也为企业年金进入资本市场开启了阀门。近二十年来，随着我国资本市场的改革及对机构投资者入市限制的放松，我国机构投资者发展迅速，已形成多元化的共同发展格局，已成为我国资本市场稳定发展的重要力量。

表 6 - 1 和表 6 - 2 根据我国证券市场上各类机构投资者持股市值的变化，表明了我国机构投资者 1998 ~ 2010 年的发展情况。

表 6 - 1　　　　　　　机构投资者 1998 ~ 2010 年持股市值变化　　　　单位：亿元

年份	基金	QFII	信托公司	社保基金	券商	保险公司	银行	财务公司	企业年金
1998	0.6	0	0	0	0	0	0	0	0
1999	9.9	0	0	0	0	0	0	0	0
2000	64.0	0	0	0	0	0	0	0	0
2001	18.7	0	0	0	0	0	0	0	0
2002	145	0	0	0	0	0	0	0	0
2003	985.3	13.8	21	14.3	172.6	0.2	0.5	4.6	7.0
2004	1587.1	31.2	13.7	41	108	0	0.1	3.3	3.2
2005	1725.7	105.7	9.4	80.0	98.4	35.3	0.1	2.9	2.1
2006	5169	337.4	36.9	230	99.5	346.9	0.5	12.2	0

续表

年份	基金	QFII	信托公司	社保基金	券商	保险公司	银行	财务公司	企业年金
2007	23972.4	293.8	237	181.8	376	996.6	24.4	53.1	0.1
2008	8970.8	207.1	166.8	102.1	92.1	505	86.8	29.5	2.1
2009	18834.1	558.9	419.8	338.4	243.5	890	133.6	86.7	6.7
2010	17684.2	650.5	529.8	427	379.3	5368	134	99.8	20.5

表 6 - 2　　　　　　　机构投资者持股占可流通 A 股市值比例　　　单位:%

年份	基金	QFII	信托公司	社保基金	券商	保险公司
2003	6.7	1.1	0.2	0.9	2.2	0
2004	6.8	2.5	0.1	1.0	1.6	0
2005	6.5	1.6	0.1	1.0	1.8	0.4
2006	14.7	3.1	0.2	2.4	1.6	1.5
2007	55.8	4.6	0.2	4.3	4.7	1.1
2008	23.6	1.8	1.1	1.2	1.5	2.1
2009	15.6	3.2	2.3	1.7	1.5	3.3
2010	11.4	3.2	2.4	2.0	1.9	5.3

由表 6 - 1 可知，2003 年以前，机构投资者主体是证券投资基金，其他类型机构投资者还未开始发展进程。2003～2007 年，各类机构投资者的持股市值都在逐年增加，说明我国机构投资者发展迅速且呈现多元化发展。其中，从表 6 - 2 知，证券投资基金占可流通 A 股市值的比例达到了 55.8%。2008 年各类机构投资者持股市值相对下降。这可能是受到 2008 年全球金融危机的影响。从 2009 年开始，各类机构投资者持股不断回升。目前，证券投资基金仍占据我国证券市场的主导地位，其次是保险公司，银行、财务公司、企业年金持股市值很小。虽然我国机构投资者获得了较大的发展，但无论是在规模还是投资理念上，与成熟发达的资本市场相比，仍然差距很大。在西方资本市场上，机构投资者所持股份达到了 60% 以上，个人投资者退居其次，专业化的机构投资者资本市场的主导力量，然而中国的市场仍然是以个人投资者为主。由此可知，我国机构投资者的发展还存在相当大的空间。

2. 我国机构投资者分类描述。目前我国证券市场上机构投资者呈现多元化发展。下面对主要的六类机构投资者进行分类描述：

第一，证券投资基金。证券投资基金在我国证券市场上先行发展起来的。1997 年 11 月 4 日，全国第一个基金管理法规《证券投资基金管理办法》颁布，开启了证券投资基金规范发展之路。2004 年出台的《中华人民共和国基金法》为证券投资基金的发展提供了国际化与市场化的平台。目前是我国证券市场上发展最快、规模最大的机构投资者。证券投资基金是我国最为理性的投资群体，它采用一种共担风险同享利益的集合方式，将投资者的资金交于基金托管人托管。证券投资基金拥有雄厚的资金实力和丰富的专业知识，以价值投资为主要投资理念。由表 6 - 2 可知，2008 年证券投资基金占可流通 A 股市值的比例曾一度达到了 55.8%。截至 2011 年底，我国设立基金 476 只，其中开放式基金占全部基金资产净值比例到达了 96.88%。

第二，社保基金。社保基金对于一个国家具有重要意义，是依据国家法律的规定向社会公众筹集的专项资金，用于受保险人在失业、疾病、伤残、生育和失业时需要支付的基本生活和医疗需要。出于稳定性和追求长期回报的特点，社保基金趋于运用审慎的管理办法来投资所获取的资金，因此也会更加关注企业经营和治理状况，积极地参与公司治理。社保基金我国的社会保险体系在不断完善，社保基金的总额也将随之增大。我国社保基金于 2003 年正式进入资本市场。截至 2011 年底，我国社保基金数量已达 356.44 亿股，投资额达 651 亿元，是 2009 年社保基金投资额的 4 倍。

第三，合格境外机构投资者。简称 QFII，起源于外汇市场，是将外汇资金在有关规定和限制下转换为当地货币并投资于当地证券市场，这个过程必须在严格的监管之下进行，经过批准后其获得的利得与股息可通过外汇汇出。由于注重长期投资，QFII 有足够的能力与动机参与企业的经营与治理。我国于 2002 年引入 QFII，相关法律也对此设置了较高门槛。据统计所知，自 2009 ～ 2011 年，我国 QFII 数量不断增加，其投资额也不断加大。截至 2011 年底，我国已有 85 家 QFII，其投资额达到 547 亿美元，占当年沪深两市流通总市值的比例达到 4.2%。

第四，证券公司。是我国最早一类机构投资者，亦称综合券商，是指经过证券监督管理机构批准、按照法律规定依法从业证券经营的有限责任公司或股份有限公司。2001 年证监会发布《关于证券公司受托投资管理业务的通知》，取消了在注册投资资本上的限制，证券投资基金获得了很快发展。但是，证券公司持有份额较低，其占可流通 A 股市值比例在 2010 年仅为 1.9%。在我国，目前很多券商投资品种陷入流动性不足境地，其虽然注重研究，但研究与投资脱节，更多地停留在仅有投资思路与模式上。

第五，保险公司。保险公司是指依据法律或者合同规定，通过收取保险费用来偿付保险事故中的经济损失或人身伤亡的一种专项基金。我国自 2005 年开始批准资金进入证券市场，2009 年保监会颁布了两项标准文件鼓励保险公司的大力发展，为大型保险公司提供发展空间，激励具备条件的中小型保险公司入市发展。我国保险公司自 2009～2011 年在数量和总资产上均有所增加，总资产额从 2009 年的 40634 亿元上升到 2011 年的 60138 亿元。

第六，信托基金。我国于 1979 年出现了第一家信托投资机构，然而由于法律上的缺失，直到 2001 年，我国信托制度才初步建立。2001 年信托基金经批准允许从事基金投资业务。在我国，最接近美国产业投资基金形态的金融产品就是信托公司开发的信托基金。信托基金的发展弥补了企业不能发行债券、股票的不足，丰富了企业的融资渠道，也为投资者提供了一种价值投资的渠道，使得投资者分享了中国经济增长的成果。

（二）我国 R&D 投入分析

1. 我国 R&D 经费投入分析。随着科学技术的不断进步和知识经济的深入人心，R&D 创新活动变得越来越重要，也备受各国政府的重视，对 R&D 活动不断加大投入的力度。本章搜集了 2000～2012 年以来，我国在 R&D 活动上的经费支出数据，该统计结果发现，我国对于 R&D 经费的投入逐年增加，12 年间增加了约 10.50 倍，从 2000 年的 896.00 亿元增加到了 2012 年的 10298.40 亿元，这反映出我国对 R&D 活动的重视程度。整理结果如表 6 - 3 所示。

表 6 - 3　　　　　　　　2000～2012 年我国 R&D 活动支出情况

年份	全国 R&D 活动总经费（亿元）	全国 R&D 总经费/国内生产总值（%）
2000	896.00	1.00
2001	1042.50	1.10
2002	1287.60	1.23
2003	1539.60	1.31
2004	1966.30	1.23
2005	2450.00	1.32
2006	3003.10	1.39

续表

年份	全国 R&D 活动总经费（亿元）	全国 R&D 总经费/国内生产总值（%）
2007	3710.20	1.40
2008	4616.00	1.47
2009	5802.10	1.70
2010	7062.60	1.76
2011	8687.00	1.84
2012	10298.40	1.98

在国际上，当一个国家 R&D 支出与国内生产总值的比例达到 2% 时，一般认为这个国家具有一定的创新能力。据统计，我国在 2000～2011 年间，R&D 支出与国内生产总值的比例总体上呈上升的趋势，增幅虽然比较大，但还是没有达到国际上普遍认定的 2.0% 的标准。而在发达国家，R&D 支出占国内生产总值的比重不低于 2%，普遍在 2.5% 左右或者更高，由此可见，我国与世界创新的平均水平还存在着较大的距离，尤其与美国、德国等发达国家相比差距较大，所以，我国的 R&D 支出还有待提高。

表 6-4　　　　　　世界主要国家的 R&D 投入与 GDP 之比　　　　单位:%

国家/地区	2004 年	2005 年	2006 年	2007 年	2008 年	2009 年	2010 年	2011 年
中国	1.23	1.32	1.39	1.40	1.47	1.70	1.76	1.84
澳大利亚	2.24	2.46	2.44	2.51	2.67	2.71	2.79	2.75
加拿大	2.07	2.04	2.00	1.96	1.92	1.94	1.85	1.74
丹麦	2.48	2.46	2.48	2.58	2.85	3.16	3.07	3.09
芬兰	3.45	3.48	3.48	3.47	3.70	3.94	3.90	3.78
法国	2.16	2.11	2.11	2.08	2.12	2.27	2.24	2.25
德国	2.50	2.51	2.54	2.53	2.69	2.82	2.80	2.84
意大利	1.09	1.09	1.13	1.17	1.21	1.26	1.26	1.25
日本	3.13	3.31	3.41	3.46	3.47	3.36	3.26	—
韩国	2.68	2.79	3.01	3.21	3.36	3.56	3.74	—
西班牙	1.06	1.12	1.20	1.27	1.35	1.39	1.39	1.33
瑞典	3.58	3.56	3.68	3.40	3.70	3.60	3.39	3.37
英国	1.69	1.72	1.74	1.77	1.78	1.84	1.80	1.77

续表

国家/地区	2004 年	2005 年	2006 年	2007 年	2008 年	2009 年	2010 年	2011 年
美国	2.55	2.59	2.65	2.72	2.86	2.91	2.83	2.77
欧盟	1.73	1.74	1.76	1.77	1.84	1.92	1.91	1.94
全球	2.18	2.22	2.26	2.29	2.36	2.41	2.38	—

2. 企业 R&D 经费投入分析。由以上统计发现，我国 2000～2012 年 R&D 经费投入虽然每年都在不断地增加，但是 R&D 投入与国内生产总值的比值与国际水平相比，仍有着较大的差距。下面将从企业的角度出发，分析我国企业中企业 R&D 投入的具体状况。由表 6 - 5 可知，我国企业 R&D 支出占全国 R&D 总经费的比重从 2000 年的 60.33% 增加到了 2012 年的 76.15%，R&D 投入在 12 年间总体呈现上升趋势，年均增长率为 18.68%，说明我国企业在国家创新投入中的主体地位不断加强。前已述及过，企业是创新活动的微观主体，所以研究企业的 R&D 活动更显必要。

表 6 - 5　　　　　　　　**2000～2012 年我国企业 R&D 支出状况**

年份	全国 R&D 总经费（亿元）	企业 R&D 总经费（亿元）	企业 R&D 总经费占比（%）
2000	896.00	540.60	60.33
2001	1042.50	630.00	60.43
2002	1287.60	787.80	61.18
2003	1539.60	960.20	62.37
2004	1966.30	1314.00	66.83
2005	2450.00	1673.80	68.32
2006	3003.10	2134.50	71.08
2007	3710.20	2681.90	72.28
2008	4616.00	3381.70	73.26
2009	5802.10	4248.60	73.23
2010	7062.60	5185.50	73.42
2011	8687.00	6579.30	75.74
2012	10298.40	7842.20	76.15

（三）R&D 投入的作用机理与研究假设的提出

1. 机构投资者对 R&D 投入的影响。机构投资者的兴起以及在资本市场上的作用日益强大是大家共同的认识。但关于机构投资者对于 R&D 投入的影响，学者们意见不一。主要观点有消极和积极两种。

第一种观点认为，机构投资者持股对于企业 R&D 投入有消极影响。这种观点下的机构投资者注重短期业绩回报。在业绩考核压力和职务升迁的需要之下，机构投资者以企业的短期利润作为最重要的评价标准。对于具有创新性的公司，机构投资者会因其暂时的盈利不佳而持谨慎态度甚至低估其价值，当出现盈利下降的现象时，他们倾向于使用"华尔街准则"，抛售企业股票，这样会造成股价下滑。企业管理层为防止股价下降势必采取削减长期投资的方法来维持短期内的利润，以满足机构投资者的需求。所以短视主义的机构投资者持股比例越高，企业的管理者削减 R&D 投入以维持短期高额盈利的可能性越大。在此种观点下，机构投资者的持股比例与公司 R&D 投入是负相关的。第二种观点认为，机构投资者有能力也有充足的动机去监督企业管理层，是积极的投资者。随着西方政府管制的放松，机构投资者获得了长足的发展，凭借其先天的资金优势和在信息收集与处理方面的专业能力，机构投资者开始拥有更成熟的投资经验和更长远的眼光，积极主动地参与到公司治理中，主要的方式有提交股东提案、委托投票权、与管理层私下协商等。同时，由于其投资的规模优势，机构投资者会逐渐扩大其持股份额，继而容易被企业所"绑定"，"退出"策略的实施成本不断增大，鉴于这种潜在的损失，他们会倾向于放弃"用脚投票"，选择开始"用手投票"。由此可见，机构投资者拥有充足的动机来使用"发言权"，并发挥自己的优势来影响管理层的长期决策，包括对 R&D 活动的投入策略，以维持自身利益。在这种观点下，机构投资者持股和公司 R&D 投入应该是正相关的。

随着我国股权分置改革的完成，我国上市公司的股权结构由分散逐渐发展为相对集中。上市公司面临的委托代理问题不再仅仅是所有者与经营者的矛盾，还包括外部投资人与控股股东及管理层的矛盾。近年来我国机构投资者获得了一定发展，成为介于大股东和小股东的中间力量。一方面，机构投资者正逐渐发展成为我国证券市场上具有重要影响力的投资者；另一方面，由于持股规模的扩大，机构投资者对企业的话语权也相应增大，作为重要的外部制约力量，开始积极地参与公司治理中，结合自身在专业、资金和规模上的优势，促进企业长期投资的进行，如 R&D 活动。因此，机构投资者基于追求长期回报的目的，有足够的动机来积极参与公司治理，进而影响 R&D 活动的进行。通过以上分析，本章提出假设 1：

假设 1：机构投资者整体持股对上市公司 R&D 投入产生正向作用。

不同类型的机构投资者由于投资规模、偏好和理念的不同，对被投资企业所施加的影响也不一致。前已述及，国外对机构投资者的分类主要有以下几种方法：

第一，根据机构投资者与被投资企业商业联系的程度，将其划分为压力抵抗型和压力敏感型机构投资者。压力抵抗型机构与被投资企业几乎不存在着商业上的联系，二者仅是投资与被投资关系，因而对于被投资企业的经营活动和投融资决策能够保持客观独立性，不被其影响，因而能够较好地发挥监督作用；压力敏感型机构与之相反，除了与被投资企业保持投资关系外，还存在额外的商业关系，为了维持这种关系，他们容易对被投资企业管理层表示顺从，故而难以发挥出监督效应。

第二，根据机构投资者的交易频率，划分为长期型和短期型机构投资者。长期型机构投资者偏好长期价值投资，因而其交易不会过于频繁；而短期型机构投资者追求投资多样化和短期快速盈利，所以会频繁的买卖手中持有的证券。

第三，根据持股时间和持股比例大小来划分，持股时间较长且股数较多的机构倾向于积极治理企业，而持股时间较短且股数较少的机构则倾向于消极地应对企业各项决策。

第四，根据监督成本的大小来划分，当监督成本较高时，机构投资者采取消极态度应对，当监督成本降低，机构投资者愿意积极地参与公司治理活动。

由于我国对机构投资者的研究起步较晚，国内的学者基本也采用以上几种方法对机构投资者进行分类。本章中，考虑到我国发展至今多元化的机构投资者类型以及它们各自的特性和方法，采用第一种分类方法，将其划分为压力抵抗型和压力敏感型。压力抵抗型机构投资者与被投资对象一般只有投资关系而没有商业联系，相对比较独立。他们不用顾虑可能受到的商业打压和惩罚，不仅不会轻易受到经营者所影响，相反敢于质疑和反对经营者的各种决策。Borokhovicli（2006）研究表明，独立机构投资者能够发挥积极的监督作用，有利于企业的长期研发投入。所以压力抵抗型机构投资者为了维护自身的投资利益，降低投资风险，他们有着强烈的动机来参与公司治理，关注公司的内部架构、关联交易乃至研发决策，并可以通过私下沟通、提交股东提案、征集委托投票权、公开建议和股东诉讼等多种方式和途径来影响企业研发决策。压力敏感型机构投资者与被投资对象存在紧密的商业联系。被投资企业可以利用这种关系，对违背其偏好的机构投资者进行商业打压和惩罚。压力敏感型机构投资者出于自身利益的考虑可能会选择支持经营者的决策以表示顺从和妥协，参与公司治理的积极性会受到一定的限制，从而对公司的长远发展与创新决策难以产生有效的影响。因此，提出假设 2a 和假设 2b：

假设 2a：压力抵抗型机构投资者持股对企业 R&D 投入产生正向作用。

假设 2b：压力敏感型机构投资者与企业 R&D 投入之间没有显著相关关系。

2. 不同产权性质下机构投资者对 R&D 投入的影响。我国企业的产权性质可以划分为国有与非国有两类。企业产权性质对 R&D 投入有一定的影响。国有企业对 R&D 活动有抑制的作用。第一，国有企业的目标函数是多元化的，追求经济效益最大化并非国有企业的第一目标，它更加注重自身经营所带来的社会效应和政治效应。国有企业的重大决策中，要考虑到多方面的影响和后果，并非只关注盈利状况，因此必然会受到政府的诸多干预和约束；第二，国有企业的管理层多是由政府选择，其职业上更多的是采取审慎性原则，规避可能带来损失的项目，而 R&D 活动具有一定风险性，对 R&D 进行投入并不一定能带来回报，因此国企的管理层可能倾向于控制 R&D 的投入，这样能够在一定程度上维护他们在职期间国有企业的稳定性。

机构投资者是将筹集的公众资金进行证券投资的金融机构，所以其目标必然是为众多投资者追求投资收益最大化。对于机构投资者来讲，如果投资对象是国有企业，一方面，在基本目标上，机构投资者与国有企业是有所冲突的；另一方面，机构投资者不具备足够的话语权来对话国有企业的管理层，难以对其经营过程和相关决策施加影响，监管的成本过高。而且国有企业拥有着丰富的资源和关系，在市场竞争中具有优势，这使得国企的管理层更少关注 R&D 投资。这种情况下，机构投资者可能采取消极方式，不会对国有企业发挥有效的监督作用。而如果投资对象是非国有企业，二者在基本目标上保持一致，同时没有政府的过多干预和约束，机构投资者能够拥有更多的权利和方式来参与公司治理，并对企业经营和决策提供意见和建议，并且支持企业的长期投资项目，能够发现积极的监督效应。因此，提出以下假设：

假设 3a：就全体机构投资者而言，其在非国有控股企业中对研发投入有显著的促进作用，而在国有企业中对研发投入没有显著影响。

根据机构投资者与被投资企业之间是否存在紧密商业联系，将机构投资者分为压力敏感型和压力抵抗型机构投资者两类。

对于压力抵抗型机构投资者而言，一方面，其与企业之间不存在紧密的商业联系，可以保持相对的独立，从而不会被企业管理层的偏好所干扰，能够客观地发挥自己对企业的监督作用；另一方面，在目标价值函数上，机构投资者与非国有企业是保持一致的，均以追求经济效益最大化为目标，同时也不存在与非国有企业之间缺乏足够话语权的情况，因此压力抵抗型机构投资者对于非国有企业的研发投入能产生积极影响。而相反，由于国有企业的特殊性质，压力抵抗型机构投资者与国有企业之间目标函数存在偏差，同时受到政府方面诸多干预和约束，因而难以对国有企业的公司治理发挥积极作用，对研发活动难以施加积极影响。

对于压力敏感型机构投资者而言，由于与被投资企业之间存在紧密的商业联系，不管被投资企业是国有企业还是非国有企业，作为外部治理人它都缺乏相对的独立性，难以有效地表达其对被投资企业的意见和建议，为了保持与企业持久的商业联系而容易被企业内部管理层的意见所左右，因此无法发挥积极的治理作用，对研发投入也难以施加影响。据此，提出以下两个假设：

假设 3b：压力抵抗型机构投资者在非国有控股企业中对研发投入有显著的促进作用，而在国有企业中对研发投入没有显著影响。

假设 3c：压力敏感型机构投资者无论是在非国有企业还是国有企业中，对研发投入均无显著影响。

五、机构投资者持股与 R&D 投入的实证分析

在回顾了学者们的研究成果，通过技术创新理论和委托代理理论进行分析并提出相应假设的基础上，本章收集了沪、深两市主板上市公司 2009～2013 年的 R&D 数据对机构投资者持股、R&D 投入之间的关系进行了实证分析。

（一）研究设计

1. 样本选择与数据来源。首先明确本章选择制造业与信息技术行业的原因：我国的不同行业对 R&D 活动的重视程度各不相同。据罗婷（2009）研究，我国制造业和信息技术业占据了我国企业 R&D 活动的绝大多数份额。因此本章选取制造业和信息技术业这两个创新密集型行业，对文章的实证检验结

果应该更具解释力。

考虑到 2008 年发生了全球金融危机，我国机构投资者持股市值受到了巨大冲击，持有量急剧下滑，同时考虑到金融危机对其他经济要素的影响，本章选取的是金融危机之后，2009～2013 年沪深两市主板制造业和信息技术业上市公司作为样本，同时符合条件的企业进行了筛选，剔除了 ST、PT 上市公司及数据不全的公司，以保证数据的有效性。

对于企业无形资产的 R&D 数据的收集，多来自于董事会报告的披露和财务报表附注中的"开发支出"、"管理费用"和"支付的其他与经营活动有关的支出"。然而报表附注中的相关披露在不同的企业之间没有达成共识，比如部分企业"开发支出"项目既包括资本化支出，又包括费用化支出，而部分企业认为其仅包括资本化支出。因此，使用财务报表附注项目中披露的 R&D 数据并不严谨。本章选取上市公司年报的董事会报告披露的 R&D 数据作为研究样本。

本章机构投资者持股比例及各类型机构投资者持股比例均来自于 WIND 数据库。其他数据则来源于 CSMAR 数据库。通过对深沪两市制造业和信息技术业两个行业 2009～2013 年数据的收集，提出数据不全及 ST、PT 上市公司，最后得到样本数据个数共 1639 个。

2. 变量定义

（1）机构投资者持股变量。对机构投资者持股变量的设计包括机构投资者持股比例和不同类型的机构投资者持股比例两个指标。

其一，机构投资者持股比例。该变量是我国制造业和信息技术业上市公司中，机构投资者的年末持股数之和与公司总股本的比值。

其二，不同类型的机构投资者持股比例。由前述机构投资者现状可知，根据 WIND 金融数据库的分类，在我国证券市场上持股比例较大，发展较快且对市场具有影响力的主要集中在证券投资基金、社保基金、QFII、保险公司、信托公司以及券商，其 2010 年占据 A 股流通市值的比例分别为 11.4%、2.0%、3.2%、5.3%、2.4% 和 1.9%，而银行、企业年金等所占比例太小，本章在实证检验中认为其对证券市场的影响力可以忽略不计。故选择以上六种机构投资者进行分类。本章依据其与被投资方商业联系来进行分类。具体的划分方式和理由如下：

压力抵抗型机构投资者包括：证券投资基金、社保基金、QFII。证券投资基金的投资核心是价值，同时会受到证监会的严厉监管，而且有关规定要求其对企业的持股比例有一定的约束，因此能够保持相对独立；社保基金涉及到国计民生，是一种追求稳定回报的投资，同时也会受到严格的监督与控制，也能保持相对的独立性；QFII 是来自于境外的投资者，在严格的审批条件下才能进入本地资本市场，而且需通过专门账户进行投资，受到的监管也很严厉，与被投资企业甚少有商业联系。

压力敏感型机构投资者包括：综合券商、保险公司、信托公司。综合券商需要常常保持与被投资企业的商业联系，因为其自营业务常与被投资公司资产管理等业务存在利益冲突；保险公司在投资于目标企业股票与债券时，可能向其提供保险业务，因而二者之间可能存在商业联系；信托公司在 PE 业务、资产证券化业务、产品设计与销售方面与券商保持合作关系，因而也会与被投资方企业保持商业联系。

（2）R&D 投入。国外对 R&D 投入研究得较早，且企业的 R&D 信息披露较为全面，而我国由于起步较晚且信息披露方面的不足，早期一直采用无形资产作为衡量 R&D 投入的变量。随着我国企业会计准则的逐步完善，企业信息披露程度逐渐充分，我国开始逐渐采用年报中的 R&D 数据来进行研究。常见的衡量 R&D 投入的计量方法有五种：第一，采用 R&D 支出与营业收入之比，这是最为常见的一种计量方法之一。其中，唐清泉和易翠（2012）以 R&D 投入和主营业务收入之比进行衡量，何霞和苏晓华（2012）用 R&D 投入和销售收入之比进行研究，而张其秀（2012）则采用 R&D 投入与营业收入之比来表示 R&D 投入强度；第二，采用 R&D 投入与总资产之比，这种计量方法主要考虑到营业收入已被操纵，因而会影响到实证的结果和结论，总资产相对来说较为稳定，因此能更好地反映企业的 R&D 水平，徐欣和唐清泉（2010）即采用这种方法计量；第三，采用科研人员与企业从业人数之比，对 R&D 投入的衡量既包括资金方面，也包括人力投入方面，R&D 人员是 R&D 活动的关键，是R&D 活动进行的主管要件郭斌（2006）、马文聪（2013）用这种方法来计量R&D 投入强度；第四，采用 R&D 支出的自然对数，如杜剑（2012）就采用过这种计量方法；第五，其他计量方法，如 Jianfeng Wu（2007）用 R&D 投入与员工总数之比衡量。本章考虑到营业收入已被企业进行盈余操纵，而企业科研人员数量的资料难以收集，都有着较大的不稳定性。因此，采用 R&D 投入与总资产之比来比表示企业的 R&D 强度。

（3）控制变量。为了研究的便利，并借鉴前人已有的研究成果，本章研究设定了包括企业规模等四个控制变量。

第一，企业规模。企业规模对 R&D 投入有一定的影响。本章引入企业的资产总额表示企业规模，各个企业的规模各有不同，即使是处在同一行业的企业也会存在很大的差异，比如规模经济效应和经验曲线效应等。引入企业规模变量，分析结果会更加具有解释力。

第二，资产负债率。企业的财务状况不佳也对构建模型的分析结果产生负面影响，所以应引入资产负债率作为控制变量。资产负债率可表示企业的资本结构，资本结构不同的企业会产生不同的财务杠杆，因而在企业经营状况好的时候，财物杠杆能够更大幅度地提升企业业绩，在企业经营不善的时候会令企业雪上加霜。而且，资产负债率也是衡量企业偿债能力的重要指标，企业要保持其成长能力和健康发展态势就应保持合理的资本结构。

第三，公司成长性。当企业成长性越高时，说明企业具有创新的动力去进一步提高其成长能力。本章以主营业务的增长率来反映企业的成长性。

第四，企业产权性质设置为哑变量。本章将结合我国企业产权性质对机构投资者持股与 R&D 投入的关系进行进一步的回归检验。当企业属于国有控股时，State = 1；当当企业为非国有控股时，State = 0。

具体变量说明，见表 6 – 6。

表 6 – 6　　　　　　　　　　　　　变量说明

变量代码	变量名称	含义及说明
R&D	研发投入	为研发投入与资产总额之比
INST	机构投资者整体持股比例	所有机构投资者持股比例之和
NST_sen	压力敏感型机构投资者持股比例	保险公司、综合类券商和信托公司持股比例之和
INST_res	压力抵抗型机构投资者持股比例	社保基金、证券投资基金和 QFII 持股比例之和
LEV	资产负债率	是负债总额与资产总额的比值
SIZE	公司规模	是期末资产总额的自然对数
RI	公司成长性	是主营业务收入的增长率
YEAR	年度虚拟变量	

（二）模型构建

首先根据前述理论，构建基本模型（6.1），即用来验证机构投资者作为整体，其持股比例对 R&D 投入的作用效应。

$$R\&D_{i,t} = \alpha + \beta_0 INST_{i,t} + \beta_1 LEV_{i,t} + \beta_2 SIZE_{i,t} + \beta_3 RI_{i,t} + \sum_{j-4}^{8} \beta_j YEAR_{j-3,i,t} + \varepsilon_{i,t}$$

$$(6.1)$$

在模型（6.1）基础上，将机构投资者按照其与被投资方的商业联系分为两种类型：压力敏感型（INST – sen）和压力抵抗型（INST – res）分别在验证其对 R&D 投入作用效应。

$$R\&D_{i,t} = \alpha + \beta_0 INST\_sen_{i,t} + \beta_1 INST\_res_{i,t} + \beta_2 LEV_{i,t} + \beta_3 SIZE_{i,t} + \beta_4 RI_{i,t}$$

$$+ \sum_{j-6}^{8} \beta_j YEAR_{j-4,i,t} + \varepsilon_{i,t}$$

$$(6.2)$$

在前两次回归完成以后，再将被投资企业产权性质作为影响因素，分别检验不同产权性质下，机构投资者持股对 R&D 投入的作用效应。

（三）描述性统计

本章主要研究制造业和信息技术业上市公司中机构投资者对 R&D 投入的影响。现运用 STATA12.0 对研究中所涉变量进行描述性分析，结果如表 6 – 7 所示。

表 6 – 7 描述性统计分析

变量名称	样本数	均值	中位数	标准差	最大值	最小值
RD	1550	0.0148	0.0100	0.0157	0.150	0
INST	1550	38.6	38.2	23.2	97.90	0
INST_sen	1550	0.717	0	1.790	21.75	0
INST_res	1550	6.833	1.671	11.44	77.90	0
state	1550	0.489	0	0.500	1	0
RI	1550	0.190	0.143	0.318	1.698	– 0.359
SIZE	1550	21.69	21.47	1.148	25.38	19.71
LEV	1550	0.388	0.384	0.209	0.892	0.0283

从表 6 – 7 中可以发现：第一，我国制造业和信息技术业上市公司的 R&D 强度（研发支出/总资产）平均达到了 1.48%，即样本中企业 R&D 投入占企业总资产的比例达到了 1.48%，相对于我国其他行业，研发水平较高，但是

发达国家的研发投入水平基本上达到了2%甚至以上，说明我国创新能力较强的行业与国外发达国家研发水平相比，仍有较大的差距。另外，研发强度最大值为15%，最小值为0，可以看出不同企业研发投入水平差异较大。第二，机构投资者整体持股比例的平均值为38.6%，其中最大值达到97.9%，最小值为0。在所选样本中，压力抵抗型与压力敏感型机构投资者所投资企业会有部分重合，其中，有压力抵抗型机构投资者持股的企业有1338个，有压力敏感型机构投资者持股的企业有455个。不同类型机构投资者持股比例差异很大。压力敏感型机构投资者持股比例的均值为0.717%，压力抵抗型机构投资者持股比例的均值为6.833%，二者差异在于，我国证券市场上，证券投资基金"一枝独大"，其属于压力抵抗型机构投资者，因而压力抵抗型机构投资者持股比例会大于压力敏感型机构投资者。第三，公司成长性的均值为19%，即企业营业利润增长率的平均值达到了19%，其中最大达到了169.8%，最小值为-0.359，说明企业成长性的差异较大，有的企业发展趋势良好，而有的企业出现了负增长。公司规模均值为21.69，最大值为25.38，最小值为19.71，说明对公司的总资产取自然对数后，公司之间的规模差距不大。

（四）相关性分析

本章分别采用Pearson系数对变量之间的相关性进行了分析，得到的结果如表6-8所示。

表6-8　　　　　　　　　　相关性分析

变量	RD	INST	INST_sen	INST_res	state	RI	SIZE	LEV
RD	1							
INST	0.00200	1						
INST_sen	-0.00600	-0.00300	1					
INST_res	0.047 *	-0.0280	0.106 ***	1				
state	0.0160	-0.088 ***	-0.047 *	0.00100	1			
RI	0.00800	0.055 **	0.051 **	-0.0170	-0.046 *	1		
SIZE	-0.179 ***	0.376 ***	-0.0160	0.00300	-0.121 ***	0.0330	1	
LEV	-0.174 ***	0.272 ***	0.00300	0.068 ***	-0.112 ***	0.00300	0.539 ***	1

注：*** 表示 $p<0.01$，** 表示 $p<0.05$，* 表示 $p<0.1$。

从表6-8看出，机构投资者整体持股与R&D强度正相关但不显著，压力敏感型机构投资者与 R&D 强度负相关也不显著，压力抵抗型机构投资者与 R&D 强度正相关且在 10% 水平上显著。这与前面假设中预测基本一致，还有待于进一步验证。另外，公司成长性，公司规模和资产负债率均与 R&D 强度有显著相关关系，说明这些因素都能直接对企业的 R&D 投入水平产生影响。

（五）回归分析

本章运用 STATA12.0 统计软件研究制造业和信息技术业上市公司机构持股对研发投入的影响，根据模型所做的多元回归分析结果如表 6 – 9 所示。

表 6 – 9　　　　　整体与异质机构投资者对研发投入的影响回归分析

变量	整体 R&D	异质 R&D
INST	0.00274	
	(1.505)	
INST_sen		– 0.0152
		(– 0.689)
INST_res		0.00185
		(0.531)
RI	0.000839	0.000932
	(0.679)	(0.753)
SIZE	– 0.00212 ***	– 0.00194 ***
	(– 5.048)	(– 4.816)
LEV	– 0.00624 ***	– 0.00603 ***
	(– 2.798)	(– 2.704)
Constant	0.0572 ***	0.0541 ***
	(6.711)	(6.524)
Observations	1, 550	1, 550
R^2	0.064	0.063
F	13.20	11.53

注：*** 表示 $p < 0.01$，** 表示 $p < 0.05$，* 表示 $p < 0.1$。

通过对第一个模型进行回归，由表 6 – 9 可知，在控制了公司规模、资产负债率、公司成长性的基础上，样本中机构投资者整体持股比例与 R&D 投入呈正相关关系，相关系数为 0.00274，二者关系并不显著。即对于全体机构投资者而言，其持股比例对企业的 R&D 投入有一定的促进作用，但是促进作用并不明显。这可能与我国资本市场上机构投资者持股比例有限有关，西方发达资本市场上机构投资者所占比例达到 60% 以上，而我国的机构投资者起步较晚，虽然在近二十年取得了较大的发展，不过相较于西方机构投资者而言，仍有较大差距。这也说明从整体上看，我国机构投资者对于企业施加积极影响的作用仍然有限。接下来就分析不同类型机构投资者对于 R&D 投入的影响。

同样在表 6－9 中，第二个模型的回归结果显示，压力抵抗型机构投资者持股比例与 R&D 投入呈微弱的正相关关系，而压力敏感型机构投资者持股与 R&D 投入呈微弱的负相关关系，且结果也均不显著。假设 2 并未完全得到证实。对于以证券公司、保险公司、信托基金为代表的压力敏感型机构投资者，因其与企业之间紧密的商业联系，难以保持客观并对企业进行监督，其对企业的相关意见容易受到企业管理层的影响而妥协，无法积极的参与公司治理，因此，与企业的 R&D 投入没有显著的相关关系，假设 2b 得到证实。而理论上压力抵抗型机构投资者能够保持相对独立性，不会受到被投资企业管理层的压力与影响，有动机和能力参与企业的经营决策，支持企业进行 R&D 活动，但在实证结果中，压力抵抗型机构投资者持股比例与 R&D 投入呈微弱的正相关关系，结果并不显著，这可能是由于不同企业性质对机构持股与 R&D 之间造成了不同的影响。

进一步将整体机构投资者、压力敏感型机构投资者、压力抵抗型机构投资者分别按照企业的产权性质进行分类，并对样本做分组回归分析。表 6－10 反映了在不同企业性质下机构投资者整体对 R&D 投入的影响回归情况。可以看出，在非国有企业中，机构投资者整体与研发强度是在 5% 水平上呈现显著的正相关关系；而在国有企业中，机构投资者整体持股比例与研发强度呈现微弱的负相关关系，且结果不显著。这说明将机构投资者作为一个整体时，企业的产权性质对于机构投资者和 R&D 投入的关系有一定的影响。非国有企业中，机构投资者能够促进 R&D 投资，说明其对非国有企业研发投入具有较高的重视程度，并发挥积极股东效应来监督企业管理层，有助于提高其公司治理水平，促进公司持续发展。而在国有企业中，机构投资者相对于国有企业而言缺乏"话语权"而难以与企业内部控制人相抗衡，同时国有企业的目标函数相对多元化，更加注重经济效应之外的政治和社会效应，这也与机构投资者的目标不一致，因此对企业的研发投入缺乏重视，对研发活动影响不大。

图 6 – 10　　不同企业性质下机构投资者整体对 R&D 投入的影响回归分析

变量[*]	国有 R&D	非国有 R&D
INST	– 0. 000274	0. 00736 **
	(– 0. 117)	(2. 510)
RI	0. 000585	0. 00124
	(0. 287)	(0. 796)
SIZE	– 0. 00298 ***	– 0. 00162 ***
	(– 4. 473)	(– 2. 963)
LEV	– 0. 00789 **	– 0. 00529 *
	(– 2. 351)	(– 1. 766)
Constant	0. 0745 ***	0. 0475 ***
	(5. 445)	(4. 326)
Observations	601	949
R – squared	0. 099	0. 049
F	8. 160	6. 031

注：*** 表示 $p < 0.01$，** 表示 $p < 0.05$，* 表示 $p < 0.1$。

　　表 6 – 11 反映了压力敏感型机构投资者和压力抵抗型机构投资者分别在不同企业性质下对 R&D 投入的影响情况。结果显示，无论是国有企业还是非国有企业，压力敏感型机构投资者对 R&D 投入均呈现微弱的负相关关系，且结果不显著，这也进一步表明压力敏感型机构投资者因其与企业之间紧密的商业联系而难以积极参与公司治理，对研发活动难以产生影响，甚至会为了保持这种商业联系而对企业管理层的决策进行妥协，可能会抑制研发投入强度。而压力抵抗型机构投资者对于非国有企业的 R&D 投入存在 1% 水平上的显著正相关关系，对国有企业的 R&D 投入则无显著影响。这表明压力抵抗型机构投资者与企业之间没有商业联系，能够保持相对独立性，而非国有企业与机构投资者的目标在很大程度上是一致的，都是追求经济效益最大化，因而机构投资者能够对非国有企业的公司治理发挥积极作用，推动研发的进行。对于国有企业而言，压力抵抗型机构投资者尽管能够保持独立性，但是由于二者目标函数分歧的存在，同时机构投资者很多时候在国企的内部治理中缺乏话语权，因此压力抵抗型机构投资者对于国有企业的研发投入影响甚微。

表6-11 压力敏感型和压力抵抗型机构投资者在不同企业
性质下对 **R&D** 的影响回归分析

变量	国有 R&D	非国有 R&D
INST_sen	-0.0140	-0.0184
	(-0.326)	(-0.719)
INST_res	-0.00890	0.00764 *
	(-1.451)	(1.796)
RI	0.000505	0.00129
	(0.246)	(0.828)
SIZE	-0.00245 ***	-0.00158 ***
	(-3.828)	(-3.019)
LEV	-0.00655 *	-0.00578 *
	(-1.946)	(-1.929)
Constant	0.0663 ***	0.0462 ***
	(4.952)	(4.325)
Observations	601	949
R^2	0.093	0.052
F	6.762	5.754

注：*** 表示 $p < 0.01$，** 表示 $p < 0.05$，* 表示 $p < 0.1$。

六、研究结论与政策建议

(一) 主要研究结论

本章首先在理论上分析了机构投资者整体对 R&D 投入的作用效应，然后根据其风险偏好、投资规模等方面的不同特性，按照与被投资企业的商业联系程度对其进行了分类，分别探讨其对研发投入的不同影响，接着根据我国特有的政治背景，从不同产权性质角度继续研究二者关系，进而提出了相应的研究假设，最后收集了制造业和信息技术业这两个创新密集型上市公司 2009~2013 年的 R&D 数据和 WIND 数据库中机构投资者持股数据进行了实证检验，根据实证结果以及对结果的分析得出如下结论：

第一，机构投资者作为整体对于制造业和信息技术业企业的研发投入强度有一定的促进作用。实证结果显示，作为一个整体来看，我国的机构投资者持股与研发强度呈正相关关系，但结果并不显著。

第二，不同类型的机构投资者对于企业研发投入的影响有所不同。实证结果显示，压力抵抗型机构投资者对于企业研发投入有微弱的促进作用，而压力敏感型机构投资者对研发投入有微弱的抑制作用，二者关系都不显著。这说明机构投资者对企业研发的影响同二者之间的商业联系有着一定的联系。当二者间仅保持投资与被投资关系时，机构投资者因保持独立而有助于发挥监督作用和对企业经营决策施加影响，支持企业进行 R&D 活动；而压力敏感型机构投资者因其与企业之间紧密的商业联系，难以保持客观独立，对于企业的相关意见容易受到企业管理层的影响而妥协，无法积极地参与公司治理。

第三，产权性质对机构投资者与研发投入的关系也有直接影响。对于全体机构投资者而言，在非国有企业中，机构投资者与研发强度是在 5% 水平上呈现显著的正相关关系；而在国有企业中，机构投资者整体持股比例与研发强度呈现微弱的负相关关系，且结果不显著。这说明企业的产权性质对于全体机构投资者和 R&D 投入的关系有一定的影响，机构投资者对于企业研发活动的促进效应在非国有企业中较为明显。对于压力敏感型和压力抵抗型两种类型的机构投资者而言，压力敏感型机构投资者无论是在国有企业还是非国有企业中，都对 R&D 投入呈现微弱的负相关关系，且结果不显著，这也进一步表明，压力敏感型机构投资者因其与企业之间紧密的商业联系而难以对研发活动施加积极影响；压力抵抗型机构投资者对于非国有企业的 R&D 投入存在 1% 水平上的显著正相关关系，对国有企业的 R&D 投入则无显著影响，这表明压力抵抗型机构投资者因其独立性和与非国有企业的利益趋同性，能够对企业研发活动产生促进作用，而对于国有企业的研发投入则影响甚微。

（二）政策建议

根据上述研究结论，下面从政府和企业的两个角度出发，提出如下政策建议，以更好地促进机构投资者持股对研发投入的积极作用。

1. 对政府部门的建议。第一，通过分析西方机构投资者参与并逐步影响公司治理进程发现，政府发挥了积极的激励作用。基于此，我国也应该借鉴西方国家证券市场的经验，结合我国实际国情，进一步的鼓励和发展机构投资者，在法制上健全完善与机构投资者相关的法律政策，为机构投资者构建一个公平且有效率的市场平台，同时适当放宽机构投资者入市的条件，给予其更多的渠道和更加自由的权利，这样能够促进机构投资者的长期投资价值理念的实施，进而表达对被投资企业 R&D 活动的支持。

第二，政府应降低对国有控股企业的约束。国有企业特殊的性质使得机构投资者"发言权"无效而缺乏动力去参与公司治理，对企业进行监督的职能更是无从谈起，因而也难以影响企业长期性投资项目。我国的制度背景有其历史原因，但是这种因制度缺陷带来的不良影响可以通过深化改革来努力消来逐步消除。在当前市场经济环境下，各级政府迫切需要重新的定位，积极地转换自身职能以配合对市场经济的建设，在条件允许的情况下尽可能地简政放权，让市场来进行更加有效的资源配置，以促进国有企业的健康发展。

第三，完善研发投资的政策支持。政府理应促进企业进行 R&D 创新的企业的积极性，为其提供政策的支持作为有力的保障，同时也能为企业吸引更多长期性的机构投资者，以获得多元化的资金筹集渠道。当前国际上发达国家的创新水平均维持在 2.5% 甚至以上，而我国距离 2.5% 的 R&D 投入水平还有很大一段距离。我国于 2006 年初发布《国家中长期科学和技术发展规划纲要》，但是对于激励 R&D 创新的法律政策还不够健全。因此我国应该在这方面加快相关法律政策的完善，给予支持 R&D 活动的风险基金适当的税收优惠和政策鼓励，不断激励其关注和支持 R&D 活动的动力。当企业中重要的 R&D 活动发生困难和停滞时，政府应运用其多方优势，为企业寻找援助，对其予以技术上的指导和资金上的扶助，维持并促进企业的 R&D 活动的进行。

2. 对机构投资者的建议。近几年来，随着证券市场的完善以及国家政策的鼓励，使得我国机构投资者迅猛的发展，但相较于发达国家的机构投资者而言，在数量、规模和质量等方面，我国的机构投资者还有所欠缺，与发达国家相比相距甚远。因此，我国应该加大发展机构投资者的力度。

第一，进一步扩大机构投资者规模。随着机构投资者队伍的不断壮大，其在上市公司所持股份越多，对上市公司的发言权随之增大，越能有效发挥积极股东的效应，影响上市公司的经营活动和投资决策，促进上市公司的长期投资行为，在获取自身长期回报的同时也能够促进该企业的长远发展。另一方面，投资规模增大对机构投资者具有"锁定"的约束效应，机构投资者将更加积极地投入对企业管理层的监督中，进而支持对企业长期发展有利的研发行为，发挥出积极股东的作用。

第二，从机构投资者的规模来看，呈现不断扩大的趋势，优化其结构和质量对其发展具有更加重要的意义。在我国特定的制度背景，当前我国证券市场上出现了证券投资基金"一枝独大"的现象，而证券公司、社保基金、QFII、保险公司和信托基金等机构等还未大规模的发展壮大。通过研究可知，压力抵抗型的机构投资者，如证券投资基金、社保基金、QFII 都能够正向促进企业 R&D 投入，而压力敏感型机构投资者，如证券公司、保险基金和信托基金等对企业 R&D 投入没有明显影响。因此应该在保证证券投资基金稳定发展的同时，大力发展其他类型的机构投资者，促使我国机构投资者队伍多元化发展。

3. 对企业的建议。第一，重视 R&D 活动，加强 R&D 资金投入。企业必须从长远发展的视角出发开展 R&D 活动，为以后的发展培养竞争优势。R&D 活动所需的资金投入除了从外部获取之外，内部的资金积累也是 R&D 投资的可靠资金来源。上市公司要重视内部积累，为 R&D 活动提供更多的资金支持。同时可以多渠道地开展 R&D 活动，积极利用好产学研一条线，加强与高等院校、研究院机构的沟通交流，并充分利用相互的资源，提高研发的效率。

第二，可以适当提高压力抵抗型机构投资者持股占比，例如证券投资基金、社保基金、QFII 等。由前述理论和实证分析可知，压力抵抗型机构投资者由于具有相对独立性，能够有效地监督企业经营行为与决策，促进 R&D 投资活动。机构投资者与企业管理层之间的行为是相互影响的。一方出现短视的机会主义，便会诱导另一方跟随。因此加强双方的长期投资行为理念，提高企业压力抵抗型机构投资者的比例，促使其积极参与公司治理，保证企业的长远发展。

第七章 区域、自主创新与企业价值

本书前几章就知识产权与经济发展的关系进行了梳理，本章将就此问题进一步进行实证分析。随着知识经济时代的来临，创新活动已成为企业成败的关键（Edvinssion & Malone，1997；Gu & Lev，2011）。自 Cooke（1992）首先提出区域创新系统（Regional Innovation System，RIS）的概念以来，创新研究的重点由国家创新系统（National Innovation System，NIS）、企业创新系统（Firm Innovation System，FIS）转移到区域创新系统理论的研究。区域创新理论的特色强调在地理、文化接近的区域内，其知识创造活动是透过组织之间的隐性知识的分享与社会资本连接而产生，区域的知识基础、知识转移系统等是区域促进创新活动的重要基本条件。创新活动过程中，企业与知识创造的传播组织如大学、研发机构、技术转移或中介机构等之间的合作关系，使企业能够持续性的发展。区域创新系统理论的发展，反映出区域特殊资源如当地管理与技术能力、隐性知识积累与知识外溢效果对激励企业创新和提升核心竞争力的重要性（Saxenian，1999；Doloreux & Parto，2004；Todtling & Trippl，2005）。

一、区域创新的总体概况

在我国各区域之间的创新要素分布呈现不均衡性，知识创造、创新环境、创新投入、产出也存在巨大差异，区域创新能力具有明显的差异化特质（中国科技发展战略研究小组，2012）。此外，由于中国区域间市场化程度发展不平衡，政府与市场关系、市场中介组织发育和法律制度环境的差异亦会对创新产出、自主知识产权保护、成果转化产生影响（樊纲和王小鲁，2010）。表7-1数据显示，江苏、浙江与广东不论是规模以上工业企业研发投入金额，还是创新产出的专利申请量均居于前三位，数据表明，中国区域之间的创新存在明显差异性。有关情况如表7-1所示。

表 7 - 1　　　　　各地区规模以上工业企业研发投入经费与
　　　　　　　　　各地区专利申请量

地区	规模以上工业企业研发投入（亿元）			专利申请量（件）		
	2008 年	2009 年	2010 年	2008 年	2009 年	2010 年
江苏	949.6	570.71	551.35	128002	174329	235873
浙江	492.35	330.1	272.34	89931	108482	120742
上海	345.73	236.51	237.75	52835	62241	71196
广东	644.01	552.37	626.88	103883	125673	152907
北京	159.33	113.7	106.14	43508	50236	57296
天津	233.26	123.84	139.22	18230	19624	25973
河南	197.97	133.49	148.59	19090	19589	25149
湖北	180.7	120.57	142.9	21147	27206	31311
湖南	146.59	109.61	113.77	14016	15948	22381
辽宁	255.13	165.43	191.34	20893	25803	34216
黑龙江	82.07	62.72	72.85	7974	9014	10269
吉林	69.32	32.96	35.54	5536	5934	6445
云南	50.59	15.11	18.07	4089	4633	5645
贵州	38.06	18.77	21.78	2943	3709	4414
青海	11.65	4.13	6.02	431	499	602

资料来源：2008 年、2009 年、2010 年《中国科技统计年鉴》。

中国区域与创新之间的研究文献往往集中于对区域创新系统的构成因素、能力评价指标、影响因素等中、宏观方面的研究（柳卸林，2002；陈劲等，2007；李美娟等，2009；陈晶和陈宁，2012；李晓娣等，2012；）其中，刘凤朝等（2005）采用集对分析法对区域自主创新能力进行评价，陈劲等（2007）探讨 FDI 对区域创新能力的影响。现有文献更多考察区域创新体系自身的因素及对区域创新能力进行评价，实证研究往往采用宏观数据，而鲜有文献探讨创新能力的区域差异对微观企业创新活动的影响。综上所述，本章基于 Cook（1992）提出的区域创新系统理论，从区域创新能力的视角对企业微观创新活动进行分析，为我国区域创新体系建设以及创新型企业战略的实施提供经验证据和政策建议。

本章基于中国上市公司 2003 ~ 2011 年的数据，考察了区域的差异、企业创新与企业价值的关系。研究结果表明：第一，创新能力愈强的区域对其所在企业的创新活动具有激励效应；这种激励效应在企业创新投入、产出的效率中表现出显著的增量效果；第二，企业创新活动对提升企业价值具有显著的正效应，这种正效应明显受到企业所在区域市场化程度的影响，市场化程度愈高、法律及中介组织越完善的地区，其区域内企业技术创新的成果对提升企业价值有显著的增量效应。

二、文献探讨与研究假设

（一）文献回顾

与本章研究问题比较相关的文献包括区域创新系统、企业创新以及企业创新活动与企业价值，下面的文献回顾也主要围绕着这三组文献展开。

过去关于创新政策的讨论着重在国家层级，而自 20 世纪 90 年代起，有越来越多的学者注意到区域层面。Cook（1992）首先提出区域创新系统的理论概念，此后区域创新系统理论的发展与研究不断增加，区域创新系统理论的特色在于强调区域创新组织的隐性知识积累与知识外溢效果，通过区域创新体系内地理、文化的接近性而产生（Cook，1992；Saxenian，1999；Doloreux & Parto，2004；Todtling & Trippl，2005）。区域创新系统理论的发展反映出创新过程中区域特殊创新资源与区域知识分享机制、对激励企业创新和提升竞争力的重要性。区域创新系统中地理因素是创新活动与战略性新兴产业发展的重要支撑。特定的地理因素在传授知识方面具有别的地区难以复制的优势，尤其是目前人们所公认的对创新重要的隐性知识（Pavitt，2002）。

为了测度区域创新系统，辨别不同区域创新能力的差异，Lall（1992）、柳卸林和胡志坚（2002）等学者对区域创新能力进行了明确界定。其中，柳卸林和胡志坚（2002）总结了我国区域创新能力的演化，依据所确定的评价原则，构建了区域创新能力的评价框架。中国科技发展战略研究小组（2001）、刘凤朝（2005）等机构或学者对区域自主创新能力进行了评价。但是现有区域与创新研究的文献集中于对区域创新系统的构成因素、影响因素、区域创新能力评价体系等中、宏观方面的研究（柳卸林等，2002；朱海就，2004；陈劲等，2007；李美娟等，2009；陈晶和陈宁，2012；李晓娣等，2012）。上述研究少有文献探讨区域的差异对于企业自主创新微观活动的影响，特别是基于区域创新能力差异的视角研究区域对企业创新活动的影响，将有利于拓展和丰富区域创新系统的理论。

第二组相关的文献是企业创新的研究，自经济学家 Schumpeter（1912）提出创新概念以来，国内外学者对企业创新的影响因素进行了广泛探讨。其中，Santora 和 Chakrabarti（2002）、金碚（2004）、安同良和周绍东（2009）、冯宗宪等（2011）、党兴华和常红锦（2013）、于晓宇等（2013）、李柏洲和罗小芳（2013）等学者从企业与大学关系、政府补贴、政府投入、市场化程度、网络位置、地理临近、技术进步等企业创新的外部影响因素进行了分析，而 Subramanian 和 Nilakanta（1996）、张杰等（2007）、李春涛和宋敏（2010）、Choi，Lee 和 Williams（2011）、江诗松等（2011）、温军和冯根福（2012）、李左峰（2013）等人则从组织的集中化程度，正式化程度、专业化程度以及宽裕资源的多寡、企业规模、激励体系、CEO 薪酬激励、企业性质等企业内部因素对创新活动的影响进行了分析。在企业创新影响因素的研究中，基于区域创新系统理论以区域创新能力差异的视角来探讨对企业创新活动影响的文献尚不多见，该方面的研究空间与潜力很大。

最后一组相关的文献是企业创新活动与企业价值的文献，研究文献集中于企业创新研发投入与企业绩效（Griliches，1981；Chauvin & Hirschey 1993；程宏伟等，2006；侯晓红和张艳华，2006）和创新投入、产出与企业绩效（Crepon，Duget & Mairesse，1998；Heshmati & Lööf，2002）以及无形资产（专利权）与企业价值的研究（Griliches，1981；Deng，Lev & Narin，1999；王志台，2001；王化成等，2005）。以往文献研究表明，直接研究企业创新与企业价值的文献尚需丰富，在中国探讨企业创新与企业价值的相关性是一个亟须数据验证的问题，将有助于拓展和丰富现有企业价值理论的研究。

鉴于以上文献回顾与评述，考虑在中国区域分布广、差异大的特殊背景下，本章试图以区域创新系统理论为基础，以区域差异为切入点，考察了区域创新能力的差异对企业创新投入、产出能力的影响，以及区域市场化程度的差异对创新产出能力提升企业价值的影响。

（二）研究假设

区域创新系统理论认为区域创新系统是一个与全球、国家、其他区域系统相连接与互动的知识产生与使用子系统。系统内的机构包括研究机构、大学、技术转移机构、商会或产业协会、银行、投资者、政府部门、个体企业以及企业网络和企业集群等（Cook，2004）。该理论强调在地理、文化接近的区域内，其知识创造活动是透过组织之间的内隐知识的分享与社会资本连接而产生，区域的知识基础、知识转移系统等是区域促进创新活动的重要基本条件。创新活动过程中，企业与知识创造的传播组织如大学、研发机构、技术转移组织或中介机构等之间的合作关系，使企业能够持续性的发展。区域创新系统理论的发展，反映出区域特殊资源如当地管理与技术能力、隐性知识积累与知识外溢效果对激励企业创新和提升核心竞争力的重要性（Todtling & Trippl，2005）。

创新要素在不同地区的分布是不均衡的。在世界上，一些地区由于历史文化的因素，会显示出更强的创业创新冲动，从而使某些地区形成独特的制度，具有更强的创新能力。正是独特的制度禀赋孕育了知识，并促进了知识创造，这种知识创造是通过区域内各创新要素的互动来实现的，这种独特的制度禀赋成就了能力不断成长的路径依赖，并使得难以模仿，也就成了区域持续竞争力（柳卸林、陈傲，2011）。企业作为创新主体，其创新行为依赖于企业特定决定要素的交互作用及环境因素，前者如研发投入强度、企业规模等，而后者如外部资源的利用、产业技术水平及政府政策等。而在我国各地区的创新要素如：经济和科技的基础、教育水平、市场经济及经济开放程度、吸引外资、创新精神、产学研合作水平等分布不均衡，导致区域创新能力也呈现出明显差异性（中国科技发展战略研究小组，2007），而这种不同背景差异特质必然会影响企业的创新行为，创新环境会间接调节技术创新能力对高技术产业竞争力的影响方向（封伟毅、李建华和赵树宽，2012）。在中国创新能力高的地区，公司创新活动可以利用更多的外部资源，如企业会获取更好的人力资源，取得更多资金支持，享受政府优厚的政策支持等。本章预期区域发展的创新程度将会影响到该地区的企业创新投入与创新产出之间的效率，相比较创新能力低地区其所在企业而言，创新能力高的地区其所在上市企业投入相同金额的研发支出，企业创新产出的专利权数量会越多。基于以上推论，本章建立下列假设：

假设1a：创新能力越强的区域，所在上市企业创新能力越强。

假设1b：创新能力越强的区域，所在上市企业创新效率越高。

在智力资本或无形资产中，创新活动是创造企业价值最重要的一项（Kalafut & Low，2001）。以往研究发现，创新主要产出——专利权对于企业绩效与价值具有正向的影响（Griliches，1981；Deng，Lev & Narin，1999）。虽然过去文献证明了研究发展支出对企业绩效的正向影响，但在实践中，研发过程中的投入只是创新实现的必要而非充分条件，研发过程的复杂性和风险性也决定了其结果的不确定性（顾群、翟淑萍，2012），且当控制股东控制权与现金流量权偏离程度越大时，企业研发投入所获得的创新产出会越少（陈金勇等，2013），近年来有越来越多的学者以专利权或新产品等研发产出代替研究发展投入，实证研发支出对企业绩效的正向关系。因此，本章认为，研发活动对企业价值的影响主要来自于研发产出而不是研发投入，因此尝试以企业的专利权数量作为企业创新能力的替代变量，预期专利权可取代研发支出对企业价值产生的影响。

区域创新系统理论强调在创新活动过程中，企业与知识创造的传播组织如研发机构、技术转移组织或中介机构等之间的合作关系，能够促进企业持续性的发展（Todtling & Trippl，2005）。因此，企业创新产出要转换成经济效益，增加企业价值，除了企业内部因素如专利权转化成产品的效率等外，企业还受到其所在区域市场环境的影响，樊纲和王小鲁（2007）指出，中国在改革开放后各地区市场化进展程度是很不平衡的，就区域而言，在某些省份，特别是沿海省份，市场化已经取得了决定性的进展，而在另外一些省份，经济中非市场的因素还占有非常重要的地位。市场化程度高的地区，往往政府对企业干预程度低，对知识产权法律保护意识强，创新要素市场发育水平高，中介组织如各种评估机构发展水平高，这不仅有利于为企业提供良好的创新环境，而且更有利于企业将知识产权转化为现实成果，从而提升企业价值。樊纲和王小鲁从2001年开始将中国各地区市场化进程用市场化进程相对指数进行测度，将市场化指数分解为政府与市场关系、非国有经济的发展、产品市场的发育程度、要素市场的发育程度、市场中介组织发育和法律制度环境五个方面指数进行综合分析来反映市场化进展的情况。在中国已有研究发现：市场化进程不同的地区会影响企业不同资本配置效率（方军雄，2006），进而影响公司治理的效应（夏丽军和陈信元，2007），最终会影响企业创新研发投入的强度（郝颖和刘星，2010）。因此，本章基于上述推论建立下列假设：

假设2a：企业的创新能力越强其价值会越高。

假设2b：市场化程度越发达的地区，其所在上市企业创新能力提升企业价值越大。

三、研究样本与数据

（一）样本选择

1. 资料来源。本章样本为2003~2011年在深圳和上海证券交易所主板上市的公司，资料来源为：样本企业的专利权数量统计，取自 WEBPAT 全球专利咨询网中的中国专利与中国知识产权局出版社的《中国专利数据库》，然后手工收集上市企业历年所拥有的专利数量。样本公司的研究与开发费用取自国泰安数据库（CSMAR）和 TEJ 数据库，区域创新指数的数据取自历年柳御林和陈傲主编的《中国区域创新的研究报告》一书，区域市场化指数的数据取自历年樊纲，王小鲁和朱恒鹏所编著的《中国市场化指数》一书，其他财务数据取自国泰安中国上市公司财务报表数据库。

2. 样本筛选过程。本章研究期间为 2003～2011 年上市企业的全体样本，其中，由于金融保险业的企业特性与其他行业不同，因此将金融保险业公司的样本观察值排除；本章排除当年度总资产金额与总营业收入金额为负值的企业，扣除专利权和控制变量的遗漏变量后总计有 1096 个样本观察值。样本的筛选过程和观察值如表 7 - 2 所示。

表 7 - 2   样本筛选过程及观察值

说　明	观察值
2003～2011 年中国上市公司年观察值	15765
2003～2011 年中国上市公司专利权遗漏值	(7710)
排除金融保险业公司后观察值	(2710)
合并中国市场化指数	(1756)
观察值合计	3588
研发费用遗漏值	(966)
控制变量观察值遗漏	(569)
合并中国区域创新指数	(957)
观察值合计	1096

注：①中国市场化指数的资料期间为 1997～2009 年。②中国区域创新指数的资料期间为 2009～2011 年。③研发费用的资料期间为 2005～2010 年。④本章研究将 2003～2008 年的中国创新指数以 2009 年的资料代替；而 2003～2004 年以及 2011 年的研究发展费用资料分别以 2005 年和 2010 年的资料代替；2010～2011 年中国市场化指数以 2009 年的资料代替。

（二）变量定义

1. 被解释变量。采用 WEBPAT 全球专利咨询网中的中国专利与中国知识产权出版社的《中国专利数据库》核准的专利权数量 $Innovation_{it}$ 来衡量创新能力，在分析研发投入的生产力时，专利不失为一个良好的指标（Connolly &

Hirschey, 1988；金成隆等, 2004）。专利权为一种具有相关性的非财务补充信息，比研发支出隐含更充分的信息供投资者评估研发活动的市场价值（Hall et al., 1998），实务上专利权数量较其他产出指标容易取得且资料正确性高。以企业的市场价值 $LogMV_{j,t}$ 来衡量企业价值。

2. 解释变量与控制变量。三个主要自变量分别为区域创新能力 $CreativeIndex_{j,t}$ 和区域市场化程度 $MarketIndex_{j,t}$ 和企业研发投入 $RDExpense_{j,t}$。其中区域创新能力由：知识获取效用值、企业创新效用值、创新环境效用值以及创新绩效效用值四大类构成，本书研究以企业营运总部所属地区当年度的创新能力总得分衡量变量 $CreativeIndex_{j,t}$。市场化程度由各地区政府与市场的关系、非国有经济的发展、产品市场的发育程度、要素市场的发育程度、市场中介组织的发育和法律制度环境等因素构成，本书研究以企业运营总部所属地区当年度的市场化总得分衡量 $MarketIndex_{j,t}$。$RDExpense_{j,t}$ 为上市企业当年投入的研发费用。变量 $ROE_{j,t}$ 和 $SIZE_{j,t}$ 为模型的控制变量，由于企业的规模与获利能力皆会影响企业的创新产出，因此本书将这两个变量加入企业创新能力模型中以控制；其中 $ROE_{j,t}$ 为企业当年的盈余报酬率，而 $SIZE_{j,t}$ 为企业当年度的资产总额取对数依据。参考 Barth 等（1998）的模型，影响企业价值的变量有企业账面价值 $MV_{j,t}$ 和企业营业净利润 $OPI_{j,t}$，因此在企业价值模型中将这两个变量作为控制变量。各主要变量的定义如表 7-3 所示。

表 7-3　　　　　　　　　　　　　变量定义

变量名称	变量符号	预期符号	变量的定义
企业创新能力	Innovation		企业当年核准的专利权数量
企业创新能力	LogInnovation		企业当年核准的专利权数量的自然对数
企业营业净利润	OPI		企业当年末营业利润
企业营业净利润	LogOPI		企业当年末营业利润的自然对数
企业账面价值	BV		企业当年末账面价值
企业账面价值	LogBV		企业当年末账面价值的自然对数
企业市场价值	MV		企业当年末市场价值
企业市场价值	LogMV		企业当年末市场价值的自然对数
区域的创新能力	CreativeIndex	+	企业所属区域年初区域创新能力指数的虚拟变量，创新能力指数高于样本中位数则设为1，其他则设为0

续表

变量名称	变量符号	预期符号	变量的定义
区域的市场化程度	MarketIndex	+	企业所属区域当年的市场化程度指数
研发费用	RDExpense	+	企业当年研发费用
研发投入	LogRD	+	企业当年投入的研发费用取自然对数
公司总资产	TA	+	企业年末总资产
公司规模	SIZE	+	企业年末总资产金额的自然对数
获利水平	ROE	?	企业当年的净资产收益率，年末净利润除以平均股东权益

（三）描述性统计

根据其样本，进行的描述性统计如表 7-4 所示。

表 7-4　　　　　　　　　　　　描述性统计

变量	样本量	平均值	标准差	最小值	最大值
Innovation	3595	21. 207	168. 075	0	6581
LogInnovation	3595	1. 485	1. 393	0	8. 792
BV	3595	3660895868	27600421165	7872630. 7	908100000000
OPI	3595	604906. 83	5657924. 42	104. 290	193958000
MV	3595	9620764951	49105557792	300000000	1400000000000
LogBV	3595	20. 878	1. 052	15. 879	27. 535
LogOPI	3595	18. 324	1. 567	11. 555	25. 991
LogMV	3595	28. 821	1. 127	26. 427	34. 875
RDExpense	1770	68551885	373543582	0	8824597000
LogRD	1764	16. 6781	1. 5231	7. 6009	22. 9008
TA	2053	4902637948	21147216610	135090111	718572000000
SIZE	2053	21. 371	1. 093	18. 721	27. 301
ROE	3595	0. 097	0. 083	0. 000	2. 776
MarketIndex	3588	- 0. 006	0. 895	- 3. 642	1. 595
CreativeIndex	3595	0. 526	0. 499	0	1

注：变量 BV、OPI、MV、TA，以"元"为单位。

从表7-4可知，样本中平均每一个公司拥有21.21个专利权，专利权的数量最小值0到最大值6581的区间过大且比较分散，使得数据的变异相当大，标准差达到168.07，因此在研究中改以LogInnovation来衡量企业创新能力。公司之间专利权数量分布极其不均反映了企业自身创新能力可能存在较大差异，专利权数量的平均数大于中位数，样本可能呈现右偏现象。样本中上市企业的市场价值、账面价值、经营活动现金净额以及总资产分布不均匀，均存在很大差异，这反映出企业价值、企业账面净资产价值、企业盈利情况、企业组织回笼销售收入的能力，市场销路，企业规模之间的差别。

对有关数据进行的相关性分析如表7-5所示。

从表7-5可知，各变量的Pearson和Spearman的统计结果表明，矩阵对角线的右上方为Spearman相关，左下方为Pearson相关。结果显示，专利权（Innovation）数量与研究与开发投入、企业价值都呈现高度相关，与预期大致相同。另外，区域创新指数（CreativeIndex）与专利权数量也呈现显著相关，代表区域市场化发展程度的市场化指数（MarketIndex）与企业市场价值同样呈现显著相关。表7-5同时也显示LogBV与LogOPI、LogMV、RDExpense、SIZE、ROE之间呈现显著相关，因此，在进行多变量验证时需进一步了解这一相关对于分析的影响。

四、研究结果与分析

为了检验假设1a和假设1b，探讨区域创新能力的差异对企业创新能力、创新效率的影响。本章参考Lambert（1992）的方法构造的模型如下：

$$\text{Innovation}_{j,t} = \alpha + \beta_1 \text{RDExpense}_{j,t} + \beta_2 \text{CreativeIndex}_{j,t} + \beta_3 \text{RDExpense}_{j,t} \times \text{CreativeIndex}_{j,t}$$
$$+ \beta_4 \text{ROE}_{j,t} + \beta_5 \text{SIZE}_{j,t} + \varepsilon_{j,t} \qquad (7.1)$$

模型（7.1）中，解释变量企业创新能力Innovation$_{j,t}$以专利权数量来替代，由于本章研究的专利权样本观察值为零的比率占26.9%，具有零值膨胀（Zero-inflated）的现象，使用一般的Poisson模型可能造成模型估计系数偏误的问题。因此，本章研究参考Lambert（1992）提出Zero-inflated Poisson（ZIP）模型。该模型应用于制造业产品损坏率的研究上，能有效地解决样本观察值为零且数量过多的问题，是实证研究中常用以解决零值膨胀现象的方法，所以本书利用Zero-inflated Poisson模型来进行实证分析。

表 7－5　相关系数

变量		PATENT	LogPATENT	LogBV	LogOPI	LogMV	RDExpense	LogRD	SIZE	ROE	MarketIndex	CreativeIndex
Patent	系数	1	1	0.2036	0.19186	0.19701	0.32406	0.32119	0.15822	0.13778	0.12062	0.06452
	p			<0.0001	<0.0001	<0.0001	<0.0001	<0.0001	<0.0001	<0.0001	<0.0001	<0.0001
LogPatent	系数	0.35946	1	0.30119	0.25063	0.29589	0.25748	0.36787	0.2793	0.10332	0.17891	0.13104
	p	<0.0001		<0.0001	<0.0001	<0.0001	<0.0001	<0.0001	<0.0001	<0.0001	<0.0001	<0.0001
LogBV	系数	0.21404	0.30119	1	0.76641	0.85313	0.39543	0.39829	0.9219	0.20038	-0.00752	0.0188
	p	<0.0001	<0.0001		<0.0001	<0.0001	<0.0001	<0.0001	<0.0001	<0.0001	0.5681	0.1535
LogOPI	系数	0.15287	0.25063	0.79815	1	0.74177	0.46628	0.46383	0.7077	0.70587	0.01354	0.03085
	p	<0.0001	<0.0001	<0.0001		<0.0001	<0.0001	<0.0001	<0.0001	<0.0001	0.304	0.0192
LogMV	系数	0.21087	0.29589	0.8994	0.77957	1	0.37241	0.37445	0.88698	0.32451	-0.03384	-0.00858
	p	<0.0001	<0.0001	<0.0001	<0.0001		<0.0001	<0.0001	<0.0001	<0.0001	0.0102	0.5147
RDExpense	系数	0.6324	0.25748	0.34526	0.27147	0.33409	1	0.39191	0.37881	0.31384	0.08175	0.12569
	p	<0.0001	<0.0001	<0.0001	<0.0001	<0.0001		<0.0001	<0.0001	<0.0001	0.0006	0.0002
LogRD	系数	0.22041	0.36787	0.41035	0.43213	0.38028	0.39191	1	0.38171	0.30815	0.07602	0.12096
	p	<0.0001	<0.0001	<0.0001	<0.0001	<0.0001	<0.0001		<0.0001	<0.0001	0.0014	0.0004
SIZE	系数	0.21924	0.2793	0.94698	0.7559	0.92139	0.36917	0.39449	1	0.18908	-0.03256	0.00183
	p	<0.0001	<0.0001	<0.0001	<0.0001	<0.0001	<0.0001	<0.0001		<0.0001	0.027	0.9143
ROE	系数	0.03332	0.10332	0.16288	0.5433	0.29969	0.06742	0.25089	0.1788	1	0.03138	0.11392
	p	0.0235	<0.0001	<0.0001	<0.0001	<0.0001	0.0045	<0.0001	<0.0001		0.033	<0.0001
Market Index	系数	0.06127	0.17891	0.03388	0.07056	0.08859	0.0267	0.14128	0.02521	0.08211	1	0.80035
	p	0.0003	<0.0001	0.0459	<0.0001	<0.0001	0.4316	<0.0001	0.1374	<0.0001		<0.0001
Creative Index	系数	0.06452	0.13104	0.1535	0.03085	-0.00858	0.12569	0.12096	-0.00671	0.00874	0.80585	1
	p	<0.0001	<0.0001	<0.0001	0.0192	0.5147	0.0002	0.0004	0.6485	0.5527	<0.0001	

注:本表左下角部分为 Pearson correlation statistics,右上角部分为 Spearman correlation statistics。

表7-6为区域创新能力与企业创新能力、企业创新效率的非线性回归结果。

表7-6 区域创新能力与企业创新能力、企业创新效率

变量	预期符号	模型（1） Innovation	模型（2） Innovation	模型（3） Innovation
Intercept	?	-16.659 （<0.0001）***	-16.818 （<0.0001）***	-16.726 （<0.0001）***
RDExpense	+	8.017 （<0.0001）***	7.680 （<0.0001）***	5.457 （<0.0001）***
CreativeIndex	+		0.388 （<0.0001）***	0.327 （<0.0001）***
RDExpense × CreativeIndex	+			2.287 （<0.0001）***
ROE	?	-0.011 （0.3973）	-0.020 （0.1431）	-0.014 （0.3077）
SIZE	+	0.898 （<0.0001）***	0.895 （<0.0001）***	0.893 （<0.0001）***
样本量		2053	1906	1906
皮尔逊 χ^2		34104.0641	25431.1215	25167.5709
对数似然 函数的值		206179.3554	200509.2285	200559.5549

注：①模型（1）采用 Zero-inflated Poisson 模型。

②*表示10%显著，**表示5%显著，***表示1%显著，#表示单尾10%显著。

表7-6中的模型（1）显示，在企业创新过程中研发投入（RDExpense）的系数，显著为正（P<0.01），在其他条件不变的情况下，企业研发投入越多，企业的创新能力越强（即创新产出的专利权数量越多）；控制变量净资产收益率与企业创新能力不显著，但企业资产规模显著影响企业创新能力的强弱。在模型（2）中放入区域创新指数（CreativeIndex），实证结果显示，不仅RDExpense 的系数显著为正（P<0.01），区域创新指数的系数也显著为正（P<0.01）。数据表明，在其他条件不变的情况下，创新程度高的地区所在上

市企业创新能力会越强（即创新产出的专利权数量会越多），该结果支持假设1a。模型（3）显示，RDExpense 和 CreativeIndex 以及 RDExpense × CreativeIndex 的系数均显著为正（P < 0.01），说明在创新能力相同的区域其上市企业创新投入与企业创新能力呈正效应，同时还表明上市企业若投入相同的研发支出，那么区域创新能力越强的地区其所在企业创新产出亦会越多，即创新能力越强的区域能提升企业创新效率，也说明在中国区域创新能力不同的地区会导致所在地企业创新投入、产出的效率也会存在差异，结果支持假设 H1a 和假设 H1b 预期相同。

为了检验假设 2a 和假设 2b，分析企业创新能力对企业价值的影响，本章建立了模型如下：

$$LogMV_{j,t} = \alpha + \beta_1 LogInnovation_{j,t} + \beta_2 MarketIndex_{j,t} + \beta_3 LogInnovation_{j,t} \times MarketIndex_{j,t} + \beta_4 LogBV_{j,t} + \beta_5 LogOPI_{j,t} + \varepsilon_{j,t} \tag{7.2}$$

模型（7.2）参考 Barth，Clement，Foster 和 Kasznik（1998）的研究模型并加入本研究的控制变量后，如公式（7.3）所示：

$$MV_{j,t} = \alpha + \beta_1 BV_{j,t} + \beta NI_{j,t} + \beta_3 BRANDS_{j,t} + \varepsilon_{j,t} \tag{7.3}$$

在 Barth 等的模型中，MV 为企业的市场价值除以流通在外股数，BV 为企业的账面价值除以流通在外股数，NI 为企业的当期净利除以流通在外股数，BRANDS 为企业的品牌价值总额除以流通在外股数。然而，本章以中国资本市场的企业为主要研究对象，且研究期间 2003 ~ 2011 年间经历多次市场改革，因此在中国市场企业发行在外的股数易受到政策或是环境因素而有重大的改变，使得本研究无法与 Barth 等（1998）采用相同的变量衡量方式。为了适应中国的环境因素，本章将 $MV_{j,t}$、$BV_{j,t}$ 和 $NI_{j,t}$ 等变量改取对数衡量。

表 7-7 为企业创新与企业价值的回归结果。

表 7-7　　　　　　　　区域市场化程度、企业创新与企业价值

变量	预期符号	模型（1）LogMV	模型（2）LogMV	模型（3）LogMV
Intercept	?	9.461 (58.01)***	9.421 (57.91)***	9.428 (57.94)***
LogPatent	+	0.029 (5.01)***	0.021 (3.66)***	0.020 (3.35)***

续表

变量	预期符号	模型（1） LogMV	模型（2） LogMV	模型（3） LogMV
MarketIndex	+		0.057 (6.55)***	0.043 (3.48)***
LogPatent × MarketIndex	+			0.011 (1.57)#
LogBV	+	0.817 (68.83)***	0.822 (69.38)***	0.822 (69.36)***
LogOPI	+	0.124 (15.76)***	0.121 (15.39)***	0.121 (15.39)***
样本量		3595	3588	3588
调整后的 R^2		0.8355	0.8370	0.8371
F 统计		<0.0001	<0.0001	<0.0001

注：①由于加入交乘项之后 $LogPatent_{i, t}$ 与 $LogPatent_{i, t} \times MarketIndex_{j,t}$ 的共线性过高，使得模型衡量产生误差，因此将 $MarketIndex_{j,t}$ 标准化。

②＊表示 10% 显著，＊＊表示 5% 显著，＊＊＊表示 1% 显著，#表示单尾 10% 显著。

表 7 - 7 中模型（1）显示，LogInnovation 的系数显著大于零。企业创新能力与企业价值显著正相关，表明企业创新活动所产出的专利权数量被资本市场予以积极正面的反映，数据证实了创新活动是创造企业价值最重要的一项（Kalafut & Low，2001），同时也说明了企业创新能力可以提升企业价值，支持假设 2a；在模型（2）中放入区域市场化指数（MarketIndex），结果显示，LogInnovation 的系数显著为正；此外，地区市场化指数的系数也显著为正。由此结果可知市场化程度高的地区企业价值往往更容易被正向体现，此时企业创新能力与企业市场价值显著正相关。此结果仍支持假设 2a；为了进一步分析市场化程度发展不同的区域可能对企业创新能力与企业价值正效应的影响，在模型（3）中放入区域市场化指数与企业创新能力的交乘项。结果显示，MarketIndex 和 LogInnovation 以及 LogInnovation × MarketIndex 的系数都显著为正，表明在市场化程度相同的区域，企业创新产出的专利权愈多，被市场所认可并正面反映的企业价值愈大，即企业的创新能力愈强市场正面认可的企业价值愈大；同时也表明企业如果创新产出相同的专利权，在市场化程度高的地区其所

在企业的专利权被市场正面反映的价值会愈大，因此市场化程度不同的地区，市场对企业专利权反映存在差异，即虽然企业创新能力相同，也会因区域市场化程度的差异导致资本市场对企业反映产生差异，进而影响企业价值的提升。总之，区域市场化程度对企业创新能力与企业价值的正效应具有增量效果。与假设 2b 预期相同。其他控制变量与市场价值显著正相关，再次证实以往文献的结论。

五、额外测试与敏感性分析

考虑到企业的创新研发活动一般需要一到两年甚至更长的周期，本章研究基于这种因素的存在，将企业创新产出——专利权数量滞后一期以考察企业创新研发活动是否受到递延效果的影响。

表 7-6 的结果显示 RDExpense 和 CreativeIndex 以及 RDExpense × CreativeIndex 的系数均显著为正，实证结论与表 7-4 大同小异，同时也表明企业创新研发活动的确存在递延效果，但是这种递延效应的影响因素并没有影响到本章结果的稳定性。进一步支持假设 1a 和假设 1b。有关结果如表 7-8 所示。

表 7-8　　　　区域创新能力与企业创新（专利权滞后 1 年）

变量	预期符号	模型（1） Innovation$_{+1}$	模型（2） Innovation$_{+1}$	模型（3） Innovation$_{+1}$
Intercept	?	-13.609 (<0.0001)***	-13.274 (<0.0001)***	-15.375 (<0.0001)***
RDExpense	+	0.022 (<0.0001)***	0.036 (<0.0001)***	0.013 (<0.0001)***
CreativeIndex	+		1.225 (<0.0001)***	0.336 (<0.0001)***
RDExpense × CreativeIndex	+			0.513 (<0.0001)***
ROE	?	-0.249 (<0.0001)***	-0.105 (0.0601)*	0.044 (0.3576)
SIZE	+	0.806 (<0.0001)***	0.750 (<0.0001)***	0.852 (<0.0001)***

续表

变量	预期符号	模型（1） Innovation$_{+1}$	模型（2） Innovation$_{+1}$	模型（3） Innovation$_{+1}$
样本量		373	346	346
皮尔逊 χ^2		2972.4351	2802.4503	2622.0921
对数似然函数的值		80892.6127	81347.5459	91406.6141

注：①模型（2）采用 Zero-inflated Poisson 模型。

②变量定义：Patent$_{+1}$为企业 t + 1 年的专利权数量。﹡表示10%显著，﹡﹡表示5%显著，﹡﹡﹡表示1%显著，#表示单尾10%显著。

各地区对知识产权保护程度也不同，中介组织的完善和发展程度不同会影响企业创新产出转换成产品之后的企业绩效，最终影响企业价值的提升。在中国知识产权保护对不同研发资本投入产出绩效的影响具有明显的差异（李平等，2007）。因此，考虑到中国市场化指数由政府与市场关系、非国有经济发展、产品市场的发育程度、要素市场的发育程度、市场中介组织发育和法律制度环境综合构成。可能对于企业创新而言，完善的中介组织的发育和法律制度保护环境，更能保护企业创新的成果，能提高企业转化技术成果效率，也可以让市场给予正面反映，所以本章进一步分析用中介组织的发育和法律制度保护环境指数来考察，企业创新活动成果与市场价值之间的关系。表7-9结果显示 LogInnovation 和 Index1 均显著为正，说明不论是市场化指数的综合指标还是中介组织的发育和法律制度环境的指数，都不改变企业创新活动成果得到市场正面反映的实际，从而提升了企业价值。进一步支持假设 2a 和假设 2b。LogInnovation × Index1 的系数显著更说明了不论是市场化综合指数还是中介组织的发育和法律制度环境的指数，对企业创新活动成果均具有明显的增量效果。进一步支持假设 2b。有关结果如表7-9所示。

表7-9　市场中介组织发育和法律环境制度对自主创新与企业价值的影响

变量	预期符号	模型（1） LogMV	模型（2） LogMV	模型（3） LogMV
Intercept	？	9.461 (58.01)﹡﹡﹡	9.461 (58.57)﹡﹡﹡	9.464 (58.44)﹡﹡﹡
LogPatent	+	0.029 (5.01)﹡﹡﹡	0.020 (3.43)﹡﹡﹡	0.020 (3.43)﹡﹡﹡

续表

变量	预期符号	模型（1） LogMV	模型（2） LogMV	模型（3） LogMV
Index1	+		0.083 (9.50)***	0.081 (6.31)***
LogPatent × Index1	+			0.002 (0.26)
LogBV	+	0.817 (68.83)***	0.821 (69.85)***	0.821 (29.72)***
LogOPI	+	0.124 (15.76)***	0.120 (15.46)***	0.120 (15.46)***
样本量		3595	3588	3588
调整后的 R^2		0.8355	0.8391	0.8390
F 统计		<0.0001	<0.0001	<0.0001

注：①由于加入交乘项之后 $LogPatent_{j,t}$ 与 $LogPatent_{j,t} \times Index1_{j,t}$ 的共线性过高，使得模型衡量产生误差，因此将 $Index1_{j,t}$ 标准化；同理，变量 $Index2_{j,t}$ 亦标准化。

* 表示 10% 显著，** 表示 5% 显著，*** 表示 1% 显著，#表示单尾 10% 显著。

有关敏感性分析部分，本章研究 Winzorize 样本观察值的前后 1% 或前后 5% 之后再重新进行测试，以避免极端值样本对实证结果的干扰，实证结果在所有模型下的结论仍依旧支持假说。本章研究为避免实证结果为某一产业主导的结果，每次将其中一个产业排除，再反复进行实证分析，所有的实证分析结果大致不变，支持本章研究的假设。此外，由于样本取得的限制，本章研究将有关于中国创新指数、中国市场化指数、与研究发展费用的资料前后扩充至 2003～2011 年为止，以使得所有模型的测试期间一致，为了避免假设性的数据影响实证研究的结论，本章研究亦取消所有假设性数据再以原始数据进行实证分析，所有模型的所得结论一致不变的支持所有假设。

六、基本结论与政策建议

（一）基本结论

基于我国上市公司 2003～2011 年的数据，本章研究以区域创新系统理论为基础，考察了区域的差异、企业创新与企业价值的关系。研究结果表明：

（1）创新能力越强的区域对其所在企业的创新活动不仅表现出激励效应，

在企业创新投入与创新产出的效率中还发挥出增量效果；

（2）企业创新活动虽然对提升企业价值具有明显的促进效应，但会受到企业所在区域市场化程度的调节影响，市场化程度越高、法律及中介组织越完善的地区，其区域内企业技术创新的成果对提升企业价值产生显著的增进效应。

本章研究的贡献主要有：其一，中国以往对企业创新投入与产出效率的研究多为行业或者产业的中、宏观资料分析，较少涉及对上市企业创新活动的投入产出效率进行研究，特别是区域创新能力对微观企业创新能力的影响研究以及市场化程度对微观企业价值的影响研究，拓展了研究的范围。其二，研究上市企业创新研发投入与创新产出关系时，考虑了我国区域创新能力的差异性，丰富了对创新投入与产出因素的研究。其三，研究了上市企业创新活动与企业价值的关系，丰富了无形资产构成要素与企业价值相关性方面的研究文献，尤其考虑了中国改革开放后，地区间市场化程度存在差异的因素是否能影响创新活动提升企业的价值，有助于观察中国区域发展对企业微观活动的影响。

（二）政策建议

我们认为，本章研究的理论分析与实证检验具有以下政策或者经济含义：

（1）江苏省、广东省、北京市、上海市、浙江省这些创新能力领先的地区普遍具有相对落后地区所不具备的创新要素：经济和科技的基础好，教育水平高；市场经济比较发达；经济比较开放，吸引外资较多；创新精神较高；产学研合作水平高等。各创新要素通过适合当地特点的学习和创新机制，相互促进和加强，共同造就了这些地区较强的创新能力，因此，这些要素不仅促进这些区域内上市企业的创新能力的提升，还使得其上市企业的创新效率相对于其他地区更高，表明如果在其他条件不变的情况下，企业为了增强创新能力和核心竞争力，可以突破地区行政限制将研发中心或者总部设在区域创新能力较强的区域以提高企业创新效率。

（2）创新要素并不是在所有地区均衡分布的。在世界上，一些地区由于历史文化的因素，会显示出更强的创业创新冲动，从而使某些地区形成独特的制度，具有更强的创新能力。正是独特的制度禀赋孕育了知识，并促进了知识创造，这种知识创造是通过区域内各创新要素的互动来实现的，这种独特的制度禀赋成就了能力不断成长的路径依赖，并使得难以模仿，也就造成了每个区域创新要素以及企业创新能力存在差异，因此国家在制定区域创新政策或者企业创新政策时应该考虑应充分考虑创新要素区域间差异，结合不同区域创新特质制定各自创新政策，如创新能力欠发达的地区可以借鉴发达地区的创新经验，但是必须考虑本区域特质性。

（3）总体而言，创新活动能提高企业价值，而且市场化程度越高的地区科技成果转化越快、中介组织越完善，技术交易市场越发达，企业创新效率较不发达地区会更高，因此作为投资者在其他条件不变的情况下，投资区域创新能力强的所在地企业会带来更为丰厚的回报，作为政府相关机构应充分发挥市场在企业创新中资源配资的核心作用，进一步提升区域的市场化水平。

第八章 管理层能力、技术创新与企业价值

——来自中国 A 股上市公司的经验证据

第七章从区域的视角剖析了区域创新能力与企业价值的关系，本章再从企业的层面来分析管理层能力、技术创新与企业价值的关系。从而形成国家、区域和企业三重维度的自主创新、知识产权与企业价值的逻辑结构。

党的十八大报告明确指出，中国经济的未来发展必须要实施创新驱动的发展战略。同时，党的十八届三中全会继续布局深化企业改革，力图使企业成为我国经济发展的真正引擎。因而在政府层面的策略上，已从过去以投资拉动增长的模式转向鼓励企业技术创新来推动经济增长的模式上来，并引导全行业逐步形成以技术创新为核心的优势，以实现经济转型的巨大发展。随着我国经济的市场化程度不断提高，企业竞争也逐步转向以技术创新为主要内容的竞争，甚至在某种程度上决定了企业能否继续生存和发展（汤湘希等，2011）。而企业通过技术创新活动，不仅可以研发新产品，发挥技术优势降低生产成本，还可以在技术创新活动过程中提高企业的经营能力并适应新环境下的企业竞争态势（王同律，2004）。因而在改革进一步深化的大环境下，增强企业的技术创新能力，提升企业价值，实现跨越式发展愈发成为当前颇受关注的热点问题。

在这一过程中，不可忽视的是企业管理层对这一战略实现的巨大影响。管理层是企业经营管理活动的直接决策者，无论是企业技术创新还是企业价值的实现，都离不开管理层对企业资源的配给、利用和整合，并在这一过程中形成技术创新的新发展和企业价值的新变化。因而，管理层能力在企业发展过程中的就变得十分重要，其大小差异对企业目标、管理效能和经营成果的实现起着决定性作用（唐国平等，2014；何威风、刘巍，2014）。因此，在现代管理学框架下，管理层究竟对企业技术创新有怎样的影响，又会带来企业价值的哪些变化，学术界十分关注。

围绕这一主题，学术界从管理层特征的不同视角，做了较为深入的探讨。但现有研究一方面重点从管理层某一个角度来考察两者之间的关系，从三者整

体性关系的角度开展的研究尚需丰富。另一方面从管理层的能力特征视角开展的研究相对较少，特别是从管理层能力影响技术创新战略选择的视角所进行的研究。因此，讨论管理层的能力对企业技术创新活动有怎样的影响以及带来怎样的经济后果，全面了解各因素之间的内在逻辑关系，对于实现经济发展模式的变革、企业发展模式的升级、推动全行业技术创新的进步和企业价值的提升具有重要的理论价值和现实意义。

一、机理分析与假设提出

在资源基础理论视角下，企业是资源的集合体，若是需要实现企业价值最大化的目标，就离不开企业内外部资源的有效开发、利用和配置。这一过程的实现，需要企业管理层发挥其能力建立一套与实现价值相关的内外经济资源相契合的整合系统，以对企业的各种资源进行有效管理和高效配置，这也是企业经营活动的中心环节。在资源的配置过程中，管理层必须以其能力企业进行管理，协调各方资源，根据资源特性进行专业化利用，缓解资源配置中的利益冲突，才有可能实现这一目标。企业的资源体现为内部资源和外部资源两种形式。其中，企业的外部资源主要是企业在市场环境中可以获取的资本、劳动力及政策等资源；企业的内部资源体现为企业的生产、财务、研发等内部调配的资源。企业是内外部各种不同的资源进行组合后形成的集合体，其追寻价值最大化目标的过程，实质上就是各种不同资源的开发、利用和配置过程。但不同的资源具有不同的属性，资源之间也存在相互配合或冲突的状态，在不同的组合下其效用发挥也存在不同的结果。企业外部各项资源必须与内部资源相匹配才能发挥最大作用。同时，不同资源之间也存在相互影响，企业外部资本资源会直接影响企业内部财务资源的状态，劳动力资源也会对生产资源产生较大影响。因此，企业内外部不同资源需要形成与实现价值相关的整合系统，而这一过程的实现离不开管理层能力作用的发挥。企业管理层依赖于其能力，针对不同资源性态、匹配程度和利用程度等差异，做出最优化决策，缓解不同资源间存在的冲突，才能实现企业价值的最大化。

同时，在技术发展和变迁与日俱进的时代背景下，企业异质性资源的竞争，越来越向以技术创新为主导的异质性资源转化，企业技术创新也早已成为企业长期竞争优势形成的源泉，也是创造企业价值的关键因素。而技术创新资源的构建，本身存在一定风险和配置难度，因而在这一核心资源构建过程中，管理层敢于冒险和承担风险的能力，以及组合内外部资源的能力就显得尤为重要。企业技术创新活动的资源，蕴含于企业内外部资源之中，具体而言，科研人员、技术储备和技术创新投入是主要的相关资源。企业在进行资源配置过程中，首先，需要对是否进行技术创新资源的配置进行决策，很大程度上取决于管理层的意愿。其次，在进行技术创新资源配置的过程中，管理层会决定技术创新投入的内容，不同的内容会形成不同的技术创新资源。管理层能力较强时，能确定较好的技术创新资源配置方向，投入更多的科研人员，形成体系化的技术储备，最终推动技术创新的进步。

　　企业资源是有限的，其所处的环境也是不断变化的。因而在企业进行资源配置形成核心资源和实现价值增值的过程中，动态能力的影响不可忽视。在当下环境中，如果企业仅仅只专注于企业内部资源的构建，忽视外部动态环境的变化，那么有可能阻碍企业通过调整内部资源来适应新环境下的竞争格局。作为资源配置中心地位的企业管理层，需要依据环境变化识别和反映资源配置的时机，并不断改变资源形态甚至突破资源传统，实现资源创新，这必然对企业管理层能力提出了更高的要求。企业管理层必须能够发现外部环境中市场和产品的变化以及消费者的需求变化的能力，能够快速熟练的抓住机会，实现内部资源和外部环境的整合、重建，才有可能实现企业资源的优化配置并推动核心技术创新资源和企业价值的提升。企业面临的外部环境纷繁复杂，通常会存在顾客需求、竞争环境和产品市场等不同的环境。这些环境始终处于动态变化的过程中，对企业也存在着不同的影响。因而，企业需要管理层具备相应识别能力，在不断变化的外部环境中识别创新机会和发展机遇，并利用相应机会和机遇，做出符合企业发展要求的经营活动决策，对企业内外部的各种资源进行重新配置，从而推动企业价值的提升。识别企业外部环境中的创新机会和发展机遇是管理层非常关键的能力，在动态竞争环境中，企业的竞争优势通常会被加速创造或消融，只有在具备识别能力的管理层带领下才能够抓住机遇，对新环境进行必要的评估，了解如何适应顾客新需求，竞争环境新变化和产品市场新动向，在明确路径的基础上，采取果断的适应这种变化的措施，才有条件推动企业不断发展。在这个过程中，通常与企业惯性产生冲突，管理层发挥其能力缓解这种惯性冲突就显得尤为重要，以确保新机会得到利用，避免内外部旧有资源形态对变革的抗拒变化。企业适应过往环境的资源配置模式，在新的动态环境中，需要管理层来进行调和，实现重新配置，使企业各项活动具有更高的效率。因而，企业在外部环境不断变迁的情况下，管理层识别机会、利用机会并对资源进行重新配置的能力成为获得长远竞争优势的关键。管理层能力对技术创新和企业价值影响作用机理如图 8 – 1 所示。

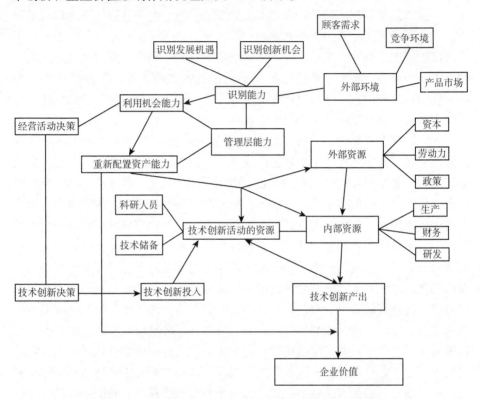

图 8 – 1　管理层能力对技术创新和企业价值影响作用机理

从上述理论的视角出发，企业要获得长期竞争优势，关键在于构建企业的核心资源和适应环境变化的动态能力，而无论核心资源的构建还是企业动态能力的形成，都直接受到企业管理层的影响，管理层能力的差异会使得异质性资源和能力也存在差异，会对企业行为及价值产生直接且深远的影响。当管理层能力水平较高时，企业的日常经营活动通常更为高效，能够利用较少的资源把握企业发展机会（Chemanur & Paeglis，2005；Ivashina & Scharfstein，2010），管理层也能够通过其能力来影响企业的经营管理活动和战略选择，并最终促进企业价值的提升（Waldman，2001；Chemmanur & Paeglis，2005）。管理层能力越强，企业现金持有水平提升程度较大，资本动态结构的调整速度越快，投资效率也相对越高，也较少出现通过在职消费等方式来获取个人利益，产生的薪酬差距也会对企业业绩产生积极影响（唐国平等，2014；何威风和刘巍，

2014；潘前进和王君彩，2015），企业价值也相对更大。而企业技术创新活动，不仅能形成企业技术创新成果，还能提高企业整体经营管理活动各环节的组织配合能力，使企业有很强的环境适应能力，能不断适应企业外部环境的变化，为企业创造更多的价值，和企业价值具有内在的一致性（Deng，Lev & Narin，1999；傅家骥，2001；王化成等，2005；罗婷等，2009；李左峰，2013），且管理层的能力有助于推动企业发现科技发明与技术变革带来市场价值，从而推动企业更好地进行技术创新的相关活动，同时也能够通过管理层自身的创新能力，带动企业的技术创新氛围，最大程度发挥技术创新的作用。依据上述分析，提出如下假设：

假设1：管理层能力有助于推动企业价值不断提升。

假设2：管理层能力能够加强企业的技术创新活动。

前已述及，企业是资源的集合体，资源配置也成为为企业管理层能力运用的核心内容。管理层以其能力的发挥来选择和确定企业自身优势，并针对外部环境的相关变化做出自身改变，使得这种优势得以保持，即管理层能够通过其能力来影响企业的经营管理活动和战略选择，并最终促进企业价值的提升（Waldman，2001；Chemmanur & Paeglis，2005）。可见，管理层能力在影响企业价值的过程中，并不是其直接产生相应效果，而是通过资源的配置和重新组合来实现的，尤其是企业所拥有的难以模仿的异质性资源（Barney，1991），而技术创新的特性决定了它是企业最重要的异质性资源。可见企业管理层通过其能力运用，对企业资源进行配置，会逐步形成以技术创新为核心的异质资源，并形成企业的核心能力，使企业有很强的环境适应能力，能够为企业创造更多的价值。由此可见，管理层能力并不直接对企业价值产生促进作用，而是通过技术创新活动来实现的。

同时，企业技术创新活动的成果既是企业的异质性资源，也是企业核心竞争力的重要组成部分。以专利形式为代表的技术创新产出成果是企业重要的静态资源，需要能够发挥这项资源的"独特能力"（Penrose，1959），才能真正实现其价值。因为企业技术创新产出必须适应企业外部急速变化的环境才有可能创造出价值。企业管理层必须能够发现外部环境中市场和产品的变化以及消费者的需求变化的能力，才能实现企业内部技术创新成果的核心资源和企业外部市场和消费者需求的衔接，在动态的市场竞争环境中获得企业竞争优势。因而，作为企业的异质性资源，企业技术创新活动的成果，本身不直接创造价值，而是管理层通过其能力对成果进行适应于外部环境变化的利用才创造出企业的价值。而当管理层能力不足时，则会影响到这种资源对企业价值创造的结果。依据上述分析，提出如下假说：

假设3：技术创新是管理层能力与企业价值之间的中介变量。

假设4：管理层能力对技术创新产出创造企业价值活动具有调节作用。

二、研究设计

（一）研究样本

本章以我国 A 股 2003～2013 年的上市公司为研究样本，其数据来源主要是国泰安数据库（CSMAR），相应专利权数量披露的详细信息及部分研发投入（R&D）数据信息为手动收集。其中，样本企业的专利权数据主要取自中国知识产权局专利查询网站。2003～2006 年期间企业研发投入的详细相关信息通过查阅此期间上市财务公司财务报表附注取得。2007 年以后这部分数据从开发支出科目中取得。剔除了金融类企业、ST 企业和部分存在缺失的数据类型。在针对不同模型进行回归时，受制于某一变量的样本，因此不同的回归模型其样本数量存在差异。

（二）变量选择及说明

1. 被解释变量。针对不同的回归模型，本章以企业价值、技术创新投入和技术创新产出分别作为被解释变量。

借鉴已有成果，选取托宾 Q 作为企业价值评价指标，通过企业的市场价值及其资产重置价值的比值来确定（陆国庆，2011）。这一指标实际上是利用了企业财务指标和企业市场价值指标两种衡量方式，通过比值来联系两种方式。

已有研究中，对于企业技术创新活动水平或者能力多以研发投入和专利数量来衡量（聂辉华等，2008；温军、冯根福，2012），本章仍选择这两种方式来衡量企业技术创新活动的水平。对研发投入取对数，记为 LnR&D；企业的专利权数量以 Patent 表示。

2. 解释变量。解释变量主要为上市公司管理层能力，其反映管理层有效率地利用上市公司各种资源的能力（Demerjian，2012）。对于上市公司管理层能力，借鉴已有研究，通过两阶段计算的方法来进行衡量（Demerjian，2012；唐国平等，2014；张铁铸等，2014；潘前进、王君彩，2015）。

首先，在第一阶段采用数据包络分析方法，来估计行业内上市公司的效率值。如公式 8.1 所示。

$$\max_c K = \frac{\text{Sales}}{C_1 CS + C_2 SG\&A + C_3 PPE + C_4 OL + C_5 GW + C_6 IG + C_7 R\&D} \tag{8.1}$$

其中：CS 是企业为了获取销售收入而发生的营业成本，SG&A 是企业管理费用和销售费用，PPE 是企业的固定资产净额，OL 是企业经营租赁费用，GW 是企业商誉，IG 是企业的其他无形资产，R&D 是企业的研发投入。通过这一方式计算获得的 $\max_c K$ 反映了企业整体的资源利用效率。

第二阶段再通过 Tobit 模型测算管理层能力大小（Demerjian et al.，2012；Demerjian et al.，2013）。由于通过第一阶段方法得到的效率值，受到企业因素和管理层能力的双重影响，因此在第二阶段计算中，需要通过 Tobit 回归来剔除企业的影响因素。公司效率值模型（Firm Efficiency，记为 FE）。如 8.2 所示。

$$FE = \omega_0 + \omega_1 Size + \omega_2 MS + \omega_3 FCF + \omega_4 Age + \omega_5 BH + Year + MA \tag{8.2}$$

其中，MA 即为企业管理层能力，是 Tobit 模型回归的残差项，其余分别为影响企业效率值的公司因素，包括企业规模（Size）、市场占有率（MS）、自由现金流（FCF）、公司成立年限（Age）、业务集中度（BH）、年度效应（Year）等。

同时，为了考察管理层能力对技术创新和企业价值关系的影响，本章还考虑管理层能力与技术创新产出的交乘项（MAPatent）来作为解释变量，考察其影响状况。

3. 控制变量。企业规模（Size）。不同的企业规模会对其企业价值以及技术创新产生不同的影响。国内外学者一般用总资产的自然对数作为企业规模的替代变量（Joseph & Richardson，2002；李维安、李汉军，2006），本章也以此来衡量企业规模。

企业资产负债率（Lev）。资产负债率会影响企业技术创新投入，也会因为"税盾效应"和"风险效应"对技术创新活动和企业价值带来影响（Czarnitaki & Kraft，2004；陈海声、刘四娟，2015）。

盈利能力（Roe）。企业盈利能力越强，其更具有丰富的资源和能力来进行技术创新活动，提升企业的市场价值，参考罗婷等（2009）的研究，本章用企业净利润率来衡量企业的盈利能力，记为 Roe。

大股东（Holder）。企业大股东的存在，对企业利益有较为直接的影响，因而会影响到企业的技术创新活动和价值实现。参考周仁俊和高开娟（2012）的研究，本章用企业大股东的持股比例来衡量，记为 Holder。

成长性（Growth）。一般认为成长性较高的公司应该更有动机通过技术创新来创造更多的成长机会，参考杨七中等（2014）的研究，用企业营业收入增长率来衡量企业成长性，记为 Growth。

年度（Year）和行业（Industry）。分别为企业成立年限和所处行业的虚拟变量。企业成立年限会因企业的生命周期对技术创新和企业价值产生影响，不同行业的特征也会对此产生影响（温军、冯根福，2012）。

有关变量的定义如表 8 - 1 所示。

表 8 - 1   变量定义

变量名称	变量代码	变量含义及说明
企业价值	Q	托宾 Q 值（企业的市场价值/企业资产的重置成本）
技术创新	LnR&D	企业研发投入的自然对数
	Patent	企业专利权数量
管理层能力	MA	经计算的管理层能力数值
交乘项	MAPatent	管理层能力和技术创新产出的交乘项
企业规模	Size	企业总资产金额的自然对数
资产负债率	Lev	企业负债总额和资产总额的比值
盈利能力	Roe	企业资产报酬率
大股东	Holder	企业大股东持股比例
成长性	Growth	企业营业收入增长率
年度	Year	企业所处年度虚拟变量
行业	Industry	企业所处行业虚拟变量

（三）模型设计与分析

为验证上述假设，根据理论分析，参考 Guadalupe 等（2012）、Demerjian，2012、温军和冯根福（2012）、朱焱和张孟昌（2013）的研究，分别构建如下模型。如公式 8.3 ~ 8.8 所示。

$$Q = a_0 + a_1 MA + a_2 Size + a_3 Lev + a_4 Growth + a_5 Roe + a_6 Holder$$
$$+ \sum_{m-2003}^{2013} a_7 Year + \sum_{n-1}^{13} a_8 Ind + \delta \tag{8.3}$$

$$LnR\&D = a_0 + a_1 MA + a_2 Size + a_3 Lev + a_4 Growth + a_5 Roe + a_6 Holder$$
$$+ \sum_{m-2003}^{2013} a_7 Year + \sum_{n-1}^{13} a_8 Ind + \delta \tag{8.4}$$

$$Patent = a_0 + a_1 MA + a_2 Size + a_3 Lev + a_4 Growth + a_5 Roe + a_6 Holder + a_7 LnR\&D$$
$$+ \sum_{m-2003}^{2013} a_8 Year + \sum_{n-1}^{13} a_9 Ind + \delta \tag{8.5}$$

$$Q = a_0 + a_1 MA + a_2 LnR\&D + a_3 Size + a_4 Lev + a_5 Growth + a_6 Roe + a_7 Holder$$
$$+ \sum_{m-2003}^{2013} a_8 Year + \sum_{n-1}^{13} a_9 Ind + \delta \tag{8.6}$$

$$Q = a_0 + a_1 MA + a_2 Patent + a_3 Size + a_4 Lev + a_5 Growth + a_6 Roe + a_7 Holder$$
$$+ \sum_{m-2003}^{2013} a_8 Year + \sum_{n-1}^{13} a_9 Ind + \delta \tag{8.7}$$

$$Q = a_0 + a_1 MA + a_2 Patent + a_3 MAPatent + a_4 Size + a_5 Lev + a_6 Growth + a_7 Roe + a_8 Holder$$
$$+ \sum_{m-2003}^{2013} a_9 Year + \sum_{n-1}^{13} a_{10} Ind + \delta \tag{8.8}$$

本文使用模型（8.3）来验证假设1，若MA系数a_1显著为正，则说明管理层能力对企业价值有较大的促进作用，即假设1得到验证。为了研究管理层能力与技术创新的关系，本章分别使用模型（8.4）和模型（8.5）从管理层能力与技术创新投入和技术创新产出两个角度来考察二者之间的关系。当MA系数a_1显著为正时，说明管理层能力与技术创新有明显的正相关关系，原假设得到验证。同时，本章综合使用模型（8.3）、模型（8.5）和模型（8.6）、模型（8.7）来考察管理层能力是否通过技术创新产出来发挥对企业价值的影响作用，若四个模型中，MA和Patent系数均为正显著，则假设3得到验证。通过模型（8.8）来验证管理层能力是否对技术创新产出对企业价值的关系有影响作用，若Patent系数a_2和交乘项MAPatent系数a_3均显著为正，则说明管理层能力能够对技术创新产出和企业价值的影响产生显著作用，即假设4得到验证。

同时，为了研究在中国特殊的制度背景下，以上相关结果是否存在差异，本文同时对模型（8.3）、模型（8.4）、模型（8.5）的回归结果按照企业性质和股权集中度进行分组检验。其中，企业性质按照国有和非国有划分，股权集中度按照全样本股权集中度的中位数来进行分组。

三、描述性统计与回归分析

（一）描述性统计及相关系数分析

1. 描述性统计。根据表8-2，变量描述统计表可知，样本上市企业平均

表 8 - 2 　　　　　　　　　　主要变量描述统计

变量名	均值	标准差	最大值	最小值	上四分位	中位数	下四分位
Q	5.59	381.09	51077.91	0.68	1.36	1.81	2.70
Patent	24.78	169.26	6581	1	0	3	13
LnR&D	16.82	1.71	22.90	6.90	15.94	16.91	17.86
MA	0.001	0.12	0.76	-0.63	-0.067	-0.004	0.059
Size	21.40	1.27	28.40	10.84	20.58	21.26	22.08
Lev	0.57	6.71	877.26	0.001	0.30	0.47	0.62
Holder	37.66	15.99	100	2.20	25.02	35.56	49.64
Roe	0.048	1.135	73.36	-79.88	0.027	0.071	0.125
Growth	3.54	118.59	11763.39	-2266.48	-0.05	0.12	0.39

拥有近25项专利，但中位数仅为3，且存在大量没有专利技术的企业。这表明大多数企业的技术创新活动还处于较低的水平，其标准差达到169说明不同公司之间的技术创新活动存在较大的差异。从企业价值的衡量来看，均值达到5.59，极值差异较大，可以理解为，相关具有技术创新活动的上市公司更能够得到投资者的认同，反映未来期间的价值表现，但不同类型的上市公司依然存在差异。在管理层能力上，我国上市公司管理层能力均值刚好超过0，仅为0.001，中位数为-0.004，说明从整体上看，我国企业管理层的能力是相对较低的，其依然存在大幅提高的空间。

企业资产规模均值达到21.40，差异较小，实际上与我国公司上市资产条件有关。企业资产负债率均值达到0.57，表明即便在上市公司，债权融资依然是主要的资金来源方式。因而适当扩大融资方式，增加技术创新的资金配给，是政府和企业共同需要考虑的问题。净资产收益率均值仅0.048，表明在过去较长的时间范畴内，上市企业的整体回报率并不高，既可能与周期性的经济环境有关，但从另一个侧面也印证了上市企业的管理层整体性能力还较为偏弱，并没能够正在实现企业各种资源的最佳优化配置，也说明提升管理层的能力水平，能够最大程度地发挥资源其本身的价值。

2. 相关系数分析。由表8-3可知，各个变量之间的相关系数都比较小，为保证结果的稳健，本文对以上变量进行VIF检验，其值为1.33，因此变量之间的共线性较弱，对后文模型分析的结论将不会产生大的影响。同时发现，管理层能力与企业研发投入和盈利状况显著正相关，表明管理层能力能够切实影响企业的经营管理活动；企业的研发投入能显著影响专利产出，说明技术创新活动对技术创新产出有很强的促进作用。

表 8 – 3　　　　　　　　　　　　Pearson 相关性检验

变量	Q	Patent	LnR&D	MA	IE	Size	Lev	Holder	Roe	Growth
Q	1									
Patent	−0.019 *	1								
LnR&D	−0.092 ***	0.235 ***	1							
MA	0.009	−0.014	0.037 ***	1						
Size	−0.068 ***	0.220 ***	0.444 ***	−0.062 ***	0.236 ***	1				
Lev	0.211 ***	0.028 ***	−0.009	−0.004	0.078 ***	−0.021 ***	1			
Holder	−0.007	0.032 ***	0.089 ***	−0.001	0.042 ***	0.227 ***	−0.010	1		
Roe	−0.273 ***	0.017 *	0.129 ***	0.063 ***	0.021	0.034 ***	−0.277 ***	0.027 ***	1	
Growth	0.002	−0.004	0.014	0.017 *	−0.010	−0.005	0.001	0.005	0.000	1

注：***、* 分别表示在 1%、10% 水平上显著。

（二）实证检验结果及分析

1. 管理层能力与企业价值的回归分析。表 8 – 4 为上市公司管理层能力和企业价值关系的实证回归结果。表中列（1）显示，管理层能力对企业价值的影响在 1% 水平上显著，且系数为正，表明管理层能力增强会显著增加上市公司的企业价值，假设 1 得到验证。这说明当管理层能力水平较高时，企业的日常经营活动通常更为高效，能够利用较少的资源把握企业发展机会，管理层也能够通过其能力来影响企业的经营管理活动和战略选择，并最终促进企业价值的提升。

表 8 – 4　　　　　　　　　管理层能力与企业价值的回归结果

变量	全样本 （1）	按股权性质分		按股权集中度分	
		非国有 （2）	国有 （3）	低 （4）	高 （5）
MA	0.999 ***	0.800 ***	1.104 ***	0.878 ***	1.132 ***
	(8.726)	(4.330)	(7.832)	(5.089)	(7.594)
Size	−0.479 ***	−0.671 ***	−0.374 ***	−0.641 ***	−0.373 ***
	(−36.23)	(−25.91)	(−25.22)	(−29.42)	(−23.46)

续表

变量	全样本（1）	按股权性质分		按股权集中度分	
		非国有（2）	国有（3）	低（4）	高（5）
Growth	0.000	0..000	-0.000	0.000	0.000
	(0.131)	(0.555)	(-0.587)	(0.0834)	(0.237)
Roe	0.065 ***	0.190 ***	0.011	0.063 ***	0.106 *
	(4.378)	(6.585)	(0.721)	(3.793)	(1.957)
Lev	-0.948 ***	-0.525 ***	-1.281 ***	-0.727 ***	-1.096 ***
	(-12.92)	(-4.309)	(-14.05)	(-6.625)	(-11.37)
Holder	0.003 ***	0.002	0.005 ***	-0.007 **	0.010 ***
	(3.820)	(1.357)	(4.479)	(-2.292)	(6.200)
Year	控制	控制	控制	控制	控制
Ind	控制	控制	控制	控制	控制
Constant	12.163 ***	16.072 ***	9.872 ***	15.586 ***	9.786 ***
	(41.95)	(28.20)	(29.79)	(32.11)	(27.84)
N	11178	4988	6190	5774	5404
Adj R^2	0.342	0.353	0.342	0.336	0.377
F	214.9	100.0	118.4	107.6	120.7

注：***、**、*分别表示在1%、5%、10%水平上显著。

表中列（2）和列（3）是对企业性质影响的进一步分析，发现在企业性质上，无论是国有企业还是非国有企业，两类企业管理层能力对企业价值的影响均在1%水平上显著，说明企业管理层能力增强会显著增加上市公司的企业价值，但国有企业的盈利状况和企业价值的促进作用并不明显。虽然有观点认为，国有企业在市场竞争中处于优势地位，其竞争优势的取得与市场垄断和政府支持密切相关，管理层的作用相对弱化。但本章研究发现，国有企业管理层能力依旧对企业价值提升有很强的推动作用。

表中列（4）和列（5）是考察股权集中度差异是否对结果带来影响，回归结果发现不存在显著性差异，均在1%水平上显著，管理层能力依然与企业价值具有显著的促进作用，但在较高股权集中度时，盈利能力对企业价值提升作用的显著性降低，这也说明即便在较高的股权集中度下，管理层依然对企业经营管理活动有决定作用。

同时发现，企业资产负债率越高时，企业价值越低，因为企业在较高的资产负债率下，会承担更多的偿债压力，面临可持续经营的风险，从而拖累了企业价值。当企业盈利状况较好时，企业价值越大。

总之，即便考虑到中国特殊的股权性质差异和股权集中度差异，管理层能力与企业价值的正向关系依旧十分显著，但在国有企业或者股权集中度较高的企业中，盈利能力和企业价值的关系始终是被弱化的。

2. 管理层能力与技术创新的回归分析。表8－5为上市公司管理层能力与技术创新投入关系的实证回归结果。表中列（1）的数据结果显示，管理层能力对技术创新投入的影响在1%水平上显著，表明管理层能力增强会显著增加上市公司的技术创新投入，假设2得到验证。这说明，企业技术创新活动，不仅能形成企业技术创新成果，还能提高企业整体经营管理活动各环节的组织配合能力，使企业有很强的环境适应能力，为企业创造更多的价值。

表8－5 管理层能力与技术创新投入的回归结果

变量	全样本 （1）	按股权性质分		按股权集中度分	
		非国有 （2）	国有 （3）	低 （4）	高 （5）
MA	0. 677 ***	0. 865 ***	0. 219	1. 172 ***	0. 015
	(3. 770)	(4. 143)	(0. 698)	(4. 822)	(0. 0561)
Size	0. 802 ***	0. 809 ***	0. 855 ***	0. 768 ***	0. 819 ***
	(40. 12)	(27. 71)	(28. 65)	(25. 45)	(29. 84)
Growth	− 0. 001	− 0. 007	− 0. 001	− 0. 050	− 0. 001
	(− 1. 377)	(− 0. 508)	(− 1. 130)	(− 1. 541)	(− 1. 224)
Roe	0. 605 ***	0. 900 ***	0. 458 ***	0. 713 ***	0. 579 ***
	(6. 704)	(6. 255)	(3. 752)	(5. 100)	(4. 908)
Lev	− 1. 310 ***	− 1. 100 ***	− 1. 221 ***	− 1. 409 ***	− 1. 115 ***
	(− 11. 88)	(− 7. 982)	(− 6. 556)	(− 9. 434)	(− 6. 809)
Holder	0. 001	0. 002	0. 003	0. 012 ***	0. 002
	(1. 019)	(1. 362)	(1. 233)	(3. 201)	(0. 812)
Year	控制	控制	控制	控制	控制
Ind	控制	控制	控制	控制	控制

续表

变量	全样本 （1）	按股权性质分		按股权集中度分	
		非国有 （2）	国有 （3）	低 （4）	高 （5）
Constant	-2.495 *** （-5.005）	-3.455 *** （-4.050）	-4.431 *** （-5.696）	-1.108 （-1.404）	-3.545 *** （-5.368）
N	5159	2800	2359	2616	2543
Adj R^2	0.387	0.349	0.430	0.342	0.442
F	120.2	55.08	65.22	49.80	73.85

注：***、**、*分别表示在1%、5%、10%水平上显著。

表中列（2）和列（3）是对企业性质影响的进一步分析，回归结果表明，管理层能力对技术创新投入中，非国有企业的管理层能力在1%水平上显著，且系数为正。但国有企业中，管理层能力虽然与技术创新投入有正向关系，但是不显著。这从一定程度上说明，非国有企业在市场竞争中，依赖于技术创新为核心的资源，因而管理层偏向于通过加强技术创新投入来试图获取竞争优势。但国有企业由于其通常具备市场和政策优势，虽然能够注重技术创新的投入，但并不对此产生依赖，因而管理层的能力水平并没有聚焦于技术创新活动，尚未完全形成以技术创新为核心资源的竞争观念；管理层能力在技术创新活动上的作用也受制于国有企业的限制（如有限的激励和政治成本等）。

表中列（4）和列（5）是考察股权集中度差异是否对结果带来影响，回归结果表明，股权集中度较低时，管理层能力的影响在1%水平上显著，系数为正，结果不存在差异。但当股权集中度较高时，管理层能力的影响并不显著。说明当股权集中度较高时，管理层能力对企业技术创新投入的促进作用受到了抑制，这可能与大股东集权后管理层较难完全按照自身能力水平发挥对企业的经营管理作用有关。

同时发现，企业资产规模较大和盈利水平较高时，企业会有更多的技术创新投入，因为企业有条件调动更多的资源进行技术创新投入。但若企业资产负债率增大，则企业出于偿债压力和持续经营压力减少企业技术创新投入，对技术创新活动产生抑制。

表8-6为上市公司管理层能力对技术创新产出影响的Zip回归结果（同时使用Poisson回归，结果不变）。表中列（1）显示，管理层能力对企业技术创新产出的影响在1%水平上显著，且符号为正，说明管理层能力增强会显著

增加上市公司的技术创新产出，且管理层能力每提升1个单位，技术创新产出提升9.9%，这样假设2得到验证。说明管理层的能力有助于推动企业发现科技发明与技术变革带来市场价值，从而推动企业更好地进行技术创新的相关活动。

表8-6　　　　　　　　　管理层能力与技术创新产出的回归结果

变量	全样本(1)	按股权性质分		按股权集中度分	
		非国有(2)	国有(3)	低(4)	高(5)
MA	0.099 ***	0.973 ***	-0.533 ***	0.323 ***	0.297 ***
	(3.372)	(25.03)	(-11.56)	(6.244)	(6.731)
LnR&D	0.750 ***	0.724 ***	0.378 ***	0.272 ***	0.574 ***
	(256.9)	(151.9)	(102.6)	(57.14)	(136.2)
Size	0.107 ***	0.320 ***	0.398 ***	0.230 ***	0.180 ***
	(29.22)	(45.38)	(84.28)	(32.38)	(36.81)
Roe	-0.247 ***	-0.843 ***	-0.211 ***	0.142 ***	-0.006
	(-21.68)	(-26.08)	(-13.37)	(3.046)	(-0.211)
Lev	0.407 ***	0.809 ***	-0.943 ***	0.399 ***	-0.584 ***
	(21.16)	(28.62)	(-32.25)	(11.98)	(-21.46)
Holder	-0.019 ***	0.004 ***	-0.019 ***	0.003 ***	-0.023 ***
	(-100.2)	(15.27)	(-65.36)	(4.037)	(-53.44)
Growth	0.000	0.011 ***	-0.060 ***	-0.052 ***	-0.018 ***
	(0.0453)	(2.626)	(-6.603)	(-5.328)	(-3.350)
Year	控制	控制	控制	控制	控制
Ind	控制	控制	控制	控制	控制
Constant	-11.820 ***	-16.781 ***	-11.015 ***	-6.948 ***	-9.438 ***
	(-254.7)	(-195.3)	(-159.8)	(-63.34)	(-150.8)
N	4330	2448	1882	2222	2108
Wald chi^2	267579	243886	63172	15335	76455

注：*** 、** 、* 分别表示在1%、5%、10%水平上显著。

表中列（2）和列（3）是对企业性质影响的进一步分析，回归结果表明在非国有企业中，管理层能力依然能够促进企业技术创新产出，但在国有企业中，则出现了抑制情况，说明管理层能力对上市公司技术创新产出的促进作用仅存在于非国有企业中，国有企业甚至产生了较为明显的抑制作用。一方面，这可能与国有企业管理层能力本身对企业技术创新投入的作用受到限制有关。另一方面，可能与国有企业机制相对僵化，企业管理层能力难以实现对技术创新产出的影响有关。

表中列（4）和列（5）是考察股权集中度差异是否对结果带来影响，无论是较高的股权集中度还是较低的股权集中度，管理层能力对于技术创新产出的作用均在1%水平上显著，说明股权集中度并不影响管理层能力与技术创新产出的关系。

同时发现，企业技术创新投入与技术创新产出有显著的正向关系；企业资产规模越大，技术创新产出越多，这可能与较大规模的企业能够提供较好的技术创新资源和环境有关。

3. 管理层能力、技术创新与企业价值的回归分析。表8-7为上市公司管理层能力、技术创新和企业价值关系的回归结果。列（1）和列（2）分别是模型（8.6）和模型（8.7）的回归结果，结合表8-5和表8-6的回归结果，发现管理层能力对企业价值的影响是通过技术创新来实现的。可见，管理层能力在影响企业价值的过程中，并不直接产生相应效果，而是通过资源的配置和重新组合来实现的，尤其是企业所拥有的难以模仿的异质性资源，而技术创新的特性决定了它是企业最重要的异质性资源。故企业管理层通过其能力运用，对企业资源进行配置，会逐步形成以技术创新为核心的异质资源，并形成企业的核心能力，能够为企业创造更多的价值。管理层能力在对企业价值影响的过程中，是通过技术创新投入和技术创新产出来实现的，即技术创新是管理层能力与企业价值之间的中介变量。但结合表8-5和表8-6的回归结果，发现这种关系仅存在于非国有企业中，说明虽然国有企业的管理层能够通过其能力影响企业价值，但并不依赖于技术创新活动，很可能通过其他方式来实现对企业价值的影响。同时，股权集中度较高时，管理层能力仅通过技术创新产出来影响企业价值。在股权集中度较高的企业，管理层能力的发挥受到股东的限制，因而管理层并不能完全决定企业技术创新投入，但能够在既定投入水平下，依赖其能力提升技术创新产出，实现对企业价值的影响。

表 8 - 7　　　　　　　　　管理层能力、技术创新与企业价值的回归结果

变量	模型（8.5）(1)	模型（8.6）(2)	模型（8.7）(3)
MA	1.887 *** (11.63)	1.558 *** (10.77)	1.421 *** (8.989)
LnR&D	0.054 *** (4.272)		
Patent		0.000 ** (2.142)	0.000 ** (2.278)
MAPatent			0.012 ** (2.146)
Size	- 0.418 *** (- 20.25)	- 0.393 *** (- 23.26)	- 0.392 *** (- 23.18)
Growth	- 0.000 (- 0.276)	0.000 (0.151)	0.000 (0.198)
Roe	0.571 *** (6.971)	0.441 *** (6.565)	0.442 *** (6.578)
Lev	- 1.024 *** (- 10.15)	- 1.179 *** (- 12.53)	- 1.178 *** (- 12.53)
Holder	0.005 *** (4.405)	0.004 *** (3.491)	0.004 *** (3.525)
Year	控制	控制	控制
Ind	控制	控制	控制
Constant	10.478 *** (23.23)	10.691 *** (27.48)	10.665 *** (27.40)
Observations	5159	6895	6895
Adj R^2	0.387	0.347	0.347
F	115.6	130.1	125.8

注：***、**、*分别表示在1%、5%、10%水平上显著。

列（3）是模型（8.6）的回归结果，发现管理层能力、技术创新产出及二者交乘项系数均显著为正，说明管理层能力对技术创新和企业价值的关系具有显著的影响。以专利形式为代表的技术创新产出成果是企业重要的静态资源，需要能够发挥这项资源的"独特能力"才能真正实现其价值。同时，企

业管理层必须能够发现外部环境中市场和产品的变化以及消费者的需求变化的能力，通过这种能力才能实现企业内部技术创新成果的核心资源和企业外部市场和消费者需求的衔接，在动态的市场竞争环境中获得企业竞争优势。因而，企业技术创新活动的成果，作为企业的异质性资源，本身不直接创造价值，而是管理层通过其能力对成果进行适应于外部环境变化的发挥才创造出企业的价值。考虑到管理层能力度量值的具体情况，可以说明当管理层能力较低时，管理层能力抑制了技术创新产出提升企业价值作用的发挥；当管理层能力较强时，会增强技术创新产出对企业价值的提升作用。

（三）稳健性检验

1. 改变计量方式。为了验证实证结果的稳健性，本文首先采用改变计量方式的方法对主要回归进行验证。在前文的管理层能力计算中，考虑了自由现金流（FCF）的影响。但实际上，受制于企业自有现金流项目的内容和以前年度数据的披露不完整，估算的自由现金流量可能存在不准确的地方。因而，在Tobit 回归中，通过去掉自由现金流项目，获得新的管理层能力残差值，来考察回归结果是否稳定和可靠。回归结果见表 8 - 8。从回归结果来看，各主要回归结果与实证回归结果保持一致，仅在系数上存在差异，但不影响实证回归结果，因而前文的实证分析具有一定的稳定性。

表 8 - 8　　　　　稳健性检验回归结果（改变计量方式）

变量	管理层能力与企业价值	管理层能力与技术创新	管理层能力、技术创新与企业价值		
MA	1. 037 ***	0. 713 ***	1. 976 ***	1. 578 ***	1. 444 ***
	(9. 107)	(3. 981)	(12. 22)	(10. 98)	(9. 194)
Size	− 0. 479 ***	0. 801 ***	− 0. 417 ***	− 0. 393 ***	− 0. 391 ***
	(− 36. 36)	(40. 19)	(− 20. 27)	(− 23. 31)	(− 23. 23)
Growth	0. 000	− 0. 001	− 0. 000	0. 000	0. 000
	(0. 120)	(− 1. 393)	(− 0. 323)	(0. 133)	(0. 179)
Roe	0. 065 ***	0. 605 ***	0. 559 ***	0. 435 ***	0. 436 ***
	(4. 386)	(6. 697)	(6. 832)	(6. 485)	(6. 499)
Lev	− 0. 934 ***	− 1. 298 ***	− 0. 994 ***	− 1. 162 ***	− 1. 162 ***
	(− 12. 76)	(− 11. 78)	(− 9. 881)	(− 12. 37)	(− 12. 37)

续表

变量	管理层能力与企业价值	管理层能力与技术创新	管理层能力、技术创新与企业价值		
Holder	0.003 ***	0.001	0.005 ***	0.004 ***	0.004 ***
	(3.693)	(0.955)	(4.220)	(3.428)	(3.459)
Patent				0.000 **	0.000 **
				(2.148)	(2.295)
LnR&D			0.054 ***		
			(4.260)		
MAPatent					0.012 **
					(2.119)
Constant	12.152 ***	− 2.392 ***	10.433 ***	10.636 ***	10.610 ***
	(42.18)	(− 4.826)	(23.30)	(27.57)	(27.50)
Observations	11233	5171	5159	6916	6916
Adj R^2	0.342	0.388	0.388	0.347	0.347
F	216.1	120.5	116.4	130.7	126.4

注：*** 、** 、* 分别表示在1%、5%、10%水平上显著。

2. 改变回归样本。考虑到2007 年以后，由于会计准则变更，企业相应财务指标出现较大程度的变化，故本章进一步考察在2007 年以后主要模型的回归结果是否稳定和可靠，回归结果见表8 – 9。管理层能力对企业价值和技术创新的影响均在1% 水平上显著，在三者关系上的各主要回归结果与实证回归结果也保持一致，仅在系数上存在差异，但不影响实证研究结果，因而前文的实证分析具有一定的稳健性。

表8 – 9　　　　　　稳健性检验回归结果（改变回归样本）

变量	管理层能力与企业价值	管理层能力与技术创新	管理层能力、技术创新与企业价值		
MA	1.015 ***	0.712 ***	0.112 ***	1.488 ***	1.330 ***
	(7.107)	(3.828)	(3.814)	(9.140)	(7.428)
Size	− 0.516 ***	0.795 ***	0.088 ***	− 0.427 ***	− 0.425 ***
	(− 31.97)	(38.58)	(23.78)	(− 22.57)	(− 22.48)
Growtha	0.000	− 0.001	0.001	0.000	0.000
	(0.320)	(− 1.368)	(0.313)	(0.168)	(0.220)

续表

变量	管理层能力与企业价值	管理层能力与技术创新	管理层能力、技术创新与企业价值		
Roe	0.094 ***	0.633 ***	−0.268 ***	0.577 ***	0.578 ***
	(5.556)	(6.849)	(−25.11)	(7.311)	(7.320)
Lev	−1.133 ***	−1.332 ***	0.403 ***	−1.190 ***	−1.191 ***
	(−12.29)	(−11.65)	(20.70)	(−11.27)	(−11.28)
Holder	0.004 ***	0.002 *	−0.019 ***	0.004 ***	0.004 ***
	(3.210)	(1.698)	(−98.07)	(3.266)	(3.317)
LnR&D			0.770 ***		
			(257.4)		
Patent				0.000 **	0.000 **
				(2.176)	(2.295)
MAPatent					0.013 **
					(2.120)
Constant	14.971 ***	−1.802 ***	−11.790 ***	13.270 ***	13.238 ***
	(43.48)	(−3.951)	(−251.4)	(32.83)	(32.74)
Observations	8596	4755	4755	5873	5873
Adj R^2	0.325	0.363	0.378	0.335	0.335
F	179.0	117.3	120.1	122.5	117.9

注：*** 、** 、* 分别表示在1%、5%、10%水平上显著。

四、研究结论与政策建议

本章通过研究上市公司的管理层能力、技术创新与企业价值之间的关系，以及在中国特殊的制度背景下，股权性质和股权集中度的差异是否会对三者关系产生影响，得到以下结论：第一，管理层能力较高的上市公司，往往具有较高的企业价值，而且这种关系不受股权性质和股权集中度差异的影响。第二，管理层能力与企业技术创新有着密切相关的推动作用，但这种作用仅存在于非国有企业和低股权集中度的企业中。第三，管理层能力对企业价值的影响过程中，技术创新发挥着中介作用，即管理层的能力通过影响技术创新来实现对企业价值的影响。进一步研究发现，这种关系仅存在于非国有企业中，同时股权集中度较高时，管理层能力仅通过技术创新产出来影响企业价值。第四，当管理层能力较强时，其能强化技术创新产出对企业价值的影响作用；当管理层能力较弱时，会产生抑制作用。第五，我国上市公司管理层能力整体较弱，国有企业相对非国有企业而言，其管理层能力尚有待增强。从整体上看，我国企业管理层的能力是相对较低的，仍然存在大幅提升的空间。而与非国有企业相比，管理层能力在国企中表现欠佳。第六，我国企业的技术创新程度依然较低，不同企业的技术创新水平也存在较大差异。

结合以上结论，提出以下政策建议：第一，摒除对管理层能力发挥程度的限制性因素。尤其在国有企业中，弱化非能力因素的考核，实现企业管理层的专业化和职业化发展。第二，完善职业经理人市场，建立健全职业经理人能力评价体系和制度，发挥职业经理人声誉机制，实现企业管理层和企业之间的双向选择和互动。通过对职业经理人能力水平的衡量，来对企业管理人员进行更为精准的考核，使股东能够更好地了解管理层的能力水平和企业经营状况。第三，进一步深化混合所有制改革，形成股权集中度较低的混合所有制企业资本结构模式。混合所有制改革，就是要去除国企政企不分的状况，弱化国有企业的社会职责功能，建立企业家思维，为国有企业的顺利改制提供良好契机。同时较低股权集中度的模式，会有利于管理层专业化能力的发挥，避免过分受制于体制和股份结构，并使得管理层能够集中精力于企业的技术创新活动和企业价值创造过程中来。第四，加强机制引导，使技术创新成为企业发展的使命，并形成以技术创新为导向的激励制度改革。通过树立鼓励政策、扶植政策，利用企业管理层能力的促进选择作用，发挥技术创新的巨大优势。

第九章　自主创新、知识产权与产业发展评价指标体系集聚

如前所述，欲从统计学的视角对自主创新、知识产权对产业发展和社会经济的贡献予以测度，需要建立科学、可行、立体完整的统计指标体系予以衡量。借此，本章将以前人研究的理论成果、国际经验和我国地区的实践做法等为依据，将统计指标体系予以集聚，便于在实践中使用。根据现实情况和××省的实际，我们认为，在"十三五"期间，可以进行如下指标的统计：

（1）知识产权密集型企业。因这类企业数量的多寡不仅直接影响着一个国家或者地区创新能力的大小，而且便于统计。

（2）研发（R&D）强度。研发强度（包括国家、地区和企业）的大小不仅直接体现一个企业、地区或者国家队创新的投入，而且可以间接体现研发投入对经济发展的贡献，同时，也有多年的实践经验，也非常容易统计。

（3）知识产权对经济的贡献率。自主创新的成果在一定程度上体现为知识产权，目前，各国、各地区都统计了科技对经济的贡献率。我们可以借用科技对经济的贡献率来统计知识产权对经济的贡献。当然，也可以重新设计一些指标来衡量。

前述的三个指标基本上是单一的衡量自主创新、知识产权对经济的贡献。我们认为，至少还得采用综合的指标来进一步衡量创新和知识产权。

（4）中国创新指数。该指数由国家统计局发布（《中国创新指数（CII）研究》），用以反映与评价我国创新能力水平的发展情况。分别由创新环境指数、创新投入指数、创新产出指数、创新成效指数这四个一级指标和21个具体指标组成，计算结果可反映和我国创新能力的大小。

（5）知识产权指数。知识产权评价指数旨在反映一个区域的知识产权战略实施绩效强弱的工具，包括2个一级指标、5个二级指标和11个三级指标构成的评价体系。

一、知识产权密集型企业（产业）

由于我国学界对知识产权统计相关研究尚显不足，尤其是对知识产权密集型产业领域的研究有所欠缺，因此，我们首先借鉴美国、欧盟等国家或地区的做法，界定知识产权密集型企业及其统计要求。

（一）知识产权密集型企业（产业）的界定

1. 美国。前已述及，美国商务部于 2012 年 3 月发布了《知识产权和美国经济：聚焦产业》的综合报告，该报告中将知识产权密集型企业（产业）划分为三类。分别是：专利密集型、商标密集型和版权密集型。

第一类：专利密集型产业。是指以专利强度高于同行业平均值的企业或产业。专利强度是某一行业专利量与就业量的比值（专利数/就业量）高于整体平均值的产业。专利强度指标不仅包含了专利数量的多少，而且衡量了每个企业（产业）所拥有的专利数量。美国在 2010 年，其专利强度的均值就达到了27.3，即每 1000 个岗位拥有 27.3 个专利。而专利强度均值排名前四的行业都集中于计算机和电子产品制造业这一类高新技术产业。

第二类：商标密集型产业。如前所述，目前界定商标密集型产业的方法有三种，分别是商标强度、注册商标 50 强和随机抽样。通过这三种方法综合得出的产业作为商标密集型产业。经过测算，美国有 14 个行业满足要求。

第三类：版权密集型产业。美国对版权密集型产业的界定方法采用了世界知识产权组织《版权产业的经济贡献调查指南》（ Guide on Surveying the Economic Contribution of the Copyright – based Indus – tries ）中的定义。从美国的实践来看，该报告分析了美国全部 313 个产业，从中确定了 75 个大量使用版权或商标保护的知识产权密集型产业，即 23.9% 的产业为知识产权密集型产业，报告中还对知识产权密集型产业对美国经济和创造就业所带来的直接和重大影响进行了阐述，并清楚提出了应对措施——美国需要进一步增强对知识产权的保护，鼓励创新，为赢得未来夯实基础。

2. 欧盟。前已述及，欧盟的知识产权密集型产业的认定方法相较于美国的认定方法基本一致。均采用衡量产业平均专利强度作为标准来认定是否属于专利密集型产业。在数据选择上，欧盟选取一定时期内提交申请并成功得到授权的专利及其数量。商标密集型产业亦采用商标密度均值作为阈值进行认定。版权密集型产业认定则同样依据世界知识产权组织《版权产业的经济贡献调查指南》定义予以认定。欧盟知识产权密集型产业认定与美国不同的地方在于，增加了将外观设计与地理标志密集型产业的认定方法，进一步拓展了知识产权密集型产业的边界与内涵。

3. 中国。就目前我国的实践来看，我们并未明确界定何谓知识产权密集型企业。只是姜南、单晓光和漆苏（2014）在其《知识产权密集型产业对中国经济的贡献研究》一文中，根据美国和欧盟对知识产权密集型产业的界定，结合我国实际情况，设定如下四个指标予以界定：

一是发明强度。某产业当年的发明专利申请数量/某产业当年的从业人数。该指标大于全产业的发明专利申请数量/总从业人数的比值。

二是发明存量强度。某产业当年拥有发明专利数量（存量）/某产业当年的从业人数。该指标大于全产业的拥有发明专利数量与总从业人数的比值。

三是专利产值强度。某产业当年发明专利申请数量/某产业当年的工业产值。该指标大于全产业的发明专利申请数量与工业总产值的比值，则认定为专利密集型产业。

四是专利产值存量强度。某产业当年拥有发明专利数量（存量）/某产业当年的工业产值大于全产业的拥有发明专利数量与工业总产值的比值。

我国商标密集型产业界定借鉴了美国指标构建方法，也是采用三种方法进行度量。

我国版权密集型产业界定参照中华人民共和国国家版权局的界定。版权产业的概念最早由美国提出，1959 年，美国就发表了《美国版权产业的规模》研究报告，1990 年起，美国国际知识产权联盟（IIPA）每隔 1～2 年就发布一份版权产业报告。2004 年，世界知识产权组织对版权产业概念进行界定，认为版权产业是指版权可发挥显著作用的活动或产业，包括核心版权产业（出版、录音、电影、广播电视、软件、网络等所有产值来自版权的产业），这也是狭义版权产业的概念、部分版权产业（电视机、录像机等为核心版权产业提供便利设备的产业）、相互依存的版权产业（建筑、纺织、家具、玩具、灯具等与版权相关的产业）、非专用支持产业（批发、零售等促进版权传播、发行的产业），经济贡献的统计来源于中国版权年鉴中的统计数据。

（二）知识产权密集型企业（产业）对比研究

对于知识产权密集型企业（产业）到底该如何界定和统计，我们将美国、欧盟和我国的标准予以比较，如表 9－1 所示。

表 9 - 1　　　　　美国、欧盟及我国知识产权密集型产业界定方法对比表

知识产权密集型产业分类及核算指标确定标准		美国	欧盟	我国
专利密集型产业		专利强度（专利数/就业量）高于整体平均值的产业。即美国的专利选择对象为2004~2008年产业授权专利数与该产业五年间平均就业人数的比值	同美国类似，区别在于欧盟的专利选择是根据2004~2008年的专利申请并最后成功授权（2004年1月1日~2013年2月8日）的专利。	四种量化方法的综合
商标密集型产业	商标强度	商标强度（商标数/就业量）大于平均值的行业。查找2004~2008年的上市公司的注册商标，然后整理该公司所属行业（该行业以NAICS代码表示）以及雇员等信息，形成数据库，之后把不同行业的公司归类，最后按行业计算各个行业的商标强度。	同美国	产业中拥有的驰名商标数与产业就业人数的比值，并将高于全产业商标密度的产业认定为商标密集型产业
	注册商标50强	根据自2006年，美国专利商标局每年都会公布获得商标注册数量最多的50家公司，作为研究样本。对每一年度的每一个企业找到其所属行业，以此方法统计2006~2010年250家公司（总共5年，一年50家公司，会有重复）所属行业出现的次数。如果出现次数大于等于5次，便认为其为商标密集型行业。	同美国	根据中国各省市著名商标所在产业进行统计，统计2011~2012年中国各省市著名商标，以统计次数出现最多的产业对第一种方法进行补充
	随机抽样	对2010年注册的所有商标进行300个商标的随机抽样，找到这300个注册商标所属的行业，由此认定该行业为商标密集型产业	同美国	根据2013年最新的《中国最具价值品牌》排行榜，对上榜的500个最具价值商标按产业进行归类，计算出全产业商标密度平均值（商标密度的计算方法为产业商标个数与该产业品牌价值的比值），将高于全产业商标密度平均值的认定为最具价值品牌的产业，并作为第一种和第二种方法的补充

续表

知识产权密集型产业分类及核算指标确定标准	美国	欧盟	我国
版权密集型产业	借鉴了世界知识产权组织《版权产业的经济贡献调查指南》既包括生产版权作品的行业，也包括与版权产品的营销相关的行业	欧盟报告的版权密集型产业只包括核心版权产业，即完全从事创作、制作和制造、表演、广播、传播和展览或销售发行作品以及其他受保护客体的产业	借鉴我国国家版权局的界定及统计资料

（三）我国知识产权密集型企业（产业）的统计指标设定

本章专利密集型产业的界定参照了国家知识产权局规划发展司 2015 年 11 月 3 日发布的《专利统计简报》的界定：采用发明专利授权量、专利人口密度和专利市场密度三个指标，共同反映在相关产业发展和竞争中专利发挥的影响和作用的大小。针对中国国民经济工业领域进行研究，工业领域在国民经济行业分类中涉及 3 个工业门类（采矿业（B）；制造业（C）；电力、热力、燃气及水生产和供应业（D）），41 个工业大类，201 个工业中类，工业中类是我们的研究重点。剔除了 2 个较难获得经济数据的工业中类（核燃料加工（253）；核辐射加工（413）），我们基于剩余的 199 个工业中类进行了分析研究。199 个工业中类产业中，发明专利授权量、专利人口密度和专利市场密度均高于平均值的有 24 个，确定为专利密集型工业中类产业。这些产业主要集中在医药制造业、通用设备制造业、专用设备制造业和仪器仪表制造业。

1. 专利授权量。专利授权量指由专利行政部门通过审理专利授权申请并予以授权的专利件数，是发明专利、实用新型专利、外观设计专利授权数量的总和。

（1）专利当年授权量。专利当年授权量指标说明企业当年获得专利权的数量。其计算公式为：专利当年授权量 = 发明专利当年授权量 + 实用新型专利当年授权量 + 外观设计专利当年授权量。

（2）专利累计授权量。专利累计授权量指标说明企业截至本年累计获得的各项专利权数量。其计算公式为：专利累计授权量 = 专利当年授权量 + 以前年度专利授权总量。

2. 专利人口密度。专利人口密度亦称专利密度，是指每万人专利拥有量。其计算公式为：专利授权量/人口总量（万人）。从我国地区分布来看，深圳市 2015 年每万人口发明专利拥有量为 73.73 件，有效发明专利密度领先于北京市、上海市居于首位。根据 2015 年国家知识产权局发布的数据显示，我国发明专利授权量排名前五位的省（区市）依次为：江苏省（36015 件）、北京市（35308 件）、广东市（33477 件）、浙江省（23345 件）、上海市（17601件）。仅深圳市的专利授权量就高达到 105481 件，占到了广东省的一半以上，深圳市的专利研发的产出水平可见一斑。

全国发明专利授权量排名前十的国内（不含台湾地区和香港、澳门特别行政区）企业中，落户深圳市的企业就有 5 家，彰显出深圳市的创新活力与创新实力。这五家企业分别为（按专利授权量排名）：中兴通讯股份有限公司（2673 件）、华为技术有限公司（2413 件）、深圳市华星光电技术有限公司（728 件）、腾讯科技（深圳）有限公司（581 件）、比亚迪股份有限公司（509 件）。

国际专利方面，深圳市申请量接近全国一半，连续 12 年居全国各大中城市之首。2015 年，我国知识产权局共受理国际专利申请量为 29846 件。其中，广东省申请量约为 1.5 万件，超近半数的申请量稳居首位。深圳市知识产权局此前发布的数字显示，去年深圳市 PCT 国际专利申请量达到 13308 件，有效发明专利密度高居全国各大城市榜首。

3. 专利市场密度。专利市场密度是衡量专利数量与亿元相应产出产值的比率。根据国家知识产权局规划发展司发布的《专利统计简报》2015 年第 21期显示的专利市场密度如表 9 - 2 所示。

表 9 - 2　　　　　　　　　我国分行业专利市场密度　　　　　　单位：件/亿元

专列市场	密度
通信设备制造	6.41
专用化学产品制造	6.21
输配电及控制设备制造	5.19
通用仪器仪表制造	16.04
生物药品制造	28.03
烘炉、风机、衡器、包装等设备制造	7.52
化工、木材、非金属加工专用设备制造	9.75

从表 9 - 2 可知，在我国的专利市场密度中，生物药品制造业位居第一，其次为通用仪器仪表制造，说明这两大行业具有较强的创新能力和市场转化能力。

二、研发强度

研发（R&D）强度是反映一个国家、地区或者企业创新投入的基本指标。在国际上、中国乃至企业都有较为成熟的统计方法。研发强度通常由两大指标构成。从地区或者国家的层面：全社会（地区）研发投入/全社会（地区）GDP；从企业层面：研发支出/销售收入。

（一）国际统计

联合国教科文组织（United Nations Educational, Scientific and Cultural Organization, UNESCO）2015 年 11 月 10 日发布的《联合国教科文组织科学报告：面向 2030 年》显示，中国研发支出占全球研发支出总额的两成，超越欧盟和日本，美国研发支出占全球研发支出总额的 28%，位列第一位；中国以 20% 位居第二位；欧盟以 19% 与日本的 10% 分获第三、第四位。

普华永道（Price water house Coopers, PwC）思略特最新发布的《2015 年全球创新 1000 强》研究报告显示，由于贴近高增长市场，亚洲已经取代欧洲成为全球研发的首选地，北美洲次之，欧洲则被挤到第三的位置。

该报告对全球创新 1000 强中的 207 家企业进行了研发支出全球化趋势的分析（这些公司的研发支出占全球创新 1000 强研发支出总和的 71%），发现他们的研发支出 35% 用于亚洲，33% 及 28% 分别用于北美和欧洲。而中国本土企业的研发支出也从 2005 年的 12 亿美元增长到 2015 年的 394 亿美元，10 年间我国企业研发支出增长 3285%。2015 全球创新 1000 强榜单上有 123 家中国企业，但在 2005 年仅有 8 家上榜。

（二）我国统计

由国家统计局、科学技术部和财政部联合发布的《2014 年全国科技经费投入统计公报》显示：

1. 持续提升研发投入强度。我国在研发经费投入量呈逐年增加的趋势，且增幅较大。据《2014 年全国科技经费投入统计公报》显示，我国研发经费支出超上一年 1169 亿元，投入总量高达 13015.6 亿元，增幅约为 10%。同时我国研发投入强度指标增幅约为 2.2%，结合报告期前 3 年的数据显示研发投入强度指标呈持续上升态势。通过研发投入的绝对量与相对量的统计比较，说明我国研发投入规模扩大，研发投入强度进一步提升。

2. 夯实研发投入增长基石。2014 年我国企业研发支出为 10060.6 亿元，较上一年增长近 11%，而同为社会创新主体的科研机构与高等院校在研发支出增幅指标分别是 8.1% 和 4.8%。进一步分析发现企业对全国研发投入的增长贡献率高达 84.2%，俨然成为我国研发投入的绝对主力军。使得全社会研发水平不断提升的情况下，进一步稳固研发投入的基础。

3. 三类研发活动投入增速加快。如表 9 - 3 所示三类研发活动分别为基础研究、应用研究以及实验发展。从研究经费投入数量上来看，实验发展的研究经费投入最多，而基础研究所占比例较小。同上一年增幅比较来看，基础研究增幅最大，说明加强了基础研究经费投入量。实验发展虽然相比其他两种研发活动在于上一年增幅比例上较小，在其研究经费投入基数巨大的情况下却依旧能够保持 10% 增幅的情况，说明我国在保持合理研发投入结构的同时，进一步加大三类研发活动的经费投入。

表 9 - 3　　　　　　　　2014 年三类研发活动研究经费统计

研发活动	研究经费（亿元）	较上年增幅（%）
基础研究	613.5	10.6
应用研究	1398.5	10.2
实验发展	11003.6	9.8

随着我国研发经费总量的不断增多，中国紧随美国其后，成为世界第二大科技研发经费投入大国，这期间先后赶超了英国、法国、德国和日本。现如今研发经费投入的情况大体符合我国现阶段的经济社会发展现况，但与同时期的发达国家 3% ~4% 的水平相比较，我国的研发投入强度存在继续提升的可能。为了更快更稳地促进研发水平的提高，对此提出了两方面的要求，第一，要求进一步改善政策体系，加大企业，高校以及科研院所的研发力度，提高经费的使用效率。第二，为了更优化利用市场机制为研发资源的分配创造有利条件，科技体制需要深入改革，保证研发投入的顺利进行。

三、知识产权对经济的贡献率

（一）科技进步对经济的贡献测度

前已述及，知识产权对经济的贡献率，一方面，可以采用科技进步贡献率来代替；另一方面，也可以设定其他指标予以衡量。科技进步对经济增长的贡献份额指的是抛开资本和劳动的影响后，科技这一因素对经济增长的贡献的份额，主要体现在经济增长时投资，劳动和科技三大方面的相互作用关系。一般根据柯布－道格拉斯（C－D）提出的生产函数可以得出科技进步速率方程如公式（9.1）所示。

$$Y = At + K^{\alpha}L^{\beta} \tag{9.1}$$

其中，Y 为产出的年均增长速度，A 为科技的年均增长速度，K 为资本的年均增长速度，L 为劳动的平均增长速度，α 为资本产出弹性，β 为劳动产出弹性。一般情况下，假设在一定时期内 α、β 均为常数，并且满足 $\alpha + \beta = 1$ 的条件，也就是说规模效应不变。令科技进步贡献率为 E，则 E = A/Y × 100%。由柯布－道格拉斯生产函数可推导出计算科技进步贡献率公式如公式（9.2）所示。

$$E = 1 - \frac{\alpha \times K/Y}{\beta \times L/Y} \tag{9.2}$$

将相关数据带入公式（9.2）计算可得，2013 年我国的科技进步贡献率为 51.7%，而同期的美国、日本科技贡献率已高达 80%。

（二）知识产权密集型企业对经济贡献测度

知识产权贡献的衡量基于知识产权密集型产业贡献率的衡量，通过对 GDP 的贡献率、对就业的贡献率及对出口贸易的贡献率衡量来确定贡献的高低。主要包含三个主体的三个方面，首先对知识产权密集型产业所包含的三个内容：专利密集型产业、商标密集型产业、版权密集型产业分别衡量它们对 GDP、就业及出口贸易的贡献率，然后剔除相同指标后合并即可得出知识产权密集型产业贡献。

1. 专利密集型产业对中国 GDP 的贡献率。专利密集型产业对全国城镇单位总就业人数贡献率：由专利密集型产业的就业人数对工业总就业人数的贡献率，与工业对全国城镇单位总就业人数的贡献率相乘计算出专利密集型产业对全国城镇单位总就业人数贡献率。专利密集型产业对出口贸易的贡献用专利密集型产业商品出口额占总出口额的比例来衡量。

2. 商标密集型产业对中国 GDP 的贡献率。商标密集型产业产值占总 GDP 的比例。商标密集型产业对全国城镇单位总就业人数贡献率：商标密集型产业提供就业机会占总就业的比例。商标密集型产业对出口贸易的贡献：版权密集型产业商品出口额占总出口额的比例。

3. 版权密集型产业对中国 GDP 的贡献率。版权密集型产业产值占总 GDP 的比例。版权密集型产业对全国城镇单位总就业人数贡献率：版权密集型产业提供就业机会占总就业的比例。版权密集型产业对出口贸易的贡献：版权密集型产业商品出口额占总出口额的比例。（根据 2012 年中国新闻出版研究院出版的报告《中国版权产业的经济贡献》，以及 2013 年国家版权局发布的《中国版权相关产业的经济贡献（2010 年)》）。

由于版权密集型产业、专利密集型产业以及商标密集型产业有部分重叠，除去重复交叉的部分，可以估算出知识产权密集型产业对中国的经济贡献。具体项目如表 9 - 4 所示。

表 9 - 4　　　　　　　　　知识产权对经济发展贡献测度

知识产权密集型产业对 GDP 的贡献率	专利密集型产业对中国 GDP 的贡献率
	商标密集型产业对中国 GDP 的贡献率
	版权密集型产业对中国 GDP 的贡献率
知识产权密集型产业对就业的贡献率	专利密集型产业对全国城镇单位总就业人数的贡献率
	商标密集型产业对全国城镇单位总就业人数的贡献率
	版权密集型产业对全国城镇单位总就业人数的贡献率
知识产权密集型产业对出口贸易的贡献率	专利密集型产业对出口贸易的贡献率
	商标密集型产业对出口贸易的贡献率
	版权密集型产业对出口贸易的贡献率

四、中国创新指数

《中国创新指数研究》是由我国国家统计局发布的，通过 21 个具体指标从四个方面（创新环境、创新投入、创新产出、创新成效）对我国自 2005 年起的国家创新能力进行衡量与评价。从如图 9 - 1 可知，自 2005 ~ 2014 年中国国家创新能力呈明显的上升趋势，反映出创新环境指数、创新投入指数、创新产出指数、创新成效指数以及创新发展指数的增量与增幅。说明我国创新环境不断改善，创新投入逐年增加，创新产出成果丰硕，创新成效斐然①。

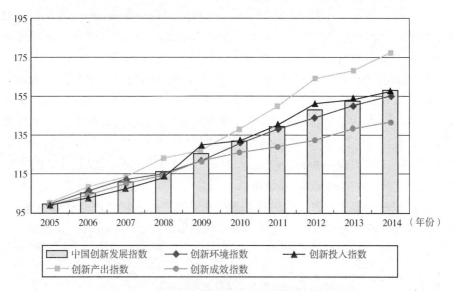

图 9 – 1 2005 ~ 2014 中国创新指数及分指数趋势

该指数有关指标及其计算方法如下：

（一）指标构成

中国创新指数的指标体系从三个角度对我国创新能力进行评价：一是反映了我国创新总体时态，4 个指数之和的平均值即为总指数。二是从创新环境、创新投入、创新产出以及创新成效这四个方面对我国创新情况实现总体测算。三是通过分别测算创新能力的构成要素，以便分析其各方面具体的发展状态。通过创新环境指数、创新投入指数、创新成果指数以及创新成效指数下设的21 个具体指标（如表 9 – 5 所示）进行测算与评价。

（二）创新环境评价指数

创新环境评价指数的具体指标为经济活动人口中大专及学历人数、人均

---

① 国家统计局：2014 年中国创新指数为 158.2，http://www.stats.gov.cn/tjsj/zxfb/201512/t20151229_ 1297321. html2015 – 12 – 29/2016 – 01 – 31。

GDP、信息化指数、科技拨款占财政拨款的比重以及享受加计扣除减免税企业所占比重。主要反映的是创新环境中人力和经费条件的承载力以及发挥政策扶持和导向的作用。

1. 经济活动人口中大专及以上学历人数。该指标反映的是一定区域内综合劳动素质以及创新人力资本条件。指标主体指的是专科学历及以上，年满16岁周岁及以上的劳动力人口。

2. 人均GDP。该指标反映一定区域内经济实力以及创新投入的经济条件，同时也可以反映出经济发展与创新能力相互作用的影响联系。

3. 信息化指数。信息化指数反映的是社会信息化程度高低，利用信息技术创造、获取、联系、生产以及推广信息的能力。主要说明信息化发达程度与社会经济发展之间存在相互促进的作用。

4. 科技拨款占财政拨款的比重。政府主导的财政科技拨款对区域内创新活动的发展具有积极和深远的作用。一方面体现在创新导向，优化改善创新环境，另一方面对创新活动的开展具有持续性的影响力。

5. 享受加计扣除减免税企业所占比重。企业作为社会创新活动的重要参与者，除开政府财政拨款以外，企业研发费用税前加计扣除政策更是鼓励企业积极进行科研创新活动最直接的政策导向。该指标的设置亦有利于优化创新环境，提升企业开展创新活动的积极性。

（三）创新投入评价指标

创新投入评价指数的具体指标为每万人R&D人员全时当量、R&D经费占GDP比重、基础研究人员人均经费、R&D经费占营业（销售）收入的比重、有研发机构的企业所占比重以及开展产学研合作的企业所占比重。主要反映的是创新投入全过程中关键指标的情况。

1. 每万人R&D人员全时当量。R&D人员全时当量反映的是在科研活动中，全时和非全时科研人员及工作人员开展关于科研活动的投入总量。由于是按照工作量进行折合测算，故而能够较为客观地测度创新活动中人力资本投入的情况。

2. R&D经费占GDP比重。R&D经费占GDP比重指标又称R&D投入强度，是通过R&D经费支出与GDP之比来反映科技投入总体水平的核心指标。国际创新评价体系以及我国创新评价体系中均被广泛使用。

3. 基础研究人员人均经费。该指标是按R&D人员全时当量的人均研究经费投入量进行测算，基础研究是创新活动的基本前提与保障，是提高和改善区域内原始创新能力的指标之一。

4. R&D 经费占营业（销售）收入的比重。该指标反映的是企业作为创新主体在生产经营过程中对创新活动经费的投入情况。

5. 有研发机构的企业所占比重。企业建设研发机构不仅能提升其自主研发能力，还能更好地发挥企业作为创新主体的作用。该指标反映了企业作为创新主体的技术创新能力、培育能力及转化能力。同时也推动了产学研合作规模进一步扩展。

6. 开展产学研合作的企业所占比重。产学研合作有利于企业、学校和研究机构各自发挥自身特点，营造集科研创新、研究开发及生产转化为一体的复合优势。通过测度产学研合作的企业所占比重可以反映不同创新主体的协同合作规模。

（四）创新产出评价指标

创新产出评价指数的具体指标有每万人科技论文数、每万名 R&D 人员专利授权数、发明专利授权数占专利授权数的比重、每百家企业商标拥有量和每万名科技活动人员技术市场成交额。该指数评价主体为创新产出的各项成果（论文、专利、商标及技术成果成交额）。

1. 每万人科技论文数。科技论文作为创新产出成果中最重要的"产品"之一，可以客观反映创新主体的科研水平与创新效率。以每万人科技论文数为指标可以反映一定区域内社会平均科研水平。

2. 每万名 R&D 人员专利授权数。由于专利申请存在无法获得授权的情况，所以 R&D 人员专利授权数更能够客观反映 R&D 人员在创新活动中产出的专利有效量。该指标为测度创新研发活动的产出水平和质量提供了可靠依据。

3. 发明专利授权数占专利授权数的比重。专利是发明专利、实用新型专利和外观设计专利的总称，而作为三者中最具含金量、市场转化度最高的专利形式，以发明专利为主体的评价指标可以反映创新产出中专利的产出效率与质量。

4. 每百家企业商标拥有量。企业商标拥有量是指提出商标申请注册并通过，受知识产权法保护的商标数量。每百家企业商标数量反映了企业商标的品牌竞争力和品牌经营能力。

5. 每万名科技活动人员技术市场成交额。技术市场成交额反映了创新活动产出的技术成果和科技研发成果的市场转化的规模与质量。每万名科技活动人员技术市场成交额能反映出科技活动人员作为创新主体的研发强度和效率。

（五）创新成效评价指标

创新成效评价指数的具体指标有新产品销售收入占主营业务收入的比重、高技术产品出口占货物出口额的比重、单位 GDP 能耗、劳动生产率以及科技进步贡献率。各指标分别对应的是企业产品结构更新、出口产品转型、能源节约以及科技经济贡献。

1. 新产品销售收入占主营业务收入的比重。企业将创新产出的成果市场化形成的产品，能否为企业带来经济效益是衡量企业创新活动优劣的条件之一，新产品销售收入占主营业务收入的比重能反映企业创新活动对企业产品结构更新的情况。

2. 高技术产品出口占货物出口额的比重。高技术产业对于创新活动具有较强的依赖性，同时创新投入与产出对于高技术产业也具有促进作用。高技术产品出口占货物出口额的比重反映了企业通过创新活动提升的国际竞争力强度。

3. 单位 GDP 能耗。该指标反映每产出万元 GDP 所耗费的能源水平和节能降耗的情况，能够客观体现能源利用效率。

4. 劳动生产率。该指标是指在一定时期内劳动产出与劳动投入的比值。创新驱动发展，创新程度直接影响了劳动生产率的变化。为反映创新活动对经济发展的影响，本指标体系以劳动生产率为指标对其进行测度。

5. 科技进步贡献率。科技进步贡献率是指由于科学技术发展进步而带来经济增长的贡献效应，是衡量一定区域内科学技术与创新成果进行市场转化效率的指标。该指标反映了创新活动对社会经济发展具有推动作用。

（六）中国创新指数编制方法

1. 确定指标权重。本章结合国内外相关创新评价指标体系研究成果和技术处理路线，本指标体系的指标权重设置采用"逐级等权法"。一级指标之间的权重数为 1/4，同属于一级指标的权重数为 1/n（如创新环境下设 5 个二级指标，其各指标间的权重数即为 1/5）。由此，具体指标及赋值情况如表 9-5 所示：

表 9 – 5 　　　　　　　　　　　　　　中国创新指数指标体系

一级指标	二级指标
创新环境	经济活动人口中大专及以上学历人数
	人均 GDP
	信息化指数
	科技拨款占财政拨款的比重
	享受加计扣除减免税企业所占比重
创新投入	每万人 R&D 人员全时当量
	R&D 经费占 GDP 比重
	基础研究人员人均经费
	R&D 经费占主营业务收入的比重
	有研发机构的企业所占比重
	开展产学研合作的企业所占比重
创新产出	每万人科技论文数
	每万名 R&D 人员专利授权数
	发明专利授权数占专利授权数的比重
	每百家企业商标拥有量
	每万名科技活动人员技术市场成交额
创新成效	新产品销售收入占主营业务收入的比重
	高技术产品出口额占货物出口额的比重
	单位 GDP 能耗
	劳动生产率
	科技进步贡献率

资料来源：国家统计局：《中国创新指数研究》，http：//www. stats. gov. cn/.

　　2. 计算指标增速。通过测算指标增速可以了解指标增长的相对量，是增长水平与上一期发展水平的比值，有利于观测指标评价主体在一定时期内的发展趋势和程度，有助于判断指标评价主体的发展规律。一般来说，计算指标增速通常采用加权平均法，但是由于指标设置等因素导致指标间增速差距过大，造成加权结果失衡，使之评价结果无法较为准确的体现实际情况。故而本指标体系选择范围控制法将指标间增速控制在一定区间范围以内（ -200，200）。

五、知识产权指数

(一) 设置知识产权评价指数的必要性

李克强同志 2014 年 7 月 11 日在会见世界知识产权组织总干事高锐一行时明确提出"努力建设知识产权强国"。充分体现了中央精神和各族人民的共同愿望,这一战略方针已成为目前我国知识产权事业新的战略目标。建设知识产权强国,这是我经济社会发展的客观需要,也是我国知识产权事业发展的必经之路。在过去的 30 多年里,我国知识产权事业节节攀升,取得了令人瞩目的优异成绩。发明专利申请量连续 3 年稳居全球第一位,注册商标申请量连续 12 年保持世界第一,著作权、植物新品种研发等也屡创新高,已成为名副其实的知识产权大国。但是高质量、高价值、高效益的知识产权仍然短缺,对知识产权转化运用不够,依然存在知识产权保护与社会期待有差距等问题。与此同时,面对国际经济深度变革、产业转型步伐加快、科技创新蒸蒸日上、知识产权法律制度不断完善等现状,都迫切需要通过建设知识产权强国来应对挑战,赢得立足之地。

从哲学视角而言,指数是相同数字的乘法量变导致的质变产物、是一种表明社会经济现象动态的相对数,灵活运用指数可以权衡不能直接相加和不能直接对比的社会经济现象的总动态;可以分析社会经济现象各因素变动对总变动的影响程度;可以研究总平均指标变动中各组标志水平和总体结构变动的作用。知识产权指数体系旨在衡量各地区知识产权创新创造能力、市场竞争强度、知识产权保护的综合状况。

就自主创新、知识产权与产业发展的逻辑关系来看,除了应统计前述的相关指标外,我们认为,设置并计算知识产权指数既有必要、又有可能。

(二) 评价体系构建原则

知识产权评价指数旨在反映一个地区或企业的知识产权战略实施绩效强弱的工具,在设置评价时应结合知识产权的发展现状,并结合该区域战略发展要求,以促进区域经济结构优化升级,为此,在制定具体评价指标过程中应遵循如下五个原则:

第一,科学性。要求建立的指标能够真实客观地反映被评价对象的知识产权发展的状态与规律。第二,系统性。所选取的指标既尽可能全面又不冗余,尽量全面的涵盖知识产权各维度指标。第三,可操作性。指标设计应满足控制在合理的统计成本的条件下，指标数据便于收集整理，评价过程便于操作。第四，可比性。指标体系应同时具备时间和空间上的可比性，例如在同一区域的知识产权发展状态的不同时点比较，或是不同区域的差异在同一时点上的比较。第五，导向性。指标不仅对区域当期知识产权具有评价作用，还应对该区域知识产权进一步发展方向提供引导。

（三）国内外知识产权评价指标设定

1. 国际知识产权评价指标概要。前已述及，国际组织及部分发达国家均对衡量创新的评价指标有着深入研究，以下罗列具有代表性的四种指标体系：

第一，欧盟委员会于 2011 年 2 月 1 日公布了首个《创新联盟记分牌》（Innovation Union Scoreboard，IUS），其前身是《欧洲创新记分牌》（European Innovation Scoreboard，EIS）。主要评价对象为欧盟成员国、美国、日本以及"金砖四国"，通过衡量各国创新绩效、创新体系以及竞争力分析。2015 年 5 月 7 日发布的最新一期《创新联盟记分牌》显示，创新表现排名前三位的是韩国、美国和日本，中国大陆位列第七。《创新联盟记分牌》主要从研究体系、金融支撑、投资、创业、创新、智力资本、人力资本和经济后果八个方面进行指标体系构建，以衡量国际创新能力的水平。

第二，《全球创新指数》是由世界知识产权组织、康奈尔大学和英士国际商学院联合发布的由 84 个具体指标构成的关于国际区域创新指标体系，该体系从创新投入与创新传出两个方面对全球 141 个国家和经济体创新能力进行评价，对各国创新能力现状进行评分排名并根据指标得分情况进行数据分析与政策建议。据 2015 年 9 月 17 日发布的《2015 年全球创新指数》显示，瑞士、英国、瑞典、荷兰以及美国分获前五名，中国大陆排名首次进入前三十名。二级指标中分别从制度、人力资本与研究、基础设施、市场成熟度以及企业成熟度对创新投入指数进行构建，而知识与技术产出、创意产出则包含在创新产出指数之中。

第三，世界经济论坛发布的《2014~2015 年全球竞争力报告》是由 3 个一级指标、12 个二级指标以及 111 个三级指标构成，用于衡量一国（地区）综合竞争力状况。瑞士、新加坡及美国分获该指数得分前三名，中国大陆位列第 28 位。报告显示中国面临着诸多发展问题，如人口红利消失带来的生产成本增加，大规模投资收益减少等。该指标从基本条件要素、效率提升要素、创新驱动要素入手，通过宏观经济环境、高等教育培训、金融市场发展、商业环境成熟度以及创新等主要核心指标全面衡量评价对象的国际竞争力。但美中不足的是真正涉及创新的指标占比较少。

第四，瑞士洛桑国际管理学院 2015 年 5 月 27 日发布《世界竞争力年度报告》从四个方面（经济表现、政府效率、营商效率和基础建设）对全球 61 个经济体的年度竞争力进行分析评价排名。由该体系一级指标可知，其主要评价目标为经济竞争实力，而创新相关评价指标占比较少。另外其具体指标体量较大，数据挖掘成本较高，导致国际应用较之前三种指标体系范围略窄。具体如表 9 - 6 所示。

表 9 - 6　　　　　　　　国际上相关组织机构知识产权评价指标体系

机构	体系名称	指标体系
欧盟委员会 （European Commission）	创新联盟记分牌 （IUS）	3 个一级指标（创新动力、企业行为、创新产出），8 个二级指标，25 个三级指标
世界知识产权组织（WIPO）、英士国际商学院（INSEAD）、康奈尔大学（Cornell University）	全球创新指数 （GII）	创新投入、创新产出 2 项一级指标、7 项二级指标、21 项三级指标和 84 项四级指标
世界经济论坛 （World Economic Forum）	全球竞争力报告 （GCR）	3 个一级指标（基本条件要素、效率提升要素、创新驱动要素），12 个二级指标，111 个三级指标
瑞士洛桑国际管理学院 （International Institute for Management Development）	世界竞争力年度报告 （GCI）	4 个一级指标（经济表现、政府效率、企业效率和基础设施），20 个二级指标，333 个三级指标

资料来源：宋卫国，朱迎春，徐光耀等. 国家创新指数与国际同类评价量化比较，2014.

我们发现各个指标体系设计与颁布主体由于其组织功能、价值取向、成员组成、战略目的以及经济发展水平等因素的不同，导致各指标体系的评价侧重、计量方法、指标选取、逻辑框架构建过程中存在差异，而且由于国家（地区）经济发展不均，甚至自然环境的影响都可能导致指标体系可比性产生偏差，所以并不存在一套完美的指标体系。借此，我们在研究设计指标体系的过程中，应立足目标，结合区域实际情况，甄选具有代表性和科学性的评价指标，借鉴学习前人经验，使体系构建达到客观评价的目的。

2. 国内知识产权评价指标。按照《国家知识产权战略纲要》全面布局，以加强知识产权创造、应用、保护和管理能力为总基调，充分实现知识产权在创建国际化大都市路途中的垫脚石作用。上海制定了《上海知识产权战略纲要》，为扎实做好各项工作指明了方向。该战略要求继续实现上海在科学管理、人才培养以及公共服务等方面的不断创新，促进科技与经济、社会的协调发展；法律法规将进一步完善，提高公民的知识产权意识，保证在知识产权事业步入快速发展轨道的同时注重生态环境的保护。到 2020 年，力争把上海市建设成为"高端人才汇聚、创新要素聚集、服务体系健全、保护制度完善"的亚洲太平洋区域知识产权中心。

深圳市为全面配合知识产权战略的开展，提出了以下目标：完善知识产权制度、提升知识产权管理水平、催化自主知识产权的活用、加强知识产权运营、促进知识产权高端服务的发展、增强知识产权的创造能力、深化知识产权城市建设等。以便为创造国家创新城市的方针奠定坚实的基础。为了达成以上目标，深圳将从环境建设、创造能力、管理水平、保护力度、运用成果这五个方面着手评估，得出知识产权综合指数。

为贯彻落实好知识产权战略，全面完成经济社会发展的主要目标，营造良好的知识产权环境，努力完成"两富"、"两美"浙江省的建设，浙江省部署实施《知识产权行动计划》。该计划提出，力争到 2020 年，完善全省知识产权法制环境、提升企业知识产权水平，进一步提高社会知识产权素养，贯彻落实知识产权制度对社会和经济的促进作用，坚定不移深化改革，坚持蹄疾步稳，不断实现建设知识产权强省的基本目标。具体来说，发明专利持有量要求达到 17 件/万人，每一百家企业的有效商标注册了要高于 80 件，社会对知识产权的保护满意度要高于 80%，技术市场交易额要达到 220 亿元，知识产权服务业的年平均收入增长要突破 20%。

江苏省知识产权工作主动适应经济发展新常态，以服务"两个率先"为主线，推动经济转型升级为核心，以贯彻知识产权战略为主线，向提升知识产权创造、应用、保护、管理和服务水平迈出坚实步伐，完成知识产权综合实力与日俱增的目标，为推进知识产权强省建设夯实基础。具体而言，从八个方面着手：知识产权创造、知识产权保护、知识产权战略实施、知识产权宣传教育、知识产权运用、企业知识产权工作、知识产权人才培养与服务、知识产权国际合作交流；实施知识产权战略示范省创建，保证区域知识产权战略实施，部署知识产权强省建设规划。

为贯彻知识产权强国战略，北京市印发了《关于深入实施首都知识产权战略行动计划（2015 - 2020 年）》（以下简称《行动计划》）。《行动计划》一是突出部门间的融合。在编排上打破了以往将专利、商标、版权、植物新品种等不同类型知识产权分别表述的固有模式，以大知识产权的概念来谋划思路，提出举措，符合现阶段知识产权工作融合发展的新趋势，也充分体现了各部门间的协调配合；二是突出预期性指标的量化。为方便社会检验和工作考核，在充分调研和沟通的基础上，《行动计划》明确提出了 2015 ~ 2020 年间不同阶段的预期指标，力求在知识产权创造、运用、保护和管理各环节实现指标的可量化；三是突出问题导向。结合在首都知识产权战略实施第一阶段发现的制约知识产权事业发展的瓶颈问题，抓住知识产权运用和保护两大关键领域，集中资源和精力，推出一系列有效举措，着力解决新阶段战略实施面临的一些关键问题，力求重点突破；四是突出知识产权的区域布局。

（四）知识产权评价指标体系的设计逻辑

前已述及，知识产权评价指标体系是区域知识产权综合实力的反映，而区域知识产权综合实力是指一个地区与知识产权相关领域各个层面、环节发展现状和潜力的所有要素的集成。其内核实质为评价一个主体的知识产权竞争力。我们认为，在借鉴国内外已有成果的基础上，自主创新视角下，知识产权竞争力是知识产权创造竞争力和知识产权运营能力的集合体。由此可见，知识产权创造及运营能力既是产业竞争力与自主创新能力的黏结剂和催化剂，又是区域竞争力的关键所在（绝对指标显示总数，相对指标体现强度）。

知识产权指数主要是为评价主体测度整体知识产权综合实力服务的，其中可分为知识产权创造与知识产权运营两个主体。而知识产权创造主要涉及到知识产权投入与产出的问题。R&D 支出是国际上通用的用以衡量一国自主创新投入的重要指标。同时考虑到数据获取成本及难易程度，故而本章研究将设计 R&D 经费支出额与 R&D 人员全时当量两个指标来对知识产权投入进行衡量。

在构建知识产权产出指标时，本章研究侧重于知识产权质量产出。在一般评价指数中，知识产权产出包括"申请量"这一概念，这一类指标主要测度被评价主体知识产权申请数的增减情况，但是由于部分申请由于各种原因可能遭到拒绝授权或撤销等情况，所以本章研究取知识产权授权量指标，来体现知识产权产出数量与质量。另外，学者们认为，专利的质量由授权量等指标体现，但是专利每年都存在被宣告无效和放弃的可能，为此本章研究增加有效专利数指标以便进一步准确、全面反映专利质量。鉴于驰名商标拥有较高的市场价值，且不同于一般注册商标，它受到了特殊保护，所以选择驰名商标数量来代表商标质量。这三个指标一方面将对"创新主体能力不强""促进知识产权发明创造增量提质"及"提升企业掌握核心专利能力"等方面有积极的促进作用，另一方面是打造具有知识产权核心竞争力企业和形成具有国际影响力知识产权密集型产业的基石。

知识产权指数是区域知识产权综合实力的反映，是一个地区自主创新活跃程度和发展潜力的有力表现，是知识产权各个领域发展现状的汇总，其存在不仅方便了政府制订知识产权战略计划，也给评估知识产权现状和企业营造良好创新环境给予了科学导向。本研究将知识产权运用、保护、管理、转化等效益实现部分归纳为知识产权运营。知识产权的出现实现了技术成果的产权化，知识产权作为一种私权在各国都得到保护，随着科学技术和商品经济的不断拓展和完善，特别是现如今全球经济化的背景之下，实现知识产权的商品化、资产化和资本化显得尤为重要，知识产权越来越成为提升市场竞争力的有力手段。

有效的知识产权保护有利于激励创新和知识产权活动。众所周知，在开放经济体国家加强知识产权保护能够促进经济增长，且技术知识存量越大，加大知识产权保护力度对经济增长的促进作用越显著。知识产权过程中离不开区域知识产权的保护。本章拟采用知识产权中介机构数量和知识产权案件结案数量这两项指标作为知识产权保护评价主体，以期使整个指数体系尽可能完备的对广东省知识产权保护进行客观评价。随着知识产权中介机构的专业化程度不断提升，从事技术评价、保护、维护、代理、融资及市场调查等业务范围不断拓展，对广东省乃至我国知识产权发展都具有不可忽视的积极作用。在提倡"大众创业、万众创新"的新时期，知识产权数量与日俱增，申请授权有效率，国内乃至海外知识产权保驾护航，知识产权金融健康稳定等关键性问题，都离不开市场环境下知识产权中介机构所提供的服务。而知识产权案件结案数量则依据包括产权局在内的行政机关和司法机关对知识产权案件的决议和受理情况来衡量知识产权执法保护水平。

（五）知识产权指数评价指标体系设计

1. 体系框架。根据前述的理论研究成果，并借鉴国际和我国已有成功的做法，本章设置了 2 个一级指标，即知识产权创造和知识产权运营；5 个二级指标，即知识产权质量、知识产权潜力、知识产权金融、知识产权保护、知识产权贡献；以及 11 个三级具体指标构成的知识产权指数评价体系。
具体如表 9 –7 所示。

表 9 –7　　　　　　　　　　知识产权指数评价指标体系

一级指标	二级指标	三级指标	指标界定
知识产权创造	知识产权质量	发明专利授权量	专利授权比例（授权量/申请量）
		有效专利拥有量	百万人有效专利数（件/百万人）
		驰名商标数（自主品牌经济贡献率）	驰名商标数量占全国总量的比重（自主品牌企业增加值占 GDP 比重）
		核心版权产业经济贡献	核心版权产业行业增加值占 GDP 比重
	知识产权潜力	R&D 人员全时当量	万元/人年
		R&D 经费支出额	R&D 经费支出占 GDP 比重
知识产权运营	知识产权金融	技术市场成交合同额	交易额占 GDP 比重
		知识产权质押融资额	质押额占 GDP 比重
	知识产权保护	KIBS 增加值	KIBS 增加值占 GDP 比重
		知识产权案件结案数量	结案率（立案数/结案数）
	知识产权贡献	知识产权密集型产业产值	知识产权密集型产业产值占 GDP 比重

2. 指标解释

（1）知识产权创造。

第一，发明专利授权量。提交发明专利申请后需通过知识产权局审查才可
以得以授权，因为发明专利授权量体现了其技术先进性与权力稳固性，采取这
一指标进行衡量具有实效性。

计算公式：发明专利授权量/发明专利申请量

以同一年度的发明专利授权比发明专利申请，可以反映该区域内发明专利
的先进性、实用性。

数据来源于国家知识产权局统计数据。

第二，有效专利拥有量。专利存在有效期超期、被宣告无效和放弃的情况
发生，有效专利拥有量反映的是该区域有效专利的总体情况，有效专利拥有量
越高，说明该区域专利质量越好。

计算公式：有效专利数/常住人口数（以五年为期）

以百万人数为单位。该指标可反映每百万人有效专利拥有量，可有效衡量该区域有效专利水平。

数据来源于国家知识产权局统计数据。鉴于数据的真实可靠性，可考虑使用每万人口发明专利拥有量（件）代替。

第三，驰名商标数量。国家商标局、国家商标评审委员会或法院根据《商标法》第十四条的规定，认定商标是否构成驰名商标，该指标反映我省企业的品牌建设能力。驰名商标拥有较高的市场价值，且受到区别于一般注册商标的特殊保护，选择驰名商标产业产值来代表商标质量。同时，对于区域内驰名商标企业培育具有积极作用。

计算公式：驰名商标数量/全国总量的比重

数据来源于中国驰名商标网。

第四，自主品牌经济贡献率。自主品牌企业是指拥有省级以上自主品牌的驰名商标（经国家商标局、国家商标评审委员会或法院认定的，是指在我国被公众所认可并享有较高声誉的企业商标）和省著名商标企业。不仅可以体现企业品牌的建设能力，同时因这类企业具有区别于一般商标企业的市场价值，选择自主品牌企业增加值与 GDP 的比还反映了区域内自主品牌对经济贡献的高低，对于区域内驰名商标企业培育具有积极作用。

计算公式：自主品牌企业增加值/GDP

数据来源于工商局和统计局联合测算（如果不方便可用驰名商标数量作为指标）。

第五，核心版权产业经济贡献。核心版权产业是版权产业里最核心重要的部分，依据国家版权局规定：核心版权产业是完全从事创作、制作和制造、表演、广播、传播和展览或销售和发行作品及其他受保护客体的产业。[①]

计算公式：核心版权行业增加值/GDP

数据来源于中国版权产业的经济贡献调研报告。

第六，R&D 人员全时当量。R&D 活动的顺利进行不仅需要 R&D 经费投入还需要人力资本的投入，而 R&D 人员全时当量这一指标能够体现的是研发活动开端到活动末端全过程的人力资源投入量。该指标反映区域内创新研发活

---

① 《2012 年中国版权产业的经济贡献调研报告》。

动中人力资本投入强度。

数据来源于中国统计年鉴。

第七，R&D 经费支出。R&D 经费支出体现了研发投入的力度和对创新活动的重视程度，同时从宏观角度来看亦可提高研发人员素质，通过培养和招聘高学历高素质的员工提升科研主体能力。前已述及 R&D 投入强度，是通过R&D 经费支出与 GDP 之比来反映科技投入总体水平的核心指标。国际创新评价体系以及我国创新评价体系均被广泛使用。

计算公式：R&D 经费支出/ GDP

数据来源于中国统计年鉴。

（2）知识产权运营。知识产权运营主要是后知识产权创造所提出的概念，知识产权对本区域乃至更大范围做出贡献需要将其转化成具有经济价值的知识产权服务。如知识产权质押融资、知识产权管理咨询以及知识产权法律保护等。

故而设置知识产权金融、知识产权保护及知识产权贡献等三个指标，这 3个二级指标并对应以下 5 个三级指标。

第一，技术市场合同成交额。技术市场合同成交额是指在区域所属的技术市场管理办公室或是在中国技术交易所技术认定登记合同的金额总和。该指标反映了知识产权收益、知识产权价值、知识产权转化率以及等多个方面，不仅反映了知识产权运营的效果，还反映出知识产权流动水平。（计算方法：技术市场合同成交额/该区域 GDP。技术市场的发展，也从侧面反映出国家的创新能力和产业发展状况）

数据来源于中国科技统计年度数据。

第二，知识产权质押融资额。知识产权质押融资是指合法的知识产权拥有者将其专利权、商标权、著作权中的财产权经评估后作为质押物，向银行申请融资。该指标反映了知识产权金融转化的效度及强度，同时引入这一指标对提高知识产权服务效率和质量也具有积极作用。

计算公式：当年经国家知识产权局备案的知识产权质押合同融资
总金额/该区域企业银行贷款总额

第三，KIBS 行业增加值。知识密集型商务服务业（Knowledge Intensive Business Service，KIBS）的行业选择根据并结合国务院 99 号令所界定的 KIBS行业分类，包括"信息传输、软件和信息技术服务业，金融业，科学研究和技术服务业，租赁和商务服务业"，KIBS 增加值与就业等数据则取上述行业的数据加总。

计算公式：区域 KIBS 行业增加值/ GDP

第四，知识产权案件结案数量。知识产权案件结案数包含了专利行政执法案件的侵权纠纷案件、其他纠纷案件和假冒案件。该指标反映的是知识产权执法保护强度，相比于知识产权立案数量来说，通过衡量知识产权结案数量更能要求知识产权执法部门对案件的裁决和审理情况。

计算公式：知识产权案件结案数/知识产权案件总数

第五，知识密集型产业产值。知识密集型产业是指在生产过程中，对技术和智力要素依赖大大超过对其他生产要素依赖的产业。随着当代科学技术的进步，知识密集型产业在迅速发展。用该指标衡量知识产权密集型产业生产总值对该区域 GDP 的贡献程度。

计算公式：知识产权密集型产业总产值/该区域 GDP

3. 指标权重的赋值：主观与客观赋权叠加。为客观、准确地评价区域知识产权能力，总结知识产权对区域经济发展贡献大小，构建区域知识产权指数评价指标体系。本章结合国内外相关创新评价指标体系研究成果和技术处理路线，将采用熵权法与层次分析法相结合以确定评价指标间权重的设置。将评价指标中获取的具体数据进行处理，基于收集到的客观数据采用熵权法得出指标权重。同时运用层次分析法根据专家对所设指标进行打分情况进行权重分配，依据业内专家基于理论基础和实际经验所得到权重具有一定主观性。将两种方法结合起来进行权重设置，可以最大限度地保证所设权重的科学性与合理性。

（1）客观权重确定的熵值法。信息论借用热力学中熵的概念，建立了对信息的度量方法，信息论中被解释为不确定性，信息的度量与事件发生的概率有关，熵值法的基本原理就是根据对熵的计算来确定客观权重。如果某个指标的信息熵 E_j 越小，说明此指标不确定性越小，发生的概率大，事先容易判断，则变异概率就越大，相对权重也就越大，在综合评价中所包含的信息也更多，对其影响也较大，反之，指标的信息熵 E_j 越大，说明此指标不确定性越大，发生的概率也就越小，很难在事前进行判断，则变异概率也就越小，相对权重越小，所以在综合评价中包含信息量越少，起到的作用也很低。熵值法能深刻体现出指标信息的价值，从而确定权重。具体赋权步骤如下。

第一，现有被评价对象 $M = (M_1, M_2, M_3, \cdots, M_m)$，评价指标 $D = (D_1, D_2, D_3, \cdots, D_n)$。

被评价对象 M_i 对指标 D_j 的值记做 X_{ij}（$i = 1, 2, 3, \cdots, m, j = 1, 2, 3, \cdots, n$）形成原始指标数据矩阵为：

$X = \begin{pmatrix} x_{11} & \cdots & x_{1n} \\ \vdots & \ddots & \vdots \\ x_{m1} & \cdots & x_{mn} \end{pmatrix}$，其中 X_{ij} 为第 j 个指标下第 i 个被评价对象的值。

第二，对原始数据进行无纲量化处理。有两种方法：一是越大越优型指标，采用 $V_{ij} = \dfrac{X_{ij} - \min(X_j)}{\max(X_j) - \min(X_j)}$ 进行处理。二是越小越优型指标，采用 $V_{ij} = \dfrac{\max - X_{ij}}{\max(X_j) - \min(X_j)}$ 进行无纲量化处理。

第三，计算第 j 个指标下，第 i 个评价对象的特征向量，记为 $P_{ij} = \dfrac{V_{ij}}{\sum\limits_{i=1}^{m} V_{ij}}$。

第四，计算第 i 项指标的熵值 $e_j = \dfrac{-1}{\ln m} \sum\limits_{i=1}^{m} (P_{ij} \ln P_{ij})$。

第五，确定各指标的熵权 $W_j = \dfrac{1 - e_j}{\sum\limits_{j=1}^{n} (1 - e_j)}$。

（2）主观权重确定的层次分析法。层次分析法（AHP 法）。其原理是将一个复杂的多个目标决策问题按照相互关系分为多个目标或准则，进而分解为不同层次结构的指标，然后构建判断矩阵特征向量的方法，求得这一层次相对于上一层次的优先权重，最后再根据加权法得出各层次对总目标的总权重。层次分析法在运用过程中对矩阵的生成合理性考虑较少，如果能在矩阵中加入更多现实合理性，可以更准确的确定权重，提炼出有用信息，保证决策的严谨性和科学性。层次分析法的基本步骤为：第一，建立层次结构模型。在深入分析问题的基础上，按照各因素的不同属性将要要素分为不同的层次，要求同层次的要素受上层控制或对上层有影响的同时对下层起着同样作用，通常分为目标层、准则层以及方案层。第二，构建成对矩阵。从目标结构的第二层起，对同一层的要素用比例九标度法构建成对矩阵。第三，构建权向量。对于每一个成对矩阵计算其最大特征值和特征向量，利用一致性指标做一致性检验，弱检验不通过则需要重新回到第二步构建新的成对矩阵。第四，计算组合权向量。从最底层开始，根据公式对组合权向量进行一致性检验，到达最高层单排序即整体总排序的结果，明确各指标的权重 W_j。

（3）计算组合权重，对每个指标予以赋权。为解决熵权法和层次分析法得来的权重结果存在差异的问题，可采用将二者所得权重叠加的方法。为确保权重设置的科学性与合理性，尽量避免专家主观判断的经验误差以及数据挖掘过程中的客观偏差，本章采用将熵权法与层次分析法所得权重叠加的方法确定指标权重。

组合权重 $W = (W_i + W_j)/\sum(W_i + W_j)$。根据统计学及相关学科的知识，结合本章研究的理论成果，以××省2014年的有关数据为基础，其有关指标的赋值如表9-8所示。

表 9 - 8　　　　　　　××省2014年三级指标具体数据及其赋值表

三级指标名称.	绝对量指标含义	绝对量指标数据	相对量指标含义	相对量指标数据 X	指标权重 W
发明专利授权量	全省发明专利授权总量（万件）	2.2276	授权量/申请量	13.69	4.56
有效专利拥有量	全省专利有效拥有量（件）	670131	每万人口发明专利拥有量（件）	10.56	9.49
驰名商标数	全省驰名商标总量（件）	640	有效注册商标量占全国注册商标的比	17.85	11.55
核心版权产业经济贡献	全省核心版权产业增加值（亿元）	2492.81	核心版权产业行业增加值占全省地区生产总值的比重	3.68	18.37
R&D 人员全时当量	全省科学研究与试验发展研究与试验发展（R&D）人员全时当量（万人年）	51.1	全省科学研究与试验发展研究与试验发展（R&D）人员全时当量/全国该指标数量	13.77	2.95
R&D 经费支出额	全省 R&D 经费支出（亿元）	1627	R&D 经费支出占 GDP 比重	2.41	3.64
技术市场合同成交额	经各级科技行政部门登记技术合同成交额（亿元）	543.14	交易额占 GDP 比重	0.80	14.47

续表

三级指标名称	绝对量指标含义	绝对量指标数据	相对量指标含义	相对量指标数据 X	指标权重 W
知识产权质押融资额	全省专利权质押登记金额（亿元）	46.7996	质押额占 GOP 比重	0.07	12.75
KIBS 行业增加值	信息传输、软件和信息技术服务业＋金融业＋科学研究和技术服务业＋租赁和商务服务业（亿元）	9948.74	区域 KIBS 行业增加值／GDP	14.67	3.15
知识产权案件结案数量	全新收各类知识产权案件数量（件）	2555	案件结案率＝结案数量/案件数量	99.45	4.15
	结案数量（件）	2541			
知识产权密集型产业产值 *	专利密集型工业中类产业增加值合计（亿元）	112077.19	产值占全省 GDP 比重	10.23	14.93

注：* 专利密集型工业中类产业 GDP 占工业合计 GDP 的比重。由于数据搜集难度较大，故个别指标做了细微改动，具体参照表 9 - 8 中指标含义。由于仅涉及 2014 年一年的数据，故此表中权重按照层次分析法计算得出。

资料来源：根据《中国统计年鉴》、《2010 - 2014 年我国国民经济各行业发明专利授权状况报告》、《中国商标战略年度发展报告 2014》、《2014××省专利统计数据小册子》、《2014 年全国科技经费投入统计公报》、《中国科技统计数据 2014》、World Intellectual Property Report、国家知识产权战略网、国家知识产权局、××省知识产权局、国家统计局、全国技术市场统计年度报告、文献资料等多种渠道搜集。

（4）区域知识产权强度测试。根据本章研究设定的知识产权指数评价指标体系，我们采取组合赋权方法，得到 11 个具体指标的权重，再将 11 个指标的相对量指标数据（A）乘以对应的权重（W），相加就得到各区域的知识产权强度得分（IP），分值越高，则说明该地区的知识产权强度较好。

其计算公式：$IP_s = \sum_{n}^{10} AW$。

其中（s = 1，2，3，…）代表我国各省市的知识产权强度得分；n = 1，2，3…11，代表 11 个指标。

全国各省市分别按照这一指标体系计算各自的知识产权强度得分，高于全国平均得分的即视为知识产权状况良好，有助于知识产权强国战略的实施；低于平均得分的省市，则需改善自身的知识产权现状，以保证知识产权强国战略的实施。

（5）无形资产信息披露与质量指数。

第一，无形资产披露指数。根据苑泽明（2015）等的研究、基于创新理论、核心竞争力理论和可持续竞争优势理论，从技术创新能力、市场竞争力和可持续发展力三个维度构建无形资产评价指标体系，在此基础上采用问卷调查方式对 16 位相关领域的专家意见进行了咨询，最终提出研发投入率、技术型无形资产比重、技术人员密度等 10 个评价指标，指标名称与界定如表 9 - 9 所示。

表 9 - 9 　　　　　　　　　　　　　无形资产指数评价指标体系

一级指标	二级指标	指标界定
技术创新能力 （Tech Level）	研发投入率（X_1）	研发支出/营业收入
	技术型无形资产比重（X_2）	技术型无形资产/无形资产总额
	技术人员密度（X_3）	研发技术人员人数/全部职工人数
市场竞争力 （Compete Level）	品牌优势（X_4）	销售费用/营业收入
	市场占有率（X_5）	企业销售收入/行业总销售收入
	超额收益率（X_6）	企业收净利率 - 行业平均营收净利率
可持续发展力 （Sustain Level）	资产增长率（X_7）	（当期资产总额 - 长期资产总额）/上期资产总额
	无形资产占有率（X_8）	无形资产总额/资产总额
	员工素质（X_9）	本科及本科以上人数/在职员工人数
	每股无形资产（X_{10}）	无形资产总额/普通股流通股数

资料来源：苑泽明，金宇，王天培. 上市公司无形资产评价指数研究——基于创业板上市公司的实证检验［J］. 会计研究，2015（5）：72 - 79，95.

第二，无形资产质量指数。根据汪海粟（2015）等的研究，以创业板为基础，构建了无形资产质量指数，以反映创业板上市公司无形资产的质量。这一指数对本研究具有一定的参考价值。有关指标如表 9 - 10 所示。

表 9 – 10　　　　　　　　　　　　**无形资产质量指数指标体系**

一级指标	二级指标	含义及计算方法	单位
无形资产账面价值	无形资产覆盖率	年末无形资产账面价值/总资产账面价值	%
无形资产规模能力	专利数量	已获授权专利（或发明专利）总量	项
	技术标准数量	参与定制国际、国家和行业技术标准的数量	项
	商标数量	持有注册商标数量	项
	资质数量	各类型（准入、能力、荣誉）资质数量	项
	著作权数量	所获软件著作权（或作品著作权）数量	项
无形资产持续能力	研发支出强度	当年研发支出/当年营业收入	%
	专业人员密度	技术人员（或销售人员、生产人员）占比	%
	员工素质	本科以上学历员工占比	%
	政府补助强度	当年所获政府补助/当年营业收入	%
	销售投入	当年销售费用/当年营业收入	%
无形资产竞争能力	营业利润率	当年营业利润/当年营业收入	%
	资产收益率（ROA）	当年利润总额/平均资产总额	%
	每股净收益（EPS）	当年净利润/年末股本总额	元

第十章　知识产权统计的指标选择与实施方案建议

——以××省为例

一、××省知识产权发展现状

××省作为我国的经济大省，2015 年全省 GDP 达 7.28 万亿元，位居全国首位，同时，也是知识产权大省。数据显示，截至 2014 年底，××省累计专利申请量和授权量分别为 1878681 件和 1206810 件，其中，累计发明专利申请量和授权量分别为 446816 件和 127933 件；有效发明专利量 111878 件，同比增长 17.2%，占全国总量的 16.8%，连续五年居全国第一。全省 PCT 国际专利申请量 13332 件，同比增长 15.7%，占全国总量的 55.5%，连续 13 年位居全国首位。专利保护方面，严厉查处专利违法行为，共立案受理各类专利案件 2555 宗（含调解展会专利纠纷），结案 2541 宗。不可否认，××省在坚持发展知识产权战略的道路上取得了骄人的成绩，知识产权发展态势可谓欣欣向荣，但是正所谓璞玉有瑕，××省知识产权发展进程中依旧存在着需要解决的新问题。同时为推进××省知识产权发展战略，提出新的行动计划亦亟待实施。

××省政府于 2015 年 9 月 24 日发布了《××省关于深入实施知识产权战略推动创新驱动发展行动计划》（简称《行动计划》）其中提出了××省为实施知识产权战略推进创新驱动发展计划的总体要求，即坚持问题导向和需求导向相统一，坚持市场主导和政府支持相结合。在此基础之上结合××省知识产权发展的实际情况提出六大问题及十大行动计划。

二、××省知识产权发展面临的主要问题

根据××省的《××省关于深入实施知识产权战略推动创新驱动发展行动计划》以及与国内其他省市的比较，我们认为，××省知识产权发展面临

如下六大问题：一是知识产权保护能力有待进一步加强；二是创新主体的创新能力有待进一步提高；三是知识产权对产业的支撑力度还需进一步强化；四是知识产权成果的转化与运用与创新成果还不够匹配；五是对涉外知识产权的诉讼能力还有待进一步提高；六是对知识产权的服务水平还有待进一步提升。

三、××省知识产权未来发展战略

同样根据《××省关于深入实施知识产权战略推动创新驱动发展行动计划》，××省的知识产权未来发展战略则涵盖了如下十个方面，这些战略的实施将为××省未来的转型发展打下良好的基础：

一是实行严格的知识产权保护；二是促进知识产权发明创造增量提质；三是提升企业掌握核心专利能力；四是实施重点产业专利导航计划；五是推动专利技术实施转化；六是构建知识产权运营交易机制；七是大力发展知识产权金融；八是加快知识产权快速维权机制建设；九是积极开展知识产权海外护航；十是全面增强知识产权服务能力。

通过上述十项战略的简要描述，我们发现，其中的"促进知识产权发明创造增量提质"属于"知识产权创造"内容，其他九项内容均属于"知识产权运营"。因此，对××省知识产权评价指标体系的构建，应聚焦于知识产权创造和知识产权运营两个方面。

一般而言，知识产权创造能力与知识产出质量与数量成正比，这也是我国知识产权战略发展的核心。提高知识产权运营质量和效率不仅可以有利于提高知识产权价值，而且将进一步促进知识产权创造。二者互为动力，以创新驱动发展，以发展推动创新。

据此，本章于设计知识产权评价指数时，将××省知识产权发展中亟待解决的问题，以及行动计划皆纳入考虑范围之内，以期在完整客观地反映××省知识产权发展水平的同时，将《××省关于深入实施知识产权战略推动创新驱动发展行动计划》的内涵与实质融入评价体系当中。从知识产权创造与知识产权运营两个方面来进行评价体系构建，使二者相辅相成，促进评价与导向并重，政策与市场相融。

四、××省知识产权评价指标的选择与设定

（一）"十三五"期间知识产权评价指标的设定与选择

根据××省经济发展转型的要求，以及知识产权《××省关于深入实施

知识产权战略推动创新驱动发展行动计划》的战略规划，我们认为，在"十三五"期间。依据先易后难的原则以及统计上的便利，可以选择如下指标予以统计：

1. 研发（R&D）强度。研发强度可从地区和企业两方面统计。计算方法如下：

> 全省（R&D）研发强度 = 全省的研发（R&D）支出/全省的 GDP 总量
> 各市、县（R&D）研发强度 = 该市县的研发（R&D）支出/该市县的 GDP 量
> 企业的（R&D）研发强度 = 企业的研发（R&D）支出/销售（营业）收入

2. 知识产权密集型企业（产业）。在创新驱动发展战略引领下，经济转型发展，创新成为经济新常态的驱动因素。因此，对于位居珠三角的××省，其知识产权密集型企业（产业）数量的多寡及其经济贡献显得尤其重要和必要。具体的统计方法，可以参考前述的有关内容，此处不再赘述。

3. 知识产权指数。知识产权指数体系是区域知识产权综合实力的反映，依据××省知识产权《××省关于深入实施知识产权战略推动创新驱动发展行动计划》中提出的"创新主体能力不强"、"促进知识产权发明创造增量提质"及"提升企业掌握核心专利能力"等要求，同时考虑到数据获取成本及难易程度，因此，编制和发布知识产权指数对于××省知识产权的未来发展具有十分重要的意义。具体的计算和编制方法参见前述有关内容，此处不再赘述。

（二）"十三五"后知识产权评价指标的设定与选择

前已述及，为体现一个国家或者区域的创新环境、创新能力、创新产出、创新效果，必须从多方面予以测度和衡量。因此，建议从 2016 年开始，逐步创造条件（指标设置的科学性可能需要进一步论证，相关人员还需要培训，会计准则或制度需要进一步修改等基础工作需要提前完成）和要求创新主体、政府有关部门测度和披露除上述三个指标外，还需要测度如下相关指标和信息。

1. 无形资产披露指数。要求企业，尤其是上市公司披露以无形资产占有率、无形资产增长率、每股无形资产、无形资产销售利润率四个指标为核心构建的无形资产披露指数。在具体测度时，建议剔除与创新没有直接关系的土地使用权、特许权等非知识产权类无形资产。

2. 无形资产质量指数。同样要求企业，尤其是上市公司披露以无形资产账面价值、无形资产规模能力、无形资产持续能力、无形资产竞争能力等构成的无形资产质量指数。在具体测度时，同样建议剔除与创新没有直接关系的土地使用权、特许权等非知识产权类无形资产。

3. 区域创新指数。虽然据国家统计局社科文司在 2014 年就发布了《中国创新指数》，也有一套较为科学、合理的编制方法，但如何结合××省的实际，编制××省各市县的创新指数，以指导各地区的经济社会发展，政府有关部门，尤其是知识产权管理部门和统计部门同样需要做一些基础数据的收集、整理等工作。

4. 知识产权对经济的贡献率。前已述及，知识产权对经济的贡献率，一方面可以采用科技进步贡献率来代替，另一方面，也可以设定其他指标予以衡量。其基本含义是扣除了资本和劳动后科技等因素对经济增长的贡献份额。一般根据柯布 – 道格拉斯（C – D）生产函数进行测算，但科技进步是否完全体现为知识产权，还有待研究。因此，可以在科技进步贡献率的基础上，创造条件以进一步测算知识产权对经济的贡献，尤其是对产业发展的贡献，为产业结构的调整提供科学依据。

总而言之，自主创新、知识产权与经济发展是一个永恒的话题，本研究以现有的经济学、统计学、会计学等学科的理论为基础，以国内外已有的成功经验为借鉴，考虑到××省知识产权发展战略的实际，设计和选择的这些指标予以统计，相信为××省未来的经济发展做出应有的理论贡献与决策支持。

结　语

　　2015 年 7 月，受××省知识产权局委托，教育部人文社科重点研究基地——中南财经政法大学知识产权研究中心即成立课题组开展研究。通过查阅资料、学习《××省关于深入实施知识产权战略推动创新驱动发展行动计划》（简称《行动计划》），明确了本课题的总体要求和目标任务。经过研究，本书得出如下基本结论：

（一）明确了研究背景，提出了本课题的研究目标和任务

　　本书认为，之所以要研究此问题，是创新驱动发展的必然要求，也是落实党的十八大精神的直接体现。党的十八大明确提出了未来我国经济社会发展的"创新、协调、绿色、开放、共享"的"五大"发展理念。其中，将创新发展放在首位。创新是经济新常态下发展模式的主要驱动力；创新发展：创新型国家建设的必然选择；创新发展是强国之路的战略选择。为此，需要对创新环境、创新投入、创新产出、创新效果等予以衡量和测度。通过对创新的测度与评价，为我国和广东省未来的经济发展模式转变提供政策支持。

（二）诠释了创新驱动发展战略的经济学理论基础：新经济增长理论

　　为什么要采取创新驱动发展？除了我们反思传统的经济发展模式不足以持续外，从经济学的视角如何来解释此问题？增长问题是经济学永恒的主题。自20 世纪 30 年代后期，经济增长理论围绕无形资产经营问题而展开。哈罗德（Harrod，1939）和多玛（Domar，1946）创立的第一代经济增长理论，强调资本积累的作用；索罗（Solow，1956）和斯旺（Swan，1956）创立、并由拉姆齐 - 卡斯 - 库普曼斯（Ramsey - Cass - Koopmans）及戴蒙德（Diamond）所完成的第二代经济增长理论，专注于外生技术进步所决定了长期增长；以罗默（Romer，1986）和卢卡斯（Lucas，1988）为代表的第三代经济增长理论，更倾向于关注研究与开发（R&D）、创新、内生技术进步和人力资本等无形资产

（无形资本）投资所带来的规模报酬递增问题，从而为创新驱动发展提供了很好的理论支持。

（三）梳理了与知识产权相关的一系列评价指标体系

对竞争力的评价至少包括四个层次：一是国际竞争力、二是国家竞争力、三是产业竞争力、四是企业竞争力。国家竞争力指数由 12 个一级指标、40 个二级指标、67 个三级指标以及 40 个四级指标构成，用于衡量一国（地区）综合竞争力状况。12 个一级指标分别是体制、基础设施、宏观经济环境、健康和初等教育状况、高等教育与培训水平、商品市场效率、劳动力市场效率、金融市场发展水平、技术就绪度、市场规模、商业成熟性、创新。世界经济论坛发布的报告显示，2014 ~ 2015 年度中国竞争力位居第 28 位，进入前 20% 的行列，同时持续领跑"金砖"国家。产业竞争力包括竞争实力、竞争潜力、竞争能力、竞争压力、竞争动力、竞争活力等六类评价指标测度产业竞争力；采用柯布－道格拉斯生产函数测度知识产权对经济发展的贡献等。为本课题设计知识产权评价指标体系提供经验支持。

（四）介绍了国外对创新的评价指标体系，为构建创新评价指标体系提供经验借鉴

本书分别从宏观和微观两个层面介绍了美国、欧盟对创新的评价指标体系。为本项目对创新的评价提供经验借鉴。从宏观层面上看，包括 OECD 科技指标体系；欧洲创新记分牌；全球创新指数；创新政策指数和全球竞争力报告。从中观和微观层面看，包括查尔斯·兰德瑞的城市创新活力；理查德·弗罗里达的创新力指数；罗伯特·哈金斯协会发布的知识竞争力指数；硅谷指数；美国华盛顿州创新和科技指标体系等。

（五）整理了创新型城市评价的主要指标体系，为构建地区性的知识产权评价指标提供现实的模板

自国务院 2006 年 2 月 7 日发布《国家中长期科学和技术发展规划纲要（2006－2020 年）》以来，全国各地纷纷展开区域创新型发展战略，国家发改委于 2010 年 1 月 11 日确定了 16 个城市为国家创新型城市试点。继而在党的十七大提出要提高自主创新能力、建设创新型国家以及党的十八大明确提出实施创新驱动发展战略以后，激发了全国各地建设创新型城市（区域）的热情。

本书选择了不同地域的 7 个代表性城市，对其评价指标体系予以整理。这些城市包括北京（评价指标 4 个）；南京（评价指标 17 个）；武汉（评价指标 11 个）；沈阳（评价指标 10 个）；长沙（评价指标 8 个）；杭州（评价指标 7 个）；深圳（于 2006 年率先提出《自主创新型城市评价指标体系》。从"创新主体"、"创新环境"和"创新绩效"三个维度对本区域自主创新能力进行测度评价共由 12 个二级指标以及 60 个三级指标组成）。

需要特别说明的是，深圳是第一个被命名的创新型城市，其相关评价指标体系值得我们进一步思考和借鉴；北京有中关村科技实验区、武汉有东湖高新技术实验区，其相关评价指标更值得我们探讨；沈阳作为东北老工业基地的代表，其评价指标体系为其他地区可以提高借鉴。

（六）剖析了美国、欧盟对知识产权密集型企业（产业）的界定方法，为确定我国的知识产权密集型企业（产业）提供经验支持

美国商务部 2012 年 3 月发布了一份名为《知识产权和美国经济：聚焦产业》的综合报告，报告从专利密集型产业、商标密集型产业、版权密集型产业这三个部分分析了知识产权密集型产业，以及知识产权密集型企业为美国经济社会所做的重要贡献。欧盟对知识产权密集型企业（产业）的界定类似，也分析了这类企业（产业）为欧盟发展所做出的突出贡献。因此，在经济转型发展、"经济新常态、引领新常态"的大背景下，知识产权密集型企业（产业）将是我国未来经济发展的重要驱动力。

（七）分析了我国的（R&D）投入的强度，总结了研发投入与经济发展的基本规律

研发强度是反映一个国家、地区或者企业创新投入的基本指标。通过分析关于 R&D 投入规模和 R&D 投入强度的研究不难发现，在研发投入总量上存在差别，研发投入强度也不尽相同，甚至各国发展阶段经济水平存在较大差异的情况下，仍可以从整体趋势上看出，R&D 投入强度是存在规律，有迹可循的。张玲（2010）表示在社会经济正常运行和增长的情况下，R&D 强度的发展轨迹是一条逻辑斯蒂曲线。同时，通过界定强度在 1% 时与在 2.5% 时的情况，将 R&D 投入强度与经济发展划分为三个阶段来阐述其变化规律。

通过 R&D 强度递增的变化来划分其发展阶段，当 R&D 强度小于 1% 时，为增速缓慢期。当 R&D 强度大于 1% 且小于 2.5% 时，为增长加速期。当

R&D 强度大于 2.5% 时，为基本稳定期。所以，在 R&D 投入初期直至投入强度达到 1%，需要一段漫长的时期。而快速增长期的持续时间则较短，以美国为例，这一时间段为 10 年，随着社会进步经济发展，该过程有进一步缩短的趋势。当 R&D 投入强度增长超过 2.5% 时，就进入增速放缓的基本稳定期。也就是说工业化程度越高，R&D 投入的强度就越大。此外，研究中也指出，当 R&D 投入强度为 1% 左右时，创新活动集中在技术创新活动。当 R&D 投入强度到达 1% ~2.5% 左右时，创新活动处于技术改进阶段。当 R&D 投入强度超过 2.5% 时，被定义为技术创造阶段。我国党十八大明确提出"实施创新驱动发展战略"，其战略实施的核心目标就是我国迈向创新活动的技术创造阶段。

（八）归纳了中国创新指数的指标体系构成及其编制方法，为地区编制该指数提供实践经验支持

国家统计局社科文司《中国创新指数研究》从国家的层面对我国的创新能力进行了测算。根据 2014 年《中国创新指数研究》显示，我国创新指数总分为 158.2，较之上年增长了 3.7%。从指标体系构成的四个方面来看，创新环境得分为 155.2，比上年增长了 3.3%。创新投入方面得分为 157.8，较上年增长 3%。创新产出得分高达 177.2%，较上年增幅高达 5.2%，而创新成效得分为 142.4，较上年增长 2.8%。从整体来看，我国创新能力整体呈上升趋势，创新环境日趋改善，创新投入持续增加，尤其是创新产出能力突出，使得创新成效愈发显著。以此为依据，我们完全可以采用该指数及其编制方法，对各省及其市、县分地区进行统计分析，以评价各省及其各市、县，乃至一个企业的创新能力。

（九）构建了知识产权统计指标体系及其测度方法，为未来进行知识产权统计提供现实选择

本书根据我国创新驱动发展战略的基本要求，在借鉴国内外已有成功经验的基础上，以新经济增长理论为支撑，构建了六类评价指标体系，用于衡量和测度自主创新、知识产权与经济发展的贡献。这六类指标是：

1. 知识产权密集型企业。因这类企业数量的多寡不仅直接影响着一个国家或者区域创新能力的大小，而且便于统计。

2. 研发（R&D）强度。研发强度（包括国家、地区和企业）的大小不仅直接体现一个企业、地区或者国家队创新的投入，而且可以间接体现研发投入对经济发展的贡献，同时，也有多年的实践经验，比较容易统计。

3. 知识产权对经济的贡献率。自主创新的成果在一定程度上就体现为知识产权，目前，各国、各地区都统计了科技对经济的贡献率。我们可以借用科技对经济的贡献率来统计知识产权对经济的贡献。当然，也可以重新设计一些指标来衡量。

前述的三个指标基本上是单一的衡量自主创新、知识产权对经济的贡献。我们认为，至少还得采用综合的指标来进一步衡量创新和知识产权。

4. 中国创新指数。中国创新指数是反映我国建设创新型国家的发展过程中创新能力综合能力的衡量指标。该指数的指标体系由三个层次、四个方面、21 个具体指标对我国创新能力进行测算，一是反映了我国创新总体时态，二是从创新环境、创新投入、创新产出以及创新成效这四个方面对我国创新情况实现总体测算，三是通过分别测算创新能力的构成要素，以便分析其各方面具体的发展状态。

5. 知识产权评价指数。知识产权评价指数旨在反映一个区域的知识产权战略实施绩效强弱的工具，包括知识产权创造和知识产权运营 2 个一级指标，知识产权质量、知识产权潜力、知识产权金融、知识产权保护、知识产权贡献等 5 个二级指标；以及发明专利授权量、有效专利拥有量、驰名商标总量、R&D 人员全时当量、R&D 经费支出额、技术市场成交合同额、知识产权质押融资额、知识产权中介机构数量、知识产权案件结案数量、知识产权密集型产业产值等 11 个三级指标构成的评价体系。

这五类指标之间的逻辑关系是：知识产权密集型企业的数量及其研发强度是关于衡量所在区域创新能力的重要指标；而知识产权对经济贡献率是反映创新驱动发展战略的直接体现；中国/区域创新指数是综合反映一个国家或者区域对创新投入、产出、效果等的综合评价；知识产权指数是重点测度知识产权的创造和运营的结果，是对中国/区域创新指数的补充。

6. 无形资产信息披露与质量指数。因我国现行会计体系中没有直接反映知识产权，只反映包括知识产权在内的无形资产相关信息。因此，如果相关资料无法取得，可以暂时以无形资产披露指数和无形资产质量指数代替，体现一个企业、区域乃至国家创新能力的大小。当然，在实务运作中，因土地使用权、特许经营权（特许权）等与知识产权无关的无形资产最好能进行必要的剔除，以便更客观地反映知识产权对经济社会发展的推动作用。

（十）实证了区域、创新能力、知识产权与企业价值创造的关系

以区域创新能力为切入点，考察了区域创新能力的差异对企业创新产出能力的影响，以及这种产出能力对提升企业价值的影响。研究结果表明，中国区域创新能力愈强的地区其所在企业创新产出愈多；而且区域创新能力愈强的地区其所在上市企业创新能力的产出效率也会愈高，说明了企业如果投入相同的研发支出，创新能力越强的地区，上市企业创新产出会越多；此外，创造企业价值是企业创新活动的终极目标，本书还发现，企业创新产出活动与企业价值显著正相关，而且这种正相关关系明显受到企业所在地市场化程度的影响，如果企业创新产出相同数量的专利权，市场化程度愈高的地区，其区域内上市企业技术成果转化对提升企业价值的程度会愈大。

同时，从企业微观侧面，以管理层能力、技术创新与企业价值的关系再次进行了实证，结果表明：

第一，管理层能力较高的上市公司，往往具有较高的企业价值，而且这种关系不受股权性质和股权集中度差异的影响。第二，管理层能力与企业技术创新有着密切相关的推动作用，但这种作用仅存在于非国有企业和低股权集中度的企业中。第三，管理层能力对企业价值的影响过程中，技术创新发挥着中介作用，即管理层的能力通过影响技术创新来实现对企业价值的影响。进一步研究发现，这种关系仅存在于非国有企业中，同时股权集中度较高时，管理层能力仅通过技术创新产出来影响企业价值。第四，当管理层能力较强时，能强化技术创新产出对企业价值的影响作用；当管理层能力较弱时，会产生抑制作用。第五，我国上市公司管理层能力整体较弱，国有企业相对非国有企业而言，其管理层能力尚有待增强。从整体上看，我国企业管理层的能力是相对较低的，存在大幅提高的空间。而与非国有企业相比，管理层能力在国企中表现欠佳。第六，我国企业的技术创新程度依然较低，不同企业的技术创新水平也存在较大差异。

另外，还针对××省的实际提出了该省知识产权事业"十三五"的政策建议。根据《××省关于深入实施知识产权战略推动创新驱动发展行动计划》的基本要求，结合已有的理论研究，我们认为，××省在"十三五"期间，对知识产权的管理主要是打基础，从基本的研发强度、知识产权密集型企业和知识产权指数的统计入手，摸清家底，凸显创新。为未来完整的反映知识产权创造和运营，为××省的经济转型发展提供必要的数据支持和理论创新。

参考文献

[1] 薄仙慧，吴联生．国有控股与机构投资者的治理效应：盈余管理视角 [J]．经济研究，2009（2）．

[2] 北京大学国际知识产权研究中心《软件知识产权保护指数研究》课题组．我国软件知识产权保护指数研究 [J]．电子知识产权，2011（11）：98－102.

[3] 曹桂华，汪涛，成金华．基于SPA的中部六省自主创新能力评价 [J]．理论月刊，2006, 25（10）．

[4] 曾小彬，包叶群．区域创新能力评估指标体系探析 [J]．决策与信息（财经观察），2008（4）．

[5] 常林朝，户海啸．地方知识产权竞争力评价指标体系探索研究——以河南省各地市为例 [J]．中国集体经济，2011（12）．

[6] 陈春晖，王雅利．区域知识产权战略实施绩效评价指标体系研究 [J]．科技创新与生产力，2014（12）．

[7] 陈德球，步丹璐．管理层能力、权力特征与薪酬差距 [J]．山西财经大学学报，2015（3）．

[8] 陈洁．国家知识产权竞争力评价指标体系研究 [J]．商业时代，2010（1）．

[9] 陈金勇，汤湘希，金成隆．区域、自主创新与企业价值 [J]．山西财经大学学报，2014（3）．

[10] 陈守明，简涛．企业家人口背景特征与"走出去"进入模式选择——基于中国制造业上市公司的实证研究 [J]．管理评论，2010, 22（10）．

[11] 陈伟，康鑫，冯志军．区域高技术产业知识产权运营效率研究——基于DEA和TOPSIS模型的实证分析 [J]．科学学与科学技术管理，2011, 32（11）．

[12] 樊纲，王小鲁．中国市场化指数——各地区市场化相对进程2006

年报告 [M]. 北京：经济科学出版社，2007.

[13] 范海峰，胡玉明. 机构投资者持股与公司研发支出——基于中国证券市场的理论与实证研究 [J]. 南方经济，2012，30（9）.

[14] 冯根福，温军. 中国上市公司治理与企业技术创新关系的实证分析 [J]. 中国工业经济，2008（7）.

[15] 高雷，戴勇. 管理层激励、企业发展潜力与财务风险——基于A股上市公司的面板数据分析 [J]. 中南财经政法大学学报，2011（3）.

[16] 顾海兵，陈芳芳，孙挺. 美国知识产权密集型产业的特点及对我国的启示——基于美国商务部的官方报告 [J]. 南京社会科学，2012（11）.

[17] 郭斌，王思锋. 区域知识产权战略实施评估指标体系构建研究 [J]. 未来与发展，2013（7）.

[18] 何威风，刘巍. 管理者能力会影响资本结构动态调整吗？[J]. 会计论坛，2014（2）.

[19] 贺俊，陈华平，毕功兵. 一个基于产品水平创新和人力资本的内生增长模型 [J]. 数量经济技术经济研究，2006，23（9）.

[20] 贺莉. 创新型城市指标体系与评价方法研究 [D]. 武汉理工大学，2007.

[21] 贺小刚，李新春. 企业家能力与企业成长：基于中国经验的实证研究 [J]. 经济研究，2005（10）.

[22] 胡怀国. 内生增长理论的产生、发展与争论 [J]. 宁夏社会科学，2003（2）.

[23] 胡永平，何建国. 对重庆上市公司R&D支出影响因素的实证研究 [J]. 科学学与科学技术管理，2007，28（4）.

[24] 黄新建，黄能丽，李晓辉. 高管特征对提升企业R&D投资效率的影响 [J]. 重庆大学学报：社会科学版，2014，20（3）.

[25] 姜南. 专利密集型产业创新效率体系评估研究 [J]. 科学学研究，2014，32（7）.

[26] 李朝晖. 机构投资者持股和企业银行借款关系研究 [J]. 经济与管理，2012，26（2）.

[27] 李淑娟. 社保基金参与公司治理的模式选择 [J]. 改革与战略，2007（4）.

[28] 李维安，武立东. 公司治理教程 [M]. 上海：上海人民出版

社，2002.

[29] 李新春，杨学儒，姜岳新，等. 内部人所有权与企业价值——对中国民营上市公司的研究 [J]. 经济研究，2008 (11).

[30] 李学峰，张舰，茅勇峰. 我国开放式证券投资基金与 QFII 行为比较研究——基于交易策略视角的实证研究 [J]. 财经研究，2008，34 (3).

[31] 李焰，秦义虎，张肖飞. 企业产权、管理者背景特征与投资效率 [J]. 管理世界，2011 (1).

[32] 李志宏. R&D、R&D 溢出、内生增长和内生收敛 [J]. 当代经济科学，2006，28 (1).

[33] 刘凤朝，潘雄锋，施定国. 基于集对分析法的区域自主创新能力评价研究 [J]. 中国软科学，2005 (11).

[34] 刘华芳，杨建君. 异质股东持股、经理人激励与企业自主创新投入的实证研究 [J]. 管理学报，2014，11 (1).

[35] 刘文婷，王建明. 国内外区域创新能力评价研究综述 [J]. 科技与经济，2008，21 (6).

[36] 刘运国，刘雯. 我国上市公司的高管任期与 R&D 支出 [J]. 管理世界，2007 (1).

[37] 路风，慕玲. 本土创新、能力发展和竞争优势——中国激光视盘播放机工业的发展及其对政府作用的政策含义 [J]. 管理世界，2003 (12).

[38] 罗爱静，陈荃. 知识产权对国家综合配套改革试验区城市（群）经济建设的贡献度研究 [J]. 图书情报工作，2010，54 (18).

[39] 罗婷，朱青，李丹. 解析 R&D 投入和公司价值之间的关系 [J]. 金融研究，2009 (6).

[40] 雒园园，田树军，于小丹. 区域知识产权竞争力及评价指标体系研究 [J]. 科技管理研究，2011，31 (14).

[41] 吕克斐. 美国硅谷创新创业新动向——《2015 硅谷指数》解读 [J]. 今日科技，2015 (2).

[42] 马钦玉，杨胜刚. 区域自主创新能力评价指标体系及其测算方法 [J]. 统计与决策，2008 (11).

[43] 明辉. 上市公司治理结构与会计信息质量的关系研究 [D]. 合肥工业大学，2004.

[44] 聂辉华，谭松涛，王宇锋. 创新、企业规模和市场竞争：基于中国

企业层面的面板数据分析 [J]. 世界经济, 2008, 31 (7).

[45] 欧阳峣, 欧阳资生. 我国区域创新能力评估分析与中部的发展 [J]. 湖南师范大学社会科学学报, 2008 (1).

[46] 潘前进, 王君彩. 管理层能力与资本投资效率研究——基于投资现金流敏感性的视角 [J]. 中央财经大学学报, 2015 (2).

[47] 潘士远, 史晋川. 内生经济增长理论: 一个文献综述 [J]. 经济学: 季刊, 2002 (3).

[48] 潘士远, 史晋川. 知识吸收能力与内生经济增长——关于罗默模型的改进与扩展 [J]. 数量经济技术经济研究, 2001, 18 (11).

[49] 蒲文燕. 上市公司高管薪酬、机构投资者、债务结构与研发投资的关系研究 [D]. 华中科技大学, 2013.

[50] 任彪, 李少颖, 梁婉君. 自主创新能力评价指标体系研究 [J]. 河北经贸大学学报, 2007 (6).

[51] 任海云. 股权结构与企业 R&D 投入关系的实证研究——基于 A 股制造业上市公司的数据分析 [J]. 中国软科学, 2010 (5).

[52] 施学哲, 杨晨. 区域知识产权竞争力指标体系构建的探究 [J]. 中国科技论坛, 2010 (12).

[53] 石忆邵, 卜海燕. 创新型城市评价指标体系及其比较分析 [J]. 中国科技论坛, 2008 (1).

[54] 宋卫国, 朱迎春, 徐光耀, 等. 国家创新指数与国际同类评价量化比较 [J]. 中国科技论坛, 2014 (7).

[55] 孙立, 林丽. QFII 投资中国内地证券市场的实证分析 [J]. 金融研究, 2006 (7).

[56] 孙立, 林丽. 论 QFII 制度对证券市场的影响 [C]. 中国投资学会获奖科研课题评奖会论文集 (2003—2004 年度). 2004.

[57] 汤湘希, 李经路, 周江燕. 企业知识资产价值论 [M]. 北京: 知识产权出版社, 2014.

[58] 汤湘希, 杨帆, 田延平. 企业知识资产价值贡献测度研究 [M]. 北京: 经济科学出版社, 2011.

[59] 汤湘希. 无形资产会计研究 [M]. 经济科学出版社, 2009.

[60] 汤湘希等. 无形资产会计问题探索 [M]. 武汉大学出版社, 2010.

[61] 唐国平, 谢建, 肖翰. 管理层能力与企业现金持有 [J]. 会计论坛,

2014 (2).

[62] 唐杰, 黄颖. 日本知识产权战略指标研究 [J]. 情报杂志, 2009, 28 (5).

[63] 屠文娟, 宋晓慧, 宋东林. 国家知识产权战略示范省评价指标体系研究 [J]. 江苏商论, 2012 (4).

[64] 王斌, 解维敏, 曾楚宏. 机构持股、公司治理与上市公司 R&D 投入——来自中国上市公司的经验证据 [J]. 科技进步与对策, 2011, 28 (6).

[65] 王林辉. 要素贡献和我国经济增长来源识别 [M]. 北京: 经济科学出版社, 2010.

[66] 王奇波. 机构投资者参与的股权制衡研究 [J]. 东北财经大学学报, 2006 (1).

[67] 王同律. 技术创新与企业价值增长 [J]. 中南财经政法大学学报, 2004 (2).

[68] 王新霞, 温军, 赵旭峰. 异质股东、研发投资与企业绩效 [J]. 财贸研究, 2012, 23 (5).

[69] 王宇峰, 左征婷, 杨帆. 机构投资者与上市公司研发投入关系的实证研究 [J]. 中南财经政法大学学报, 2012 (5).

[70] 王正志, 袁祥飞. 知识产权对经济增长的贡献——基于北京市和广东省的实证分析 [J]. 知识产权, 2014 (12).

[71] 王正志. 中国知识产权指数报告 [M]. 北京: 知识产权出版社, 2014.

[72] 温军, 冯根福. 异质机构、企业性质与自主创新 [J]. 经济研究, 2012 (3).

[73] 文芳. 中国上市公司 R&D 投资影响因素及其经济后果研究 [D]. 暨南大学, 2008.

[74] 吴汉东. 设计未来: 中国发展与知识产权 [J]. 法律科学: 西北政法大学学报, 2011, 29 (4).

[75] 吴汉东. 知识产权理论的体系化与中国化问题研究 [J]. 知识产权年刊, 2014 (06).

[76] 吴凯, 蔡虹, 蒋仁爱. 中国知识产权保护与经济增长的实证研究 [J]. 科学学研究, 2010.

[77] 吴霞. 机构投资者持股比例与公司绩效的实证分析——基于金融行

业上市公司的实证分析［J］.广西财经学院学报,2012（5）.

［78］吴晓晖,姜彦福.机构投资者治理效率研究［J］.统计研究,2006（9）.

［79］吴易风,朱勇.内生增长理论的新发展［J］.中国人民大学学报,2000,14（5）.

［80］向征,张晓辛,顾晓燕.企业知识产权动态能力提升模式选择［J］.经济问题,2015（12）.

［81］熊俊.经济增长因素分析模型:对索洛模型的一个扩展［J］.数量经济技术经济研究,2005,22（8）.

［82］严杰.证券辞典［M］.复旦大学出版社,1993.

［83］杨晨,施学哲.区域知识产权竞争力的内涵探析［J］.科技进步与对策,2010,27（24）.

［84］姚玲.中国知识产权保护对经济增长的影响［J］.中国市场,2013（13）.

［85］约瑟夫·阿洛伊斯·熊彼特（美）,叶华.经济发展理论:对利润、资本、信贷、利息和经济周期的探究［M］.中国社会科学出版社,2009.

［86］云鹤,刘涛,舒元.协调改善、知识增进与经济持续增长［J］.经济学:季刊,2004（3）.

［87］张丽琨.机构投资者持股对公司业绩的影响——兼论不同机构投资者的差异性影响［J］.财会通讯,2013（11）.

［88］张维迎.博弈论与信息经济学［M］.上海:上海人民出版社,1996.

［89］张延港,戎晓霞,王峰.基于研发型知识经济的内生增长模型［J］.山东大学学报:理学版,2008,43（10）.

［90］赵洪江,夏晖.机构投资者持股与上市公司创新行为关系实证研究［J］.中国软科学,2009（5）.

［91］赵喜仓,刘丹.美国知识产权密集型产业测度方法研究［J］.江苏大学学报:社会科学版,2013,15（4）.

［92］赵彦云,甄峰.我国区域自主创新和网络创新能力评价与分析［J］.中国人民大学学报,2007（4）.

［93］郑骏川.技术并购企业研发支出对企业绩效的影响［J］.中南财经政法大学学报,2012（3）.

[94] 中国知识产权指数研究课题组. 我国知识产权综合发展水平逐年提升——中国知识产权指数报告 2013 解读 [J]. 中国科技产业, 2013 (8).

[95] 钟春平, 徐长生. 产品种类扩大、质量提升及创造性破坏 [J]. 经济学: 季刊, 2011 (2).

[96] 周仁俊, 杨战兵, 李礼. 管理层激励与企业经营业绩的相关性——国有与非国有控股上市公司的比较 [J]. 会计研究, 2010 (12).

[97] 朱静. 公司股权结构与经营绩效关系的实证研究——来自中国上市公司的经验证据 [J]. 贵州财经大学学报, 2011, 29 (4).

[98] 朱焱, 张孟昌. 企业管理团队人力资本、研发投入与企业绩效的实证研究 [J]. 会计研究, 2013 (11).

[99] 朱勇, 吴易风. 技术进步与经济的内生增长——新增长理论发展述评 [J]. 中国社会科学, 1999 (1).

[100] 左大培, 杨春学. 经济增长理论模型的内生化历程 [M]. 北京: 中国经济出版社, 2007.

[101] Aghion P, Howitt P. A Model of Growth Through Creative Destruction [C]. Econometrica. 1989.

[102] Aghion P, Van Reenen J, Zingales L. Innovation and Institutional Ownership [J]. Social Science Electronic Publishing, 2009, volume 103 (1).

[103] Arrow M. The Economic Implications if Learning by Doing [J]. Institute for Mathematical Studies in the Social Sciences, 1961, 29 (80).

[104] Audretsch D B, Feldman M P. R&D Spillovers and the Geography of Innovation and Production [J]. American Economic Review. 1996: 86 (3).

[105] Banker R D, Chen L. Predicting Earnings Using a Model Based on Cost Variability and Cost Stickiness [J]. Accounting Review, 2006, 81 (2).

[106] Barro R J. Government Spending in a Simple Model of Endogeneous-Growth [J]. Journal of Political Economy, 1990, 98 (5).

[107] Barro R, Sala-i-Martin X. Economic growth [M]. New York: McGraw-Hill. 1995

[108] Baruch Lev, Theodore Sougiannis. The capitalization, amortization, and value-relevance of R&D [J]. Industrial Health, 1996, 53 (6).

[109] Black B S. Agents Watching Agents: The Promise of Institutional Investor Voice [J]. Social Science Electronic Publishing, 1992, 39 (4).

［110］ Burgoyne J. Creating the Managerial Portfolio: Building On Competency Approaches To Management Development ［J］. Management Learning, 1989, 20 （1）.

［111］ Bushee B J. The Influence of Institutional Investors on Myopic R&D Investment Behavior ［J］. Social Science Electronic Publishing, 1998, 73 （3）.

［112］ Chemmanur T J, Paeglis I. Management quality, certification, and initial public offering ［J］. Journal of Financial Economics, 2005, 76 （2）.

［113］ David P, Kochhar R. Barriers to effective corporate governance by institutional investors: Implications for theory and practice ［J］. European Management Journal, 1996, 14 （5）.

［114］ David P, Kochhar R. Barriers to effective corporate governance by institutional investors: Implications for theory and practice ［J］. European Management Journal, 1996, 14 （5）.

［115］ Demerjian P R, Lewis-Western M F, Lev B, et al. Managerial Ability and Earnings Quality ［J］. Accounting Review, 2013, 88 （2）.

［116］ Demsetz H, Lehn K. The Structure of Corporate Ownership: Causes and Consequences. ［J］. Journal of Political Economy, 1985, 93 （6）.

［117］ Dertouzos M L. Made in America: Regaining the Productive Edge ［J］. Made in America Regaining the Productive Edge, 1991, 3 （1）.

［118］ Donald C. Hambrick, Phyllis A. Mason. Upper Echelons: The Organization as a Reflection of its Top Managers ［C］. Academy of Management Review, 2010.

［119］ Durlauf S N, Quah D. The New Empirics of Economic Growth ［C］. National Bureau of Economic Research, Inc, 1998.

［120］ Dyreng S D, Hanlon M, Maydew E L. The Effects of Executives on Corporate Tax Avoidance ［J］. Accounting Review, 2009, 85 （4）.

［121］ Ernst H. Patent information for strategic technology management ［J］. World Patent Information, 2003, 25 （3）.

［122］ Freel M S. Patterns of innovation and skills in small firms ［J］. Technovation, 2005, 25 （2）.

［123］ Ginarte J C, Park W G. Determinants of patent rights: A cross-national study ［J］. Research Policy, 1997, 26 （3）.

［124］ Graves S B. Institutional Ownership and Corporate R&D In the Computer Industry ［J］. Academy of Management Journal, 1988, 6 (8) .

［125］ Gregg B A, Lehn K, Marr W. Institutional ownership, tender offers, and longterm investments ［R］. Working paper, Securities and Exchange Commission, 2012.

［126］ Grossman G M, Helpman E. Innovation and Growth in the Global Economy ［J］. Mit Press Books, 1993 (1) .

［127］ Guerrini L. The Ramsey model with a bounded population growth rate ［J］. Journal of Macroeconomics, 2010, 32 (3) .

［128］ Henderson B R, Jaffe A B, Trajtenberg M. Universities as a source of commercial technology: A detailed analysis of university patenting ［R］. Working Papers, 2010, 80 (1) .

［129］ Hirofumi Uzawa. Optimum Technical Change in An Aggregative Model of Economic Growth ［J］. International Economic Review, 2015, 6 (1) .

［130］ Hirschey M, Richardson V J. Are scientific indicators of patent quality useful to investors? ［J］. Journal of Empirical Finance, 2004, 11 (1) .

［131］ Holderness C G, Sheehan D P. The role of majority shareholders in publicly held corporations : An exploratory analysis ［J］. Journal of Financial Economics, 1988, 20 (1 − 2) .

［132］ Ivashina V, Scharfstein D. Bank lending during the financial crisis of 2008 ☆ ［J］. Journal of Financial Economics, 2010, 97 (3) .

［133］ Jensen M C, Meckling W H. Theory of the Firm: Managerial Behavior, Agency Costs, and Ownership Structure ［J］. Ssrn Electronic Journal, 1979, 3 (4) .

［134］ Jones C I. R&D-Based Models of Economic Growth. ［J］. Journal of Political Economy, 1995, 103 (4) .

［135］ Jones C I. The Upcoming Slowdown in U. S. Economic Growth ［J］. Social Science Electronic Publishing, 1997.

［136］ Jones C I. Time series tests of endogenous growth models ［J］. Quarterly Journal of Economics, 1993, 110 (2) .

［137］ Kam T, Wang Y C. Public Capital Spillovers and Growth Revisited: A long-run and Dynamic Structural Analysis ［J］. Economic Record, 2008, 84 (266) .

[138] Kelm K M, Narayanan V K, Pinches G E. Shareholder Value Creation During R&D Innovation and Commercialization Stages [J]. Academy of Management Journal, 1995, 38 (3) .

[139] Kocherlakota N R, Yi K M. Is There Endogenous Long-Run Growth? Evidence from the United States and the United Kingdom [J]. Journal of Money Credit & Banking, 1997, 29 (2) .

[140] Li D. Is the AK, model still alive? The long-run relation between growth and investment re-examined [J]. Canadian Journal of Economics/revue Canadienne D'economique, 2002, 35 (1) .

[141] Li X. The impacts of product market competition on the quantity and quality of voluntary disclosures [J]. Review of Accounting Studies, 2010, 15 (3) .

[142] Matolcsy Z P, Wyatt A. The Association between Technological Conditions and the Market Value of Equity [J]. Accounting Review, 2011, 83 (2) .

[143] Miles D. Testing for short termism in the UK stock market [J]. Economic Journal, 1992, 103 (421) .

[144] Modigliani F, Miller M H. "The Cost of Capital, Corporation Finance and the Theory of Investment—A Correction." [J]. American Economic Review, 1958, 48 (3) .

[145] Myers, Stewart C. The Capital Structure Puzzle [J]. Journal of Finance, 2010, 39 (3) .

[146] Parry K W. Grounded theory and social process: A new direction for leadership research [J]. Leadership Quarterly, 1998, 9 (1) .

[147] Penrose E T. The theory of the growth of the firm [M]. Blackwell, 1980.

[148] Poterba B J, Summers L. Time horizons of American? rms: New evidence from a survey of CEOs [R]. Unpublished working paper. 2010.

[149] Qian Y. A theory of shortage in socialist economies based on the 'soft budget constraint' [J]. American Economic Review, 1994, 84 (1) .

[150] Rao B B. Time-series econometrics of growth-models: a guide for applied economists [J]. Applied Economics, 2010, 42 (1) .

[151] Rebai I. Institutional Investors Heterogeneity and Earnings Management: The R&D Investment Strategy [J]. International Journal of Business Research &

Management, 2011, 1 (3) .

[152] Romer P M. Endogenous Technological Change [J]. Journal of Political Economy, 1989, 14 (3) .

[153] Romer P M. Increasing Returns and Long-Run Growth [J]. Journal of Political Economy, 1986, 94 (5) .

[154] Sala-I-Martin X X. I Just Ran Two Million Regressions. [J]. American Economic Review, 1997, 87 (2) .

[155] Samuel C. Stock market and investment : the governance role of the market [R] . Policy Research Working Paper, 1996, volume 33 (10) .

[156] Schankerman M, Pakes A. Estimates of the Value of Patent Rights in European Countries During Thepost-1950 Period [J]. Economic Journal, 1986, 96 (384) .

[157] Shefer D, Frenkel A. R&D, firm size and innovation: an empirical analysis [J]. Technovation, 2005, 25 (1) .

[158] Solow R M. A Contribution to the Theory of Economic Growth [J]. Quarterly Journal of Economics, 1956, 70 (1) .

[159] Stein J C. Efficient Capital Markets, Inefficient Firms: A Model of Myopic Corporate Behavior. [J]. Quarterly Journal of Economics, 1989, 104 (104) .

[160] Tihanyi L, Hitt M A. Institutional ownership differences and international diversification: the effects of boards of directors and technological opportunity [J]. Academy of Management Journal, 2003, 46 (2) .

[161] Turnovsky S J. The Transitional Dynamics of Fiscal Policy: Long-Run Capital Accumulation and Growth [J]. Journal of Money Credit & Banking, 2000, 36 (5) .

[162] Wahal S, Mcconnell J J. Do institutional investors exacerbate managerial myopia? [J]. Social Science Electronic Publishing, 1997.

[163] Wernerfelt B. A resource-based view of the firm [J]. Strategic Management Journal, 1984, 5 (2) .

[164] Winter-Ebmer, Rudolph. Endogenous Growth, Human Capital, and Industry Wages. [J]. Bulletin of Economic Research, 1994, 46 (4) .

[165] Yap C M, Chai K H, Lemaire P. An Empirical Study on Functional Diversity and Innovation in SMEs [J]. Social Science Electronic Publishing, 2005, 14 (2) .